Ewald Haas

D1694529

DER
KARPFENTEICH
UND SEINE FISCHE

Leopold Stocker Verlag
Graz – Stuttgart

Umschlaggestaltung: Gabi Schneider, Graz
Umschlagfoto: Wolfgang Hauer, Scharfling
Fotos und Grafiken: Dr. Weißmann, Scharfling (S. 173); alle anderen Abbildungen wurden dem Verlag freundlicherweise vom Autor zur Verfügung gestellt.

ISBN 3-7020-0773-3
Printed in Austria
Druck: M. Theiss Ges.m.b.H., A-9400 Wolfsberg

INHALT

Inhalt

Willst Du zwei Stunden lang Freude haben, betrinke Dich!
Willst Du zwei Wochen lang Freude haben, heirate!
Willst Du ein Leben lang Freude haben, baue einen Teich!

(Chinesisches Sprichwort)

VORWORT

Vorerst, lieber Leser, möchte ich mich bei Ihnen entschuldigen, daß mir kein vergnüglicherer Weg eingefallen ist, Ihnen die recht trockene Materie am Anfang des Buches darzubringen.

Trotzdem empfehle ich Ihnen, wenn Sie ein wirklich guter Teichwirt werden wollen, in einer ruhigen Stunde auch die Abschnitte über den Fischkörper, aber ganz besonders jenen über den Wasserchemismus zu studieren.

Meine Arbeit als Fachberater für Fischerei zeigt immer wieder, daß ein Großteil der Fischverluste nicht auf Krankheiten, sondern auf Veränderungen im Wasser zurückzuführen ist, die nicht erkannt werden.

Ich habe mich sehr bemüht, auch komplizierte Fragen so einfach darzustellen, daß sie von jedem interessierten Leser ohne spezielle Ausbildung verstanden werden können.

Hoffentlich macht Ihnen das Lesen dieses Buches mehr Freude als mir das Schreiben. Sollte dies der Fall sein, empfehlen Sie es bitte weiter, damit ich mir – siehe Sprichwort – auch einmal einen Teich bauen kann!

Besonders danken möchte ich meiner geduldigen Frau, die den Großteil der Schreibarbeiten durchführte, sowie Herrn Fischzuchtmeister Alexander v. Menzel-Waldschach, der sein großes Fachwissen rückhaltlos zur Verfügung stellte und die Durchsicht des Entwurfes übernahm. Weiterer Dank gebührt dem Ehepaar Dr. L. Horvath-Szashalombata für die Erlaubnis zur Verwendung der von ihm entwickelten großartigen Schulungsunterlagen und Herrn Dr. E. Weber – Wien, Kaisermühlen (Künstliche Vermehrung). Last but not least Herrn Mag. F. Pichler-Semmelrock (Zeichnungen und einige Fotos), Herrn Dipl.-Ing. M. Spielhofer (Pläne) und meiner Tochter Monica für einige Zeichnungen. Weiters sei erwähnt, daß alle angesprochenen Fischereifachleute im In- und Ausland behilflich waren, wo immer sie konnten. Es sei ihnen hiermit summarisch gedankt.

VORWORT ZUR NEUFASSUNG DES BUCHES „DER KARPFEN UND SEINE NEBENFISCHE"

Seit dem Erscheinen der ersten Auflage hat sich auf dem Fischereisektor so vieles weiterbewegt, daß manche Ergänzung oder Änderung notwendig geworden ist.

Zu dem in der ersten Auflage angeführten Dank an die vielen Helfer möchte ich diesmal nochmals hervorheben, wie rückhaltlos mich FZM Alexander von Menzel-Waldschach, dessen Fischereimeister Walter Schauer sowie wiederum Dr. Franz Pichler-Semmelrock, Graz, unterstützt haben. Auch danke ich Herrn FM Helfried Reimoser für seine umfangreiche Hilfestellung.

Nicht zuletzt danke ich Frau Anna Nauschnegg für die Schreibarbeiten.

Deutschlandsberg   *Ewald Haas*

EINLEITUNG

Wie schon nahezu allgemein bekannt, bildet der Fisch eines der hochwertigsten Eiweiß-nahrungsmittel, das der Menschheit zur Verfügung steht. Die Rücksichtslosigkeit, mit der dieselbe Menschheit jedoch die Naturschätze ausbeutet, führt zu einer von Jahr zu Jahr geringer werdenden Anlandung von Meeresfischen und zusätzlich zu einer starken Verteuerung. Damit wurden und werden aber auch Süßwasserfische immer leichter ver-käuflich – wohl einer der Hauptgründe für das große Interesse, das der Haltung von Süß-wasserfischen entgegengebracht wird. Ein jahrtausendealter landwirtschaftlicher Be-triebszweig wurde damit wieder „modern" und interessiert nicht nur den Landwirt, son-dern immer stärker den Liebhaber von Natur und Wasser, den Sportfischer und Freizeit-teichwirt. (Den schönen Ausdruck „Hobbyteichwirt" will ich Ihnen und mir ersparen.)

Zum Unterschied von der kaum hundert Jahre lang geübten Methode der Haltung von Kaltwasserfischen, vor allem Forellen, werden Zucht und Haltung von karpfen-artigen Fischen schon seit mindestens 2000 Jahren geübt. Die geringen Mengen relativ warmen Wassers, welches hierzu vonnöten ist, stehen auch in der beengten Welt Mit-teleuropas fast überall zur Verfügung. Auch an landwirtschaftlich kaum nutzbaren feuchten Flächen herrscht noch kein großer Mangel, wenn Wasserbautechniker noch kein allzu großes Unheil angerichtet haben.

Für den durch Zivilisationslärm und Gestank überforderten Mitteleuropäer ist die Faszination eines naturnahen Betriebszweiges, wie dies die Karpfenteichwirtschaft im allgemeinen noch darstellt, eine große Verlockung; es bereitet ein Vergnügen, einen oder mehrere Karpfenteiche anzulegen und zu betreuen.

Nahrungskette

Die Nahrungskette, von der Urproduktion bis zum letzten Konsumenten, ist sehr energieaufwendig und verschwenderisch. Um sie darzustellen, wird gewöhnlich die Form einer Pyramide gewählt. Die breite Basis wird von Pflanzen gebildet. Zu diesen Pflanzen gehören primitive Einzeller, das pflanzliche Geschwebe – das Phytoplankton – genauso wie hochorganisierte Blütenpflanzen. Die Spitze der Pyramide wird von den Raubfischen als Endkonsumenten gebildet. In Wahrheit ist die Pyramide natürlich höher, denn auch die Pflanzen brauchen Nahrung, und Endkonsument ist hauptsäch-lich der Mensch, der die Raubfische verzehrt.

Diese noch breitere Basis der Pyramide wird gebildet von Kohlensäure, Wasser und den darin gelösten mineralischen Nährstoffen, die von der Pflanze aufgenommen und mit Hilfe des Sonnenlichts als Energiespender zu lebender Substanz umgewandelt werden. Dieser Vorgang, den wir Assimilation nennen, ist ja überhaupt das große Ge-heimnis und die faszinierende Grundlage allen Lebens auf unserem Planeten.

Als nächste Stufe in der Nahrungspyramide oder als nächstes Glied der Nahrungs-kette folgen nun jene Tiere, die von den Pflanzen leben. Im Wasser sind dies das tieri-sche Geschwebe, das Zooplankton, sowie größere Tiere, wie Insektenlarven, Würmer und Mollusken (Schnecken und Muscheln).

NAHRUNGSPYRAMIDE

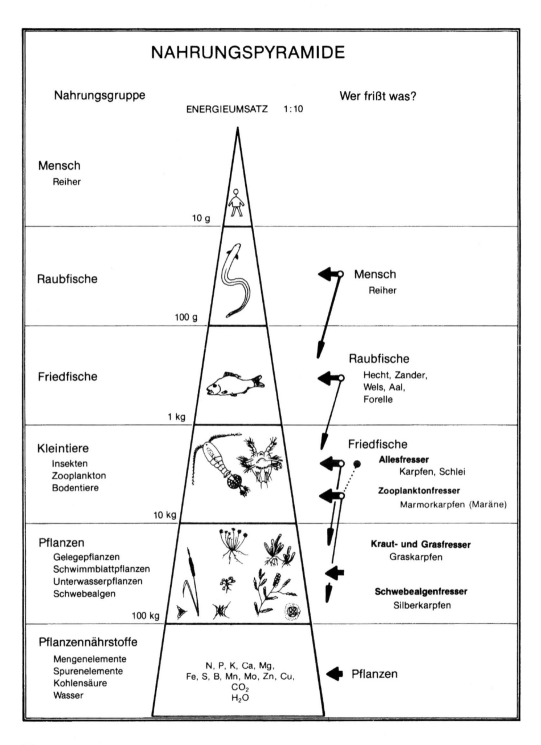

Nahrungsgruppe

ENERGIEUMSATZ 1:10

Wer frißt was?

Mensch
Reiher

10 g

Raubfische

100 g

Mensch
Reiher

Friedfische

1 kg

Raubfische
Hecht, Zander,
Wels, Aal,
Forelle

Kleintiere
Insekten
Zooplankton
Bodentiere

10 kg

Friedfische
Allesfresser
Karpfen, Schlei

Zooplanktonfresser
Marmorkarpfen (Maräne)

Pflanzen
Gelegepflanzen
Schwimmblattpflanzen
Unterwasserpflanzen
Schwebealgen

100 kg

Kraut- und Grasfresser
Graskarpfen

Schwebealgenfresser
Silberkarpfen

Pflanzennährstoffe
Mengenelemente
Spurenelemente
Kohlensäure
Wasser

N, P, K, Ca, Mg,
Fe, S, B, Mn, Mo, Zn, Cu,
CO_2
H_2O

Pflanzen

Die folgende Stufe wäre jene der jungen Fische aller Arten und der Friedfische, die ihr ganzes Leben lang von diesen Kleintieren und vom Zooplankton leben.

Erst die nächste Stufe der Pyramide bilden die Raubfische. Das Endglied, die Spitze derselben, stellen Reiher, Otter und Mensch dar, um die gefräßigsten zu erwähnen.

Selbstverständlich sind in der Natur diese Pyramidenstufen nicht so klar abgegrenzt. Es gibt ja auch räuberisches Zooplankton, welches nicht von Schwebealgen lebt, sondern von anderem Zooplankton. Dasselbe gilt für Friedfische, die nicht nur Zooplankton, Kleintiere und Pflanzen, sondern auch kleine Fische fressen, usw. usw.

Wie bereits erwähnt, ist die Natur in ihrem Energiehaushalt sehr verschwenderisch. Von Stufe zu Stufe der Nahrungspyramide werden für den Aufbau **eines** Teiles neuer Körpersubstanz im Schnitt **zehn** Teile Futtersubstanz benötigt. Das heißt, daß zur Bildung von einem Kilogramm Zooplankton rund 10 kg Phytoplankton oder zur Bildung von 1 kg Raubfisch ungefähr 10 kg Futterfische nötig sind (übrigens der Hauptgrund für die geringe Rentabilität der Hechtproduktion). Wenn Sie nun die Verschwendung von Kettenglied zu Kettenglied, von Pyramidenstufe zu Pyramidenstufe, überdenken, wird Ihnen klar, wieviel durch eine Verkürzung der Futterkette, eine Erniedrigung der Futterpyramide, an Energie und damit für Sie an Kosten einzusparen ist. Die Abbildung auf Seite 14 zeigt nun sehr schön, wie durch den gezielten Einsatz verschiedener Nebenfische in der Karpfenteichwirtschaft eine enorme Einsparung des Energieumsatzes bei der Fischfleischerzeugung erzielt werden kann.

Altersklassen

In unserem Klimabereich, in dem die Fische ja nur in der warmen Jahreszeit wachsen, wird das Alter mit dem Ausdruck einsömmrig, zweisömmrig, dreisömmrig usw. angegeben. Zur Darstellung der einzelnen Fischarten wird der Anfangsbuchstabe des deutschen Namens angeführt. Also z.B. K für Karpfen, S für Schleie, H für Hecht, Si für Silberamur usw.

Die verlebten Sommer werden mit der entsprechenden arabischen Ziffer hinter diesen Buchstaben und tiefer gesetzt angegeben. Als Beispiel wollen wir nachstehend die Altersklassen des Karpfens anführen:

K_0	=	Frischgeschlüpfter Brütling, Dottersackbrütling.
K_V	=	Vorgestreckter Brütling, von ca. 2500 Stück pro Liter bis zur Größe eines Zwetschkenkernes.
K_1	=	Der einsömmrige Karpfen am Ende des ersten Sommers, aber auch am Beginn des zweiten Sommers. (Die Zeit der Winterung wird also nicht gerechnet.)
K_{1-2}	=	Karpfen während der Wachstumsperiode des 2. Sommers.
K_2	=	Am Ende des 2. bzw. am Beginn des 3. Sommers.
K_3, K_4		usw.
KL	=	Karpfenlaicher
KL♀	=	Rogner
KL♂	=	Milchner

Die Beziehungen zwischen Gesamtlänge und Gewicht bei Karpfen aus Teichwirtschaften der ehemaligen DDR (Quelle: Dr. W. Steffens, „Der Karpfen").

Gesamtlänge cm	Mittleres Gewicht g	Gesamtlänge cm	Mittleres Gewicht g	Gesamtlänge cm	Mittleres Gewicht g
3	0,34	10	19	30	570
4	0,9	15	61	35	960
5	2,0	20	138	40	1364
		25	301	45	1950

Herkunft des Karpfens – Entwicklung der Teichwirtschaft

Warmwasserteichwirtschaft war in Europa immer zugleich Karpfenteichwirtschaft. Hierbei wurde dieser Fisch meist allein, zum Teil aber auch mit Beifischen, wie Hecht und Schleie, gehalten. Seit einiger Zeit setzen sich aber auch andere Nebenfische immer stärker durch. Über die Herkunft des Karpfens bestehen verschiedene Theorien:

Die glaubhafteste besagt, daß der Karpfen im Raum von Kleinasien und um das Kaspische Meer seinen Ursprung hat. Dort hat er sich dann unter günstigen klimatischen Bedingungen nach Westen bis ins Donaugebiet und im Osten bis Ost- und Südostasien verbreitet. Jedenfalls können vier, vielleicht sogar fünf Unterarten von Wildkarpfen im euroasiatischen Raum festgestellt werden. Wahrscheinlich erfolgte die Besiedlung erst nach der Eiszeit. Steinzeitliche Ausgrabungen aus dem Dnjestr- und Dnjeprgebiet, bei denen Karpfenknochen gefunden wurden, scheinen jedenfalls darauf hinzuweisen. Ganz sicher aber haben Griechen und Römer bereits Karpfen in Teichen gehalten, was aus Aufzeichnungen jener Zeit ersichtlich ist. Während der Völkerwanderung war er bereits ein begehrter Speisefisch.

Ganz besonders hat aber die Ausbreitung des Christentums zur Ausweitung der Karpfenteichwirtschaften in Europa beigetragen. Heute gibt es bereits in allen Staaten Mittel- und Südeuropas Karpfenteichwirtschaften. Nur in Skandinavien halten die Kälte der Gewässer und die Länge des Winters eine Ausbreitung dieser Fische hintan.

Die Zentren der österreichischen Teichwirtschaften liegen in der südlichen Steiermark und im Waldviertel mit weiteren Schwerpunkten im übrigen Niederösterreich, im Burgenland und in Kärnten.

Einen starken Karpfenverbrauch und damit eine starke Produktion gibt es in Europa in Deutschland, Polen, Tschechien, Ungarn und Kroatien sowie in Rumänien, der Ukraine und dem südlichen Rußland.

In der übrigen Welt befinden sich die Zentren der Karpfenproduktion in Israel sowie in Ost- und Südostasien. In Nordamerika und Australien, wo dieser Fisch im vorigen Jahrhundert eingeführt wurde, gilt er als Zerstörer der einheimischen Gewässer, weil er durch seine Robustheit und Lebensweise mit Trübung der Gewässer einheimische Fischarten unterdrückt und sogar zum Aussterben bringt.

KÖRPERBAU UND LEBENSVORGÄNGE

Fische sind wechselwarme Tiere, deren Körpertemperatur sich der Umgebung anpaßt. Dies bringt verschiedene Vorteile, aber auch Probleme für den Fisch mit sich. Vorteilhaft erscheint, vor allem für den Teichwirt, daß für Energie weniger Nährstoffe aufgewendet werden müssen als bei Warmblütern, die ja ihre Körpertemperatur aus der Verbrennung von Nährstoffen aufrechterhalten müssen. Andererseits erfolgt bei niedrigen Temperaturen eine Verlangsamung sämtlicher Lebensvorgänge. Dies bedeutet, daß das Fressen eingestellt wird und eine Gewichtszunahme nicht mehr erfolgen kann. Andererseits können unerwünschte Geschmacksrichtungen im Fischkörper auch im klarsten und besten Wasser bei sehr tiefen Temperaturen kaum oder nur sehr langsam abgebaut werden.

Da es sich bei sämtlichen in diesem Buch behandelten Fischen um Warmwasserfische handelt (Ausnahme Maräne und Forelle), die erst bei höheren Temperaturen in genügendem Ausmaß Nahrung zu sich nehmen, verbleibt diesen Fischen in unserem Klimagebiet nur eine relativ kurze Zeit des Jahres, in der Fortpflanzung und Wachstum vor sich gehen können.

Sämtliche in diesem Buch behandelten Friedfische – zum Unterschied von Raubfischen – gehören in die **Ordnung der Karpfenartigen Knochenfische** *(Ostariophysi)*.

Es handelt sich bei dieser Ordnung um Fische, deren Schwimmblase durch die Weberschen Knöchelchen mit dem Ohrlabyrinth in Verbindung steht. Weiters verbindet ein Luftgang die Schwimmblase mit dem Vorderdarm. Dieser Luftgang scheint jedoch nur bei der ersten Füllung der Schwimmblase beim Jungfisch vonnöten zu sein, da später ein Großteil des nötigen Gasaustausches über das Blut erfolgt. Die unter dem ersten Wirbelpaar liegenden Weberschen Knöchelchen bilden die Verbindung zwischen Hirn und Schwimmblase und steuern den Füllungsgrad derselben. Die Gasfüllung der Blase kann vom Fisch je nach Bedarf reguliert werden und dient zum Schweben in verschiedenen Wassertiefen.

Alle Fische, die zur **Familie der Karpfenfische** *(Cyprinidae)* zählen, haben ein zahnloses Maul. Dafür tragen die paarigen unteren Schlundknochen zahnähnliche Gebilde, die **Schlundzähne** genannt werden. Diese Schlundzähne, die in Form und Zahl bei den

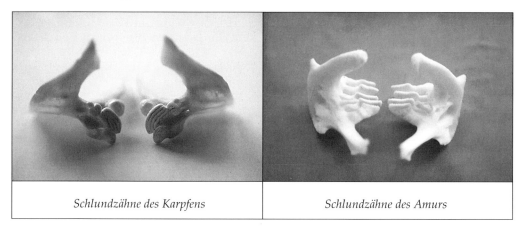

Schlundzähne des Karpfens   *Schlundzähne des Amurs*

einzelnen Cypriniden verschieden aussehen, sind ein wichtiges Merkmal für die Bestimmung der einzelnen Arten.

Die Schlundzähne arbeiten gegen die ebenfalls paarigen oberen Schlundknochen, die die sogenannten Kauplatten bilden. Die Schlundzähne können fortwährend erneuert werden.

Der Körper der Cypriniden ist, abgesehen von Zuchtformen, am ganzen Körper beschuppt. Die **Schuppen** sitzen in den Schuppentaschen der Lederhaut. Sie überdecken einander dachziegelartig und sind von einer dünnen Oberhaut überzogen. Diese schleimbildende Oberhaut ist äußerst wichtig für das Wohlbefinden der Fische. Aus diesem Grund ist auch schonende Behandlung beim Hantieren so entscheidend. Verlorengegangene Schuppen wachsen normalerweise nach. Die Schnelligkeit, mit der Schuppen erneuert werden, hängt hauptsächlich von der Wassertemperatur und dem Gesundheitszustand der Fische ab.

Schuppen wie auch Wirbelkörper können in unserem Klimabereich zur **Altersbestimmung** dienen. Während des Winters ist ein weit langsameres Wachstum oder auch ein Wachstumsstillstand festzustellen. Auch während anderer nahrungsarmer Zeiten erfolgen langsameres Wachstum und Bildung kleinerer Zellen, die, ähnlich wie bei einem Baum, als dunklere Jahresringe kenntlich sind. In der Lederhaut liegen weiters die **Farbzellen** (*Chromatophoren*). Sie sind verantwortlich für die verschiedenen Farben der Fische und auch für die Farbänderungen einzelner Fische. Es gibt schwarze, rote, gelbe und silberfarbene Zellen. Die Farbanpassung an die Umgebung geschieht über das Auge. Der Inhalt der Farbzellen kann willkürlich zusammengezogen oder ausgebreitet werden. Das Zusammenspiel der verschiedenen Farbzellen ergibt die Farbe des Fisches in den verschiedenen Hautregionen. Unbehagen oder Krankheiten können sich in der Färbung ausdrücken. So bringt Sauerstoffmangel eine Verblassung der Haut, während z.B. Stoffwechselstörungen meist eine dunkle Färbung hervorrufen. Aber auch durch Verabreichung bestimmter Futtermittel können Farbveränderungen auftreten. Mit Mais gefütterte Karpfen haben z.B. eine kräftig gelborange gefärbte Bauchseite.

Die paarigen **Brust-** und **Bauchflossen** sind Reste des Schulter- bzw. Beckengürtels. Die Bauchflossen sind mit dem restlichen Skelett nicht mehr in Verbindung. Dasselbe gilt für Rücken-, Schwanz- und Afterflossen, die sich allerdings nicht aus dem Skelett, sondern aus dem Flossensaum der Fischlarve entwickelten.

Die eine Ausweitung des Karpfenkonsums so sehr hemmenden **Zwischenmuskelgräten** sind Verknöcherungen des Bindegewebes zwischen

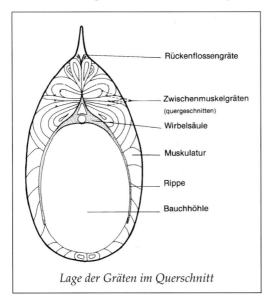

Rückenflossengräte

Zwischenmuskelgräten
(quergeschnitten)

Wirbelsäule

Muskulatur

Rippe

Bauchhöhle

Lage der Gräten im Querschnitt

den einzelnen Muskelschichten, welche tütenförmig ineinandergreifen. Diese Zwischenmuskelgräten (auch Ypsilongräten genannt, obwohl ein Teil davon keine Verzweigung aufweist) liegen oberhalb der Mittellinie entlang der Rückenmuskulatur vom Kopf bis zum Schwanz und unterhalb der Mittellinie in der Region vor dem Ansatz der Afterflosse bis zum Schwanz. Es wurde schon mehrfach versucht, die Anzahl dieser Zwischenmuskelgräten – beim Karpfen z.B. zwischen 70 und 100 – durch Züchtung zu vermindern. Diese Züchtungsversuche hatten bisher keinen Erfolg und versprechen dies auch für die Zukunft nicht.

SINNESORGANE

Organe des **Tastsinnes** sind am ganzen Körper verteilt; konzentriert jedoch in der Mittellinie (Seitenlinie), an der Vorderseite von Kopf und Lippen sowie in den Barteln. Diese Barteln, fleischige, nervenreiche Fäden im Maulbereich, dienen zusammen mit dem Innenraum des Maules aber auch als **Geschmacksorgan.**

Die Seitenlinie ist sehr empfindlich gegen Erschütterungen.

Als **Geruchsorgan** dienen die Nasenlöcher, deren jedes Ein- und Ausgang besitzt, durch die das Wasser streichen kann, und wiederum der Innenraum des Maules.

Die lidlosen **Augen** besitzen eine kugelförmige Linse und bringen dadurch eine gute Lichtausbeute. Dies erklärt auch die rege Aktivität von Fischen während der Dämmerung.

Im Labyrinth des Gehörganges sind, wie bei Säugetieren, **Gehörsinn** und **Gleichgewichtssinn** gekoppelt. Obwohl kein Außenohr vorhanden ist, konnte nachgewiesen werden, daß Karpfen z.B. hören können. Vom gut funktionierenden Gleichgewichtsorgan wird auch die Augenstellung beeinflußt. Aus diesem Grund stellt ein seitwärts liegender Fisch sein Augen immer senkrecht. Dieser **Augenreflex** dient auch zum Feststellen, ob Fische noch in guter Verfassung sind oder nicht. Sehr schwache Tiere zeigen eingeschränkten oder überhaupt keinen Augenreflex mehr. Weststeirische Teichwirte bezeichnen solche Fische als „derrisch" (taub). Selbstverständlich sind Seh- und Geruchssinn dem Milieu entsprechend weniger funktionstüchtig als von Tieren, die im Medium Luft leben.

INNERE ORGANE

Öffnen Sie den Bauchraum eines Fisches, so liegt ganz vorne unter den Kiemenbögen das einfache Herz, welches von der Bauchhöhle durch eine straffe Haut getrennt ist. In der Bauchhöhle verläuft vom Schlund bis zum After in einigen Schlingen der **Darm.** Dieser wird im Laufe des Lebens eines Fisches im Verhältnis zum Körper immer länger. Dies ist sehr gut bei Brütlingen zu erkennen, die noch durchsichtig sind und bei denen man den gefüllten Darm als fast gerades Rohr mit einer kleinen Krümmung erkennen kann. Je länger der Darm ist, desto gründlicher wird die Verdauung und damit die Ausnutzung der Nährstoffe sein.

Den Darm eng umfassend und ihn teilweise verdeckend, befinden sich die sehr große **Leber** und die auf mehrere Abschnitte verteilte **Bauchspeicheldrüse.** Die große **Gallenblase** liegt im vorderen Drittel der Bauchhöhle. Bei Ablösung der Leber vom Darm kommt auch die dunkle **Milz** zum Vorschein. Die **Geschlechtsdrüsen** – die Gonaden – sind bei jungen Fischen links und rechts als Fäden im Unterbauch erkennbar. Bei geschlechtsreifen Tieren füllen sie einen Großteil der Bauchhöhle aus, und zwar bei weiblichen Fischen – den Rognern – in Form zweier großer, langgestreckter Säcke, die die Eier – den Rogen – enthalten und welche eine gelbgrüne bis schmutzig moosgrüne Farbe haben. Die männlichen Gonaden sind kleiner und bilden lappige, weißliche Gebilde, in denen die Samenfäden – die Milch – enthalten sind.

Über dem Verdauungsapparat liegt die zweiteilige **Schwimmblase,** welche fast die ganze Länge der Bauchhöhle ausfüllt. Vom Verbindungsstück zwischen den beiden Blasenteilen nahe an der hinteren Blase führt der bereits erwähnte Luftgang zum Vorderteil des Darmes.

Oberhalb der Schwimmblase und diese lappig umgreifend liegt die **Niere.** Sie ist ein sehr wichtiges Organ und dient bei Fischen hauptsächlich zur Blutbildung. Ein Großteil jener Stoffe, die bei Säugetieren durch die Arbeit der Nieren mit dem Harn ausgeschieden werden, werden bei Fischen über die Kiemen abgegeben. Vor allem Ammoniak, was unter ungünstigen Bedingungen zu Problemen führen kann. Farbe, Größe und Zustand von Leber, Milz, Darm und Niere sind wichtige Merkmale zur Feststellung verschiedener Krankheiten.

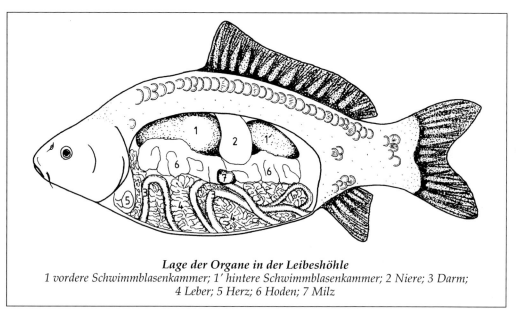

Lage der Organe in der Leibeshöhle
1 vordere Schwimmblasenkammer; 1' hintere Schwimmblasenkammer; 2 Niere; 3 Darm;
4 Leber; 5 Herz; 6 Hoden; 7 Milz

VERDAUUNGSVORGANG

Dieser beginnt bei Cypriniden nicht, wie bei Säugetieren, schon im Maul, sondern erst im ersten, erweiterten Abschnitt des Darmes, weil im Maul keine Speicheldrüsen vorhanden sind. Da karpfenartige Fische keinen Magen haben, fehlen ihnen auch Pepsin und Salzsäure, die nur von der Magenschleimhaut erzeugt werden können.

Im vorerwähnten erweiterten Vorderabschnitt des Darmes münden die Gänge, welche die Absonderungen der beiden wichtigsten Verdauungsdrüsen liefern. Es sind dies die Galle als Sekret der Leber und die Absonderungen der Bauchspeicheldrüse. Die Cypriniden können sämtliche Verdauungssäfte – die Enzyme – im Körper selbst bilden. Neueste Forschungen konnten die Vermutung bestätigen, daß die Wirksamkeit all dieser Enzyme durch jene aus den gefressenen Nährtieren verstärkt wird. Bei jungen Brütlingen, die gerade zu fressen beginnen, scheint diese Ergänzung durch Nährtiere besonders wichtig zu sein.

ATMUNG UND BLUTKREISLAUF

Der Gasaustausch erfolgt in den von feinsten Haargefäßen durchzogenen **Kiemenblättchen.** Durch die starke Verästelung dieser paarig auf den Kiemenbögen sitzenden Kiemenblättchen wird eine enorme Oberflächenvergrößerung erreicht. Nach Becker beträgt die Kiemenoberfläche eines 18 cm langen Karpfens fast 1.200 cm^2. Zum Atmen saugt der Fisch durch das geöffnete Maul Wasser in die Mundhöhle. Dieses wird durch Schließen des Maules und Öffnen der Kiemendeckel zwischen den Kiemenbögen mit ihren daran sitzenden Kiemenblättchen nach außen gedrückt. In den Kapillaren der Kiemenblättchen wird der Gasaustausch durchgeführt, Kohlendioxyd (CO_2) und die Produkte des Stickstoffabbaues werden an das Wasser abgegeben und Sauerstoff aus diesem aufgenommen.

Das **Blut,** welches die Abbauprodukte aus dem Körper zu den Kiemen gebracht hat, übernimmt nun den Sauerstoff und führt diesen in alle Körperregionen. Fische besitzen eine verhältnismäßig geringe Blutmenge. Das Blut strömt nach Abgabe des Sauerstoffes und Aufnahme der verschiedenen Abfallprodukte des Körpers wieder als venöses Blut zum einkammrigen Herzen zurück. Dieses **Herz** mit einer Vorkammer pumpt nun das venöse Blut zu den Kiemen. Dieses kurze Stück zwischen Herz und Kiemen ist der einzige Abschnitt im gesamten Blutsystem des Fisches, welcher pulsiert und damit unter Druck steht. Hier sollte auch der Schlachtungsstich erfolgen, damit der Fisch gut ausblutet. Das Blut der Fische enthält weit weniger Sauerstoff als jenes von Säugetieren. Auch ist die Zeit des Umlaufes im Körper langsamer. Damit trotzdem alle Organe genügend Sauerstoff erhalten, ist die Sauerstoffausnutzung bei Fischen weit höher als bei Säugetieren, und zwar über 80% gegenüber nur 24 bis 34% bei Säugern.

Der Sauerstoffverbrauch hängt eng mit dem Energieumsatz zusammen. Die Höhe des Energieumsatzes hängt hingegen von verschiedenen Faktoren ab.

Die wichtigsten sind: die Temperatur des Umgebungswassers und die Größe der Fische. Kleine Fische brauchen mehr Sauerstoff als große. Mit steigender Temperatur steigt der Stoffwechsel und damit der Sauerstoffverbrauch, wie aus der Abbildung ersichtlich.

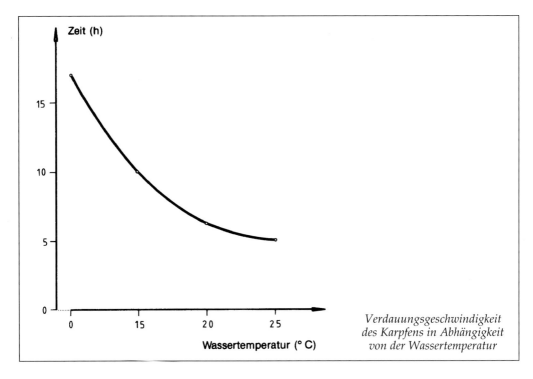

Verdauungsgeschwindigkeit des Karpfens in Abhängigkeit von der Wassertemperatur

Die Kurve zeigt sehr deutlich, daß bei 10 Grad Celsius Wassertemperatur 17 Stunden, bei 24 Grad Celsius nur noch 5 Stunden zur Verdauung benötigt werden. Zur bestmöglichen Umwandlung von Nahrung in Wachstum brauchen die Fische eine mindestens 50%ige Sättigung des Wassers mit Sauerstoff.

Aus der Luft kann nur dann Sauerstoff zusätzlich aufgenommen werden, wenn die Kiemen naß sind (Notatmung)! An Land gezogene Fische sterben deshalb so schnell, weil das Kiemenepithel austrocknet und damit eine Sauerstoffaufnahme nicht mehr möglich ist.

DIE TEICHFISCHE

Karpfen (*Cyprinus carpio*)

Die reifen Männchen werden Milchner oder Treiber, die Weibchen Rogner, Laicher, Streicher oder Schlagmutter genannt.

Beim Karpfen handelt es sich um den einzigen Nutzfisch, der durch Züchtungsarbeit ein völlig anderes Aussehen als der ursprüngliche Wildfisch angenommen hat. Der Wildkarpfen ist ein vollbeschuppter, wenig hochrückiger Fisch, der lediglich im ersten Sommer gleich gut wächst wie unsere Zuchtformen. Bereits im dritten Jahr fällt er so stark zurück, daß er nur noch ein Drittel des Zuwachses eines Teichfisches erreicht.

Von den vielen verschiedenen Zuchtformen in Europa – vom Tellerfisch im Aischgrund oder dem gedrungenen Galizier über den mittelhohen fränkischen Fisch bis zum gestreckten Karpfen Böhmens – sind heute lediglich zwei übriggeblieben.

Es handelt sich um den Schuppenkarpfen und den Spiegelkarpfen. Die Form beider Fische ist dem fränkischen Karpfen mit einem starken Schuß galizischer Gedrungenheit ähnlich. Es sind gut bemuskelte, mittelhohe Fische; Extreme, wie die enorme Hochrückigkeit des Aischgründers oder die langgestreckte Form des Böhmen, wurden als Zuchtziele fallengelassen, weil fast alle Extreme zu anderen Nachteilen führten: die abnorme Hochrückigkeit z.B. zu Rückgratverkrümmungen und Verwachsungen der Wirbel und zugleich zu einem Abfall der Zuwachsleistung. Neben Schuppen- und Spiegelkarpfen wurden vereinzelt auch Zeil- und Nacktkarpfen gezüchtet. Deren Leistung ist jedoch in jeder Beziehung schlechter, weshalb sie heute kaum noch zu sehen sind.

Karpfen werden im Schnitt 25 bis 30 Jahre alt und erreichen dabei ein Gewicht von 25 bis 30 kg.

Unterschiede in der Stückmasse zwischen den vier Beschuppungstypen bei der Aufzucht im gleichen Teich (Angaben in Prozenten): Schuppenkarpfen = 100% (nach Steffens 1966a).

Beschuppungstyp	K_{0-1}	K_{1-2}
Schuppenkarpfen	100	100
Spiegelkarpfen	94	94
Zeilkarpfen	86	91
Nacktkarpfen	80	83

Diese Untersuchung wurde in der ehemaligen DDR durchgeführt und muß für andere Zuchtlinien nicht unbedingt zwingende Gültigkeit haben.

Der Lebensraum des Karpfens sind stehende und langsam fließende Gewässer. Am Unterlauf von Strömen kommt er auch im Brackwasser vor, da er einen Salzgehalt von bis zu 0,2% verträgt. Er liebt weichen, schlammigen Boden mit Krautbewuchs.

Er ist ein Krautlaicher, der bei einer Wassertemperatur von ca. 18 Grad Celsius zu laichen beginnt. Seine Laichzeit fällt somit meist in den Mai zu Ende der Robinienblüte.

Nachschläge während des Sommers kommen häufig vor. Der Ausdruck „Karpfen haben geschlagen" wird für den Laichakt verwendet. Er stammt wohl daher, weil dieser mit großem Radau und Geplätscher durchgeführt wird.

Die freßfähigen Larven leben anfänglich von feinstem Zooplankton (Bakterien, Ur- und Rädertierchen sowie Jugendformen von Krebsartigen). Mit zunehmendem Wachstum wird immer größeres Zooplankton genommen und später hauptsächlich auf Bodentiere und Pflanzen übergegangen.

Der Karpfen ist einer der härtesten Fische, weshalb sich im Lauf der Jahrhunderte eine sehr rüde Behandlung durch die Teichwirte eingebürgert hat. Karpfen werden häufig längere Zeit trocken transportiert und, kühl verpackt, im Winter manchmal sogar trocken versandt, ohne daß sie dabei eingehen. Mit der Zunahme von immer mehr empfindlichen Nebenfischen beginnt Gott sei Dank auch bei der Behandlung von Karpfen ein Umdenken. Der Fisch lohnt dies mit verbesserter Hälter- und Transportfähigkeit.

Der Sauerstoffbedarf ist nicht sehr hoch. Bei Sauerstoffzusammenbrüchen im Teich können Karpfen unter Umständen längere Zeit durch Notatmung überleben.

Der Karpfen ist nach der Regenbogenforelle der wichtigste Teichfisch Mitteleuropas. Die jährliche Produktion beträgt z.B. in Österreich 1200 bis 1500 Tonnen, was zur Versorgung der Bevölkerung bei weitem nicht ausreicht.

Zum Vergleich: Rußland produziert rund 50.000, Japan 17.000 und China 850.000 Tonnen Karpfen jährlich.

Er ist ein delikater Speisefisch, der auf jede erdenkliche Art zubereitet werden kann.

Hierher gehört auch der seit einigen Jahren in unseren Teichen gehaltene, aus Japan stammende **Koi-Karpfen.** Er ist bunt, von silbrig über rot bis schwarz. Die Preise sind je nach Farbe sehr unterschiedlich. Aquarianer und Gartenteichbesitzer haben die Nachfrage stark belebt. Denn was wäre wohl ein „Biotop" ohne bunte Fische? Koi haben die gleichen Ansprüche wie normale Karpfen, wachsen jedoch etwas schlechter.

Schleie *(Tinca tinca L.)*

Ein Fisch mit gedrungenem Körper und endständigem kleinspaltigem Maul. In jedem Mundwinkel eine Bartel. Körperfarbe grüngrau mit roten Augen. Die kleinen Schuppen liegen tief unter der schleimigen Oberhaut. Die Geschlechter können neben weniger charakteristischen Merkmalen, vor allem an der verschiedenen Größe der Bauchflossen, unterschieden werden. Bei Milchnern sind diese Bauchflossen weit größer und haben einen verdickten zweiten Flossenstrahl. Sie reichen fast immer über die Afterregion hinaus, während dies bei Rognern nie der Fall ist.

Es gibt verschiedene, äußerlich kaum unterscheidbare Zuchtlinien, die sich in der Leistung jedoch stark unterscheiden. Besonders in den letzten Jahrzehnten konnte in Deutschland und Österreich erfolgreiche Zuchtarbeit geleistet werden. Bekannt wurde die Quolsdorfer-Schleie, welche einen sehr guten Zuwachs zeigt. In Österreich erweisen sich die Stämme aus den steirischen Teichwirtschaften Neudau und Saaz mit besonders gutem Zuwachs.

Die Schleie ist in ganz Europa bis auf Skandinavien und Irland in den natürlichen Gewässern verbreitet. Sie liebt stark verkrautete, stehende oder langsam fließende Gewässer mit weichem Grund und lebt meist in Bodennähe. Sie ist sehr zählebig und bedarf noch weniger Sauerstoffs als der Karpfen, obwohl sie oft früher zur Notatmung übergeht als dieser.

Sie ernährt sich ähnlich wie der Karpfen und ist deshalb für diesen ein Nahrungskonkurrent.

Die Schleie braucht zur Fortpflanzung eine Wassertemperatur von über 20 Grad Celsius. Ihre Laichzeit fällt zwei bis drei Wochen nach der des Karpfens in die Zeit der Lindenblüte, in unseren Breiten meist im Juni. Sie ist ebenfalls ein Krautlaicher mit stark klebrigen Eiern. Die Laichreife tritt bei den Milchnern im zweiten bis dritten, bei den Rognern meist im dritten bis vierten Sommer auf. Meist ist im zweiten Sommer bereits eine Unterscheidung der Geschlechter möglich. Da die Rogner besser wachsen, könnte eine Trennung der Geschlechter vor dem Besetzen eines Teiches vorteilhaft sein. Auch würde eine nicht gewollte Vermehrung unterbunden.

Schleien bleiben beim Abfischen gerne in tieferen Stellen des Teiches. Ein Absenken des Wassers bei Nacht ist deshalb zu empfehlen. Ein Abfischen hinter dem Mönch funktioniert sehr gut, weil sich die Schleie sofort ins seitlich eintretende Frischwasser stellt.

In der mittelalterlichen Heilkunde dienten Schleien zur Bekämpfung der Gelbsucht. Sie wurden den Patienten lebend auf den Nabel gelegt und mußten dort so lange liegen bleiben, bis sie tot waren.

Schleien sind delikate Speisefische, die, ähnlich wie Forellen, auch leicht zu essen sind. Speisefischgrößen sind 200 bis 300 Gramm. Meist sind dies dreisömmrige Fische.

Da Zuwachs und Futterquotient bedeutend schlechter sind als beim Karpfen, müßte der Preis für Schleien um vieles höher sein, damit sich eine Produktion für den Teichwirt wirklich auszahlt. Dies ist meist nicht der Fall, weshalb die Produktion von Jahr zu Jahr zurückgeht.

Mit dem immer stärker werdenden Auftreten der Zerkariendermatitis wird sich das wohl ändern, denn ein entsprechender Schleienbesatz wird die unbegrenzte Vermehrung von Wasserschnecken, den Zwischenwirten der Larven von Vogelsaugwürmern, wohl bremsen.

Nach der Schleie als dem wohl ältesten Nebenfisch in der Karpfenteichwirtschaft nun zu den jüngsten und für die Zukunft wohl bedeutsamsten Nebenfischen.

OSTASIATISCHE PFLANZENFRESSER

Die Bedeutsamkeit dieser Fische liegt darin, daß sie – im Unterschied zur Schleie – keine oder nur geringe Nahrungskonkurrenten des Karpfens sind. Die Pflanzenfresserarten sind aus China über Rußland und die osteuropäischen Länder nach Westeuropa gekommen. In China, wo die Pflanzenfresser seit Jahrtausenden in Teichen gehalten werden, wird die natürliche Brut aus den Strömen gefischt und dann künstlich weiter gezogen. Eine künstliche Vermehrung fand nur in geringem Maß statt.

Da sich diese Fische in Europa jedoch nicht natürlich vermehren, mußte ein Weg zur künstlichen Vermehrung gefunden werden. Dies gelang in den Oststaaten mit Hilfe von Hypophyseninjektionen schon vor vielen Jahren. Das Hormon der Hypophyse – der Gehirnanhangdrüse – steuert die Reife und Abgabe der Geschlechtsprodukte.

In unserem Klimagebiet erreichen die Pflanzenfresser ihre Laichreife ungefähr zur gleichen Zeit wie die Schleie – also im Juni zur Zeit der Lindenblüte; in kühleren Regionen etwas später. Im Westen wird die künstliche Vermehrung dieser Fische seit dem Jahr 1970 regelmäßig durchgeführt. Pionier auf diesem Gebiet und viele Jahre hindurch die einzige im Westen war die Teichwirtschaft Waldschach in der Steiermark. Dort konnte der Besitzer, FZM A. von Menzel, unter Anleitung von Herrn Dr. E. Weber, Wien, durch Verbesserung der Erbrütungs- und Aufzuchtmethoden bessere Ergebnisse erzielen, als damals im Ostblock erreicht wurden. Selbstverständlich hat man auch dort nicht geschlafen, und derzeit erfolgt eine gegenseitige Befruchtung im Know-how.

Alle vier Arten, die bisher im Westen eingebürgert wurden, gehören zur Gruppe der Karpfenartigen (Cyprinidae). Sie sind noch wärmebedürftiger als der Karpfen, um optimalen Zuwachs zu erreichen. Trotz dieses sommerlichen Wärmebedürfnisses sind sie jedoch winterhart und bereiten kaum Probleme in gut geführten Winterteichen.

Nun zur Beschreibung der einzelnen Arten. Drei davon sind Pflanzenfresser, die vierte – der Schwarze Amur – ist Molluskenfresser, der ursprünglich irrtümlich mit Graskarpfenimporten aus Ungarn gekommen war. Gott sei Dank, denn mit ihm ist uns eine scharfe Waffe gegen die Zwischenwirte der Vogelsaugwurmlarven in die Hand gegeben.

Amur *(Ctenopharyngodon idella* V.)

Weitere Namen: Weißer Amur, Graskarpfen, Grasfisch.

Die Jungfische dieser Art sind spindelförmig und werden mit zunehmendem Alter walzenförmig mit langgestrecktem Körper. Der ganze Körper ist mit großen, leicht entfernbaren Schuppen bedeckt. Die Fische sind am Rücken dunkler, an den Seiten hellgrünlich, am Bauch weißlich. Die hinteren freien Schuppenränder sind mit einer dunklen, halbmondförmigen Umrandung versehen. Dies verleiht dem Körper eine schöne Musterung. Das Maul ist halb unterständig, die zusammengedrückten Schlundzähne mit der leicht gesägten Krone liegen in zwei Reihen auf den stark entwickelten Schlundknochen. Der Fisch erreicht in seiner Heimat, den asiatischen Strömen, ein Gewicht bis zu 50 kg.

Der Amur ist ein Pflanzenfresser, der Unter- und Oberwasserpflanzen abweidet. Nur in seiner Jugend bis zu einer Größe von 6 bis 10 cm lebt er von tierischem Geschwebe (Zooplankton). Danach erfolgt die Umstellung auf Pflanzenkost, wobei zuerst weiche Unterwasserpflanzen, wie Fadenalgen, Netzalgen und Laichkräuter, angenommen werden. Mit zunehmender Größe werden immer härtere Pflanzen bevorzugt. Große Graskarpfen lieben Schilf, Rohrkolben, Seggen und Binsen ganz besonders. Sie können ohne weiteres zur Entlandung verlandeter Teiche benützt werden.

Spiegel- und Schuppenkarpfen

Koi-Karpfen im Kescher

Schleie im Aquarium

Schwarzer und Weißer Amur

Silberfisch, Tolstolob (Si$_4$)

Marmorfisch (Ma$_4$)

Von den hiesigen Wasserpflanzen werden die drei Hahnenfußarten Starrer Hahnenfuß *(Ranunculus circinatus)*, Flutender Hahnenfuß *(Ranunculus fluitans)* und Gemeiner Wasserhahnenfuß *(Ranunculus aquatilis)* fast gar nicht und Wasserknöterich *(Polygonum amphibium)* ungern gefressen. Auch Wassernuß *(Trapa natans L.)* wird erst angenommen, wenn die besser schmeckenden Pflanzen des jeweiligen Teiches stark vermindert wurden, desgleichen Schachtelhalm *(Equisetum)*.

Obwohl der Amur im Teich gerne kleine Mengen des verabreichten Karpfenfutters, auch Fischlaich und Fischlarven aufnimmt, braucht er viel Rohfaser, welche nur aus Pflanzen gewonnen werden kann. Aus diesem Grund müssen in leergefressenen Teichen Landpflanzen, wie Gras, Klee oder Luzerne, zugefüttert werden. Auch der Bewuchs vernäßter Flächen wird gerne gefressen.

Der Grasfisch hat seine Heimat im Unterlauf der großen Ströme Ostasiens, vom Amur im Norden bis zum Roten Fluß im Süden. Als Flußfisch wandert er gerne aus den Teichen ab, wenn ihm z.B. bei Hochwasser Gelegenheit dazu geboten wird. Der Sauerstoffbedarf ist nicht höher als der des Karpfens, weshalb kaum Überwinterungsverluste auftreten.

Graskarpfen und die anderen Ostasiaten müssen bei Kälte gefischt werden, da die Fische bei warmem Wetter zu lebhaft sind und sich beim Herumspringen verletzen. Gerade der Amur ist jedoch sehr empfindlich gegen Haut- und Schuppenverletzungen, und er kann mit solchen Verletzungen die Winterung kaum überstehen. Grasfische sollten, wenn möglich, in glatten Behältern getragen werden. Unverkleidete Weidenkörbe sind Gift für sie. Die Geschlechtsreife tritt in unserem Klimabereich mit sechs bis acht Jahren ein. Die Larven schlüpfen bereits zu einer Zeit aus dem Ei, in der sie noch ohne Augen, Maul und Darm sind. Erst in der Zeit des Dotterverbrauchs werden diese Organe gebildet, womit das winzige Fischchen erst freßfähig wird.

In ihrer Heimat laichen diese Fische bei 21 bis 22 Grad Celsius Wassertemperatur in stark fließendem Wasser über kiesigem Grund.

Die befruchteten Eier quellen stark und schweben mit der Strömung im Wasser (pelagisch). Junge Graskarpfen können unter Umständen mit Aiteln (Döbeln) oder Haseln verwechselt werden. Eine Unterscheidung ist mit Hilfe der Schlundzähne, noch besser jedoch mit Zählen der Schuppenreihen unter der Seitenlinie durchzuführen. Zwischen den vorderen Flossenstrahlen der Bauchflosse und der Seitenlinie gezählt, haben Döbeln und Haseln 3 bis 4, Graskarpfen immer 5 Schuppenreihen. Zur Unterscheidung vom Schwarzen Amur sei erwähnt, daß diese an den hinteren Schuppenrändern keinen dunklen Halbmond wie die Graskarpfen haben. Bei Graskarpfen ist auch zwischen den beiden Nasenlöchern eine sanfte Einbuchtung zu sehen, während beim Schwarzen Amur auch dieser Teil gewölbt ist.

Graskarpfen erreichen nach drei bis vier Sommern – je nach Wassertemperatur und Futterangebot – Speisefischgröße. Diese beträgt zwischen $1^1/_2$ und 3 kg. Wie alle Cypriniden hat auch der Amur Zwischenmuskelgräten. Das Fleisch ist kernig, fettarm und wohlschmeckend. Es eignet sich besonders gut zum Braten und Grillen.

Die Besatzmenge als Nebenfisch hängt stark vom Angebot an Wasserpflanzen ab. Bei starkem Bewuchs sollte ein Mengenanteil von 20 bis 25% der eingesetzten Karpfen an gleich alten Amur eingesetzt werden. In pflanzenarme Teiche sollte ohne Zufütterung von Grünfutter überhaupt kein Graskarpfen gebracht werden. Bei hohen

Temperaturen und reiner Getreidefütterung gehen sie nämlich ein, weil die benötigte Rohfasermenge nicht vorhanden ist.

Die Verdauung der Graskarpfen ist nicht sehr intensiv, weshalb durch den ausgeschiedenen Kot große Mengen organischer Substanz und damit Nährstoffe ins Wasser gelangen. Karpfen fressen diesen Kot sogar und verdauen ihn so erst vollständig.

Falls Amur im Sommer eingehen, handelt es sich oft um eine Leberdegeneration. Diese tritt dann ein, wenn die Fische zuwenig Rohfaser erhielten. Zumindest zwei Drittel der Amurnahrung muß daher aus rohfaserreichen Pflanzen bestehen!

Silberamur *(Hypophthalmichthys molitrix* V.*)*

Weitere Namen: Silberkarpfen, Silberfisch und Tolstolob.

Stark seitlich zusammengedrückte Körperform. Der mit kleinen Schuppen bedeckte Körper glänzt bei jüngeren Exemplaren silbrig und geht mit zunehmendem Alter am Rücken in Bleigrau über. Die Seiten und der Bauch sind ganz hell, die Augen liegen auffallend tief am Kopf. Die Bauchlinie bildet von den Kiemenöffnungen bis zum Anfang der Afterflosse einen deutlich ausgeprägten Kiel. Die Schlundzähne sind flach, die Oberfläche ist gefurcht.

Silberkarpfen haben an den inneren Kiemenbögen eine Siebfläche. Diese ist breiter als die Atemfläche an den Außenbögen. Mit Hilfe des Siebes beschafft sich dieser Fisch seine Nahrung, welche aus den im Wasser schwebenden Algen und kleinen Zooplanktern besteht. Diese Algen – Grün-, Blau-, Kieselalgen und Flagellaten – sind zum Teil äußerst klein, weshalb die Öffnungen in den Siebflächen der Silberkarpfen nur sechs bis zehn Mikron groß sind (ein Mikron = ein tausendstel mm). Das Maul ist oberständig. In der Mundhöhle finden sich stark entwickelte Leitleisten, die zu den Kiemen führen.

Silberamure erreichen in ihrer Heimat ein Gewicht von ungefähr 20 kg.

Als Lebensraum dienen ihnen ebenfalls die großen ostasiatischen Ströme. Sie benötigen allerdings etwas wärmere Winterungen, weshalb sie nicht so weit nach Norden vordrangen wie der Amur.

Die erste Nahrung der Brut ist, ähnlich wie bei den Grasfischen, sehr kleines Zooplankton. Erst mit einer Größe von 5 cm wechseln sie langsam auch auf Schwebealgen – das Phytoplankton – über.

Die Geschlechtsreife tritt in Europa mit fünf bis sechs Jahren ein, die Laichreife bei einer Wassertemperatur von 23 bis 24 Grad Celsius. Auch diese Eier quellen stark und schweben im Wasser.

Der Silberamur ist ebenfalls beim Abfischen sehr schonend zu behandeln. Nicht nur, daß seine Haut sehr empfindlich ist – der geringste Druck ruft Blutungen hervor –, verschlammen die Kiemensiebe im schmutzigen Wasser schnell. Damit wird die Atmung unterbunden, und die Fische gehen ein. Ein Silberamur, der neben einer verschlammten Fischgrube auf dem Trockenen liegen bleibt, ist weniger gefährdet als einer, der im schlammigen Wasser stehen muß. Wenn also keine Abfischung hinter dem Damm besteht, müssen solch empfindliche Fische mit Hilfe von Zugnetzen aus einem nicht zu klein werdenden Restteich abgefischt werden. Erst nach der Entnahme der empfindlichen Fische kann das Wasser soweit abgelassen werden, daß die verbliebenen Karpfen aus der Fischgrube herausgekeschert werden können.

Silberkarpfen haben viele Zwischenmuskelgräten, die zum Teil verästelt sind. Das Fleisch ist ebenfalls trocken, weshalb sich auch dieser Fisch, gut gewürzt, zum Grillen und Braten eignet. Silberkarpfen lagern ihr Fett sehr konzentriert im Bauchkiel und in den Innereien ab. Es ist deshalb empfehlenswert, diesen Kiel vor der Zubereitung zu entfernen.

Der Zuwachs von Silberamuren hängt sehr stark vom Nährstoffgehalt eines Teiches und dessen Phytoplanktonproduktion ab. Jedenfalls kann man mit geringsten Mitteln – nämlich einer Phosphatdüngung – über diesen Fisch wertvolle Eiweißnahrung für Mensch und Tier erzeugen. Da von ihm nur im Wasser schwebende Materie aufgenommen werden kann, ist er kein Nahrungskonkurrent des Karpfens.

Leider ist dieser einwandfreie Speisefisch beim Konsumenten noch wenig bekannt und deshalb, trotz seines geringen Preises, schwer verkäuflich. Man muß trachten, über die Gastronomie ein breites Publikum mit ihm vertraut zu machen.

Die Menge des Beibesatzes im Karpfenteich hängt von dessen Eutrophierung, also der Nährstoffmenge, ab. In Teichen mit oft auftretenden Wasserblüten und anschließenden Sauerstoffzusammenbrüchen wird ein Besatz von gleichviel Silberkarpfen wie Karpfen empfohlen; selbstverständlich immer von der gleichen Größenklasse. Polnische Untersuchungen haben erbracht, daß durch starken Silberamurbesatz in überdüngten Teichen bis zu 2 mg/l höhere Sauerstoffwerte erzielt werden als in Parallelteichen ohne diesen Fisch. Dies resultiert aus der Tatsache, daß aus einem Schwebealgenbestand durch den Silberkarpfen offensichtlich Algenarten entnommen werden, die den Sauerstoffhaushalt stärker belasten als kleine Formen, die nicht mehr ausgesiebt werden können. Obendrein wird durch Verminderung des Schwebealgenbestandes die Sichttiefe erhöht, womit auch tiefer schwebenden Algen eine verbesserte Assimilation möglich wird.

Marmoramur *(Hypophthalmichthys nobilis* R. oder *Aristichthys nobilis* R.)

Weitere Namen: Marmorkarpfen, Gefleckter Amur, Breitkopf, Gefleckter Silberkarpfen oder Tolstolob, bzw. Marmorfisch.

Dieser Fisch zeigt einen noch ungewohnteren Anblick als der Silberamur. Er ist ebenfalls seitlich zusammengedrückt. Die kleinen Schuppen sind zum Teil wolkig oder streifig dunkler gefärbt, und die Augen liegen im übermäßig großen Kopf noch tiefer als beim Silberkarpfen. Der Bauchkiel ist bedeutend kürzer als beim Silberkarpfen und verbindet lediglich die Bauch- mit der Afterflosse. Von der Bauchflosse nach vorne ist der Unterteil des Körpers abgerundet. Die vier Schlundzähne an jeder Seite haben eine glatte Oberfläche. Die Breite der Sieb- und Atmungsflächen in den Kiemenbögen ist gleich. Der Aufbau der Siebfläche am Kiemenkamm ist ganz ähnlich der des Silberamurs. Die Öffnungen sind jedoch bedeutend größer, so daß nur Schwebeteile in der Größe von 40 bis 60 Mikron aufwärts darin hängenbleiben. Das Maul ist ebenfalls oberständig.

In ihrer chinesischen Heimat werden diese Fische bis 40 kg schwer. Die ursprüngliche Ernährung des Brütlings mit Zooplankton behält dieser Fisch sein ganzes Leben bei. Daneben werden auch größere Schwebealgen – vor allem Blaualgen – gefressen. Auch im Wasser schwebende Würmer und Insekten werden genommen.

Der Sauerstoffbedarf ist ähnlich dem des Karpfens. Es gibt keine größeren Schwierigkeiten in den Winterungen als bei diesem.

Die Geschlechtsreife des Marmoramurs tritt in Österreich mit sechs bis sieben Jahren ein. Eine Wassertemperatur von 24 bis 25 Grad Celsius ist zur Abgabe der Geschlechtsprodukte nötig. Die Fortpflanzung erfolgt gleich wie bei den beiden vorgenannten Arten, aber meist einige Tage später.

Der Marmoramur ist beim Abfischen nicht so empfindlich wie sein silberner Bruder. Er zeigt kaum Blutergüsse in der Haut. Auch im verschlammten Wasser kann er dank seiner größeren Kiemenreusenöffnungen etwas länger am Leben bleiben.

Er ist als Kleintierfresser natürlich ein Nahrungskonkurrent des Karpfens. Vor allem kleine Karpfen bis zu einem Gewicht von rund $\frac{1}{2}$ kg können durch einen überstarken Besatz von Marmorkarpfen im Wachstum stark gehemmt werden. Erst wenn die Karpfen so groß sind, daß sie überwiegend Bodennahrung aufnehmen, ist die Konkurrenz der Marmoramure nicht mehr so stark spürbar.

Andererseits ist der Marmorkarpfen jener Fisch, der unter günstigen Bedingungen im Teich das schnellste Wachstum – manchmal sogar schneller als jenes der Karpfen – zeigt. Eine Beigabe von gleichaltrigen Marmorfischen in Höhe von 10 bis höchstens 30% des Karpfenbesatzes erscheint mehr als ausreichend.

Auch der Marmoramur ist trotz seines guten Geschmacks bisher wegen seines ungewohnten Aussehens schwer verkäuflich. Sein Fleisch ist etwas weniger trocken als das des Silberamurs und eignet sich für jede Art der Zubereitung.

Bastarde zwischen Silber- und Marmoramur

Um die Nachteile beider Fischarten – nämlich die große Empfindlichkeit des Silberamurs und den großen Kleintierverbrauch des Marmoramurs – zu reduzieren, werden schon seit Jahren Kreuzungen zwischen beiden Arten verwendet. Diese Bastarde sehen dem Silberkarpfen sehr ähnlich. Ihre Farbe ist jedoch dunkler, besonders am Rücken bleigrau. Die Empfindlichkeit der Haut hat nachgelassen, die Größe der Sieböffnungen liegt zwischen denen der beiden Elterntiere, der Anteil des Phytoplanktons an der Gesamtnahrung wird angeblich auf 90% vergrößert, jener des Zooplanktons auf 10% verringert. Auch der Anteil des Kopfes am Gesamtgewicht ist kleiner als beim Marmoramur. Die Mutter dieser Bastarde ist Silber-, der Vater Marmoramur. Dies vor allem deshalb, weil die Marmornen mit ihrem höheren Temperaturanspruch etwas später zur Laichreife kommen als die Silbernen, den Milchnern aber auch vor der vollen Laichreife Samen entlockt werden kann.

Schwarzer Amur *(Mylopharyngodon piceus)*

Weiterer Name: Schwarzer Graskarpfen.

Diese letztere Bezeichnung ist völlig falsch, weil der Schwarze Amur kein pflanzenfressender Fisch, sondern ein Molluskenfresser ist. Er lebt von Schnecken und Muscheln. Er sieht dem Graskarpfen sehr ähnlich, ist aber bedeutend dunkler. Vom anthrazitfarbenen Rücken wird er über das Dunkelgrau der Flanken bis zum Bauch hellgrau. In intensiv bewirtschafteten Teichen, in denen durch die jährlichen Kalkungen und Trockenlegungen Muscheln und Schnecken nur noch in geringer Menge vorhanden sind, ist der Zuwachs des Schwarzen Amur recht gering. Unter extensiven Bewirtschaftungsbedingungen ist er jedoch recht gut. Sein Fleisch ist trocken und wohlschmeckend.

Das in Badeseen jedoch immer häufiger werdende Auftreten der lästigen Larven (Zerkarien) der Vogelsaugwürmer wird den Ruf nach einer sicher wirkenden Bekämpfung laut werden lassen. Eine chemische Bekämpfung der Schnecken, die den Zerkarien als Zwischenwirt dienen, wird von verantwortungsvollen Verwaltern solcher Gewässer wohl kaum in Betracht gezogen werden. Die biologische Bekämpfung als billigste Lösung wird da wohl Vortritt haben. Und der wirkungsvollste Schneckenfeind ist doch eindeutig jener Fisch, der hauptsächlich von Mollusken lebt – also der Schwarze Armur!

Blaubandbärbling *(Pseudorasbora parva)*

Weitere Namen: Pseudokeilfleckenbarbe oder Strömer.

Das 5 bis 8 cm lange Fischchen mit dem schillernden blauen Längsstreifen sieht dem Strömer sehr ähnlich. Seine ursprüngliche Heimat, den Fernen Osten, verließ es unerkannt mit den Pflanzenfresserexporten nach Rußland und Osteuropa. Heute ist der Blaubandbärbling dort und in ganz Mitteleuropa zu finden. Da er in einem Sommer temperaturabhängig drei- bis fünfmal laicht, kann er den Ertrag eines Karpfenteichs empfindlich verringern!

Andererseits sind diese Fische ein wunderbares Futter für junge Raubfische. Eine steirische Teichwirtschaft erzeugt auf diese Art Zandersetzlinge in großer Menge.

FISCHE FÜR DEN GARTENTEICH

Seit die Anlage von Gartenteichen (Biotop = Lebensraum) modern geworden ist, bietet diese Entwicklung auch so manchem Teichwirt Gelegenheit, Tiere abzusetzen, die noch vor wenigen Jahren unverkäuflich waren, wie z.B. Muscheln, Krebse, Lurche usw. Hinzu kommt die stark gestiegene Nachfrage nach gut sichtbaren und winterharten Fischen. Die wichtigsten sollen hier angeführt werden:

Goldfisch *(Carassius auratus auratus)*

Der Goldfisch und seine in Ostasien für Aquarien gezüchteten Sonderformen, wie Schleierfische, Löwenköpfe und Teleskopaugen, sind nahe Verwandte unserer unverwüstlichen Karausche *(Carassius carassius)*, stammen aber von einer ostasiatischen Form des Giebel, der Silberkarausche *(Carassius auratus gibelio)*, ab. Zur Unterscheidung von jungen Schuppenkarpfen, denen sie sehr ähnlich sehen, sei erwähnt, daß sie keine Barteln haben.

Die Vermehrung erfolgt im Frühjahr auf natürliche Art im Teich ohne Probleme, kann aber auch künstlich durchgeführt werden. Junge Goldfische sind unauffällig graubraun gefärbt. Die Gold- oder Silberfärbung tritt erst nach Monaten, manchmal sogar erst nach Jahren ein. Goldfische sind unglaublich zäh und überleben noch bei schlechtesten Winterungsbedingungen. Auch sind sie hervorragende Bekämpfer von Mückenlarven. An mit ihnen besetzten Teichen werden Gelsenplagen kaum auftreten.

Goldorfe *(Leuciscus idus melanotus)*

Die Goldorfen sind eine Variante des Aland oder Nervlings, welche als Ufer- oder Oberflächenfische die Barbenregion unserer Flüsse bewohnen. Sie sind nicht so hochrückig wie Goldfische und laichen bereits früher als diese. Ausgewachsen 30 bis 40 cm lang, eignen sie sich gut für tiefere Gartenteiche. Wegen ihres höheren Sauerstoffbedarfs verlangen sie aber bessere Winterungsverhältnisse als Goldfische. Als Oberflächenfische mit ähnlichem Nahrungsbedarf wie Goldfische sind sie fast immer sichtbar.

Die Vermehrung von Goldorfen wird aber auch deshalb immer interessanter, weil diese Fische als Indikatoren (Anzeiger) zur Überprüfung von Wasserverschmutzungen dienen. Beim Umweltverhalten der zivilisierten Menschheit damit ein ganz sicherer Zukunftsmarkt!

STÖRE

Obwohl bereits zu den Knochenfischen gehörend, besteht noch ein beträchtlicher Teil des Skeletts aus Knorpeln. Die Haut ist nicht beschuppt, trägt aber in Reihen angeordnete Knochenplatten. Der Kopf ist zu einem Schnabel *(Rostrum)* ausgezogen, an dessen Unterseite das Maul und die Barteln liegen. Die Schwanzflossen sind unsymmetrisch. In den größeren oberen Lappen reicht das Rückgrat hinein. Die Heimat der meisten Störe sind jene Flüsse, die ins Schwarze oder in das Kaspische Meer münden. Da durch Verbauung dieser Ströme die natürliche Vermehrung stark beeinträchtigt ist, wird in den Anrainerstaaten, vor allem in Rußland, die künstliche Vermehrung durchgeführt. Dies hat auch zu Kreuzungsversuchen geführt, die sich teilweise wegen des verbesserten Wachstums solcher Kreuzungen bewährt haben.

Bastard zwischen Silberamur (Mitte) und Marmorfisch in der 1. Generation (rechts) und nach genetischer Aufspaltung in der 3. Generation (links)

Hecht und Zander

Goldorfe

Einsömmriger Sterlet

Blaubandbärblinge

Löffelstör

Störe verlangen, ähnlich wie Karpfen, nährstoffreiche Teiche und Belüftungsmöglichkeit, weil der Sauerstoffgehalt nicht unter 4 mg sinken sollte.

Das Fleisch aller Störe ist geschätzt und wird gerne gegessen, weil es grätenfrei ist.

Nun zu den einzelnen Arten, die derzeit in Teichwirtschaften gezüchtet werden:

Sterlet *(Acipenser ruthenus)*

Er ist der kleinste der europäisch-vorderasiatischen Störe, verbringt sein ganzes Leben im Süßwasser und war früher in der Donau bis tief nach Bayern hinein heimisch. Neueinbürgerungen in sauberen Flußabschnitten scheinen Erfolg zu bringen.

Er hat eine lange, an der Unterseite gekielte Schnauze mit gefransten Barteln. Die Rückenschilde stehen eng aneinander und enden mit einer fast hakenförmigen Spitze. Die Brustflossen sind sehr groß.

Bester

Kreuzung aus Sterlet und Beluga. Bester ist jener Stör, der seinerzeit von der UdSSR an andere Staaten verkauft wurde.

Seine Vorteile sind gutes Wachstum und Robustheit. Seine Nachteile überwiegen jedoch. Nur ein Teil der Fische ist weißfleischig, der Rest gelbfleischig, was vom Konsumenten abgelehnt wird. Entscheidend ist aber, daß Bester kaum nachzuzüchten sind, weil sie wieder in die Ursprungsformen aufspalten.

Sibirischer Stör *(Acipenser baeri)*

Er wird im deutschsprachigen Raum bevorzugt vermehrt. Der Fisch ist sehr dunkel gefärbt und trägt ebenfalls eng aneinandergereihte, spitze Rückenschilde. Sein Wachstum ist ähnlich dem des Karpfens, so daß nach zwei Sommern ein Gewicht von 2 bis 3 kg zu erwarten ist.

Die Aufzucht der Störbrütlinge ist relativ einfach, sobald sie freßfähig sind. Anfangs Plankton, wobei durch fischfressende Vögel Verluste auftreten können. Sobald jedoch zur Bodennahrung übergegangen wird, sind kaum Einbußen zu verzeichnen. Preßfuttermittel in der entsprechenden Körnung führen ebenfalls zu guten Erfolgen.

Krankheiten treten kaum auf. Auch gegen Parasiten sind Störe recht widerstandsfähig. Lediglich Wurmstar tritt in muschel- und schneckenreichen Teichen auf.

Vor der Schlachtung sollten Störe wenigstens zwei Wochen lang in sauberem Wasser gehältert werden, um den Geschmack zu verbessern.

Es gibt Hinweise, daß durch den Kauf von Stören aus Forellenteichwirtschaften Viruserkrankungen von Salmoniden übertragen werden können.

Löffelstör *(Polyodon spathula)*

Dieser störartige Fisch aus den warmen Flußabschnitten Nordamerikas wird in seiner Heimat bis zu 70 kg schwer und 2 m lang. Die Schnauze ist entenschnabelförmig vorgezogen, am Körper befinden sich keine Knochenschilde.

Die Ernährung erfolgt hauptsächlich durch Herausfiltern von Plankton aus dem Wasser. Hierzu dienen ihm – ähnlich dem Marmorkarpfen – Filterreusen an den Kiemen. Er kann aber auch gezielt Nahrung ergreifen, weshalb die Fütterung mit fettreichen Fertigfuttermitteln erfolgreich ist.

SONSTIGE TEICHFISCHE

Hecht *(Esox lucius)*

Langer, walzenförmiger Körper mit langem Kopf und krokodilähnlicher Schnauze. Lang gespaltenes Maul mit großen Fang- und kleinen Hechelzähnen besetzt. Der Unterkiefer ist länger als der Oberkiefer. Die Rückenflosse sitzt sehr weit hinten, die Seitenlinie ist unterbrochen. Die Färbung ist nach Standort sehr verschieden. Der Rücken kann von dunkelolivgrün über braun und graugrün auch bis zu gelbgrün werden. Die Seiten sind viel heller mit dunkleren regelmäßigen Flecken. Der Hecht lebt in ganz Europa in stehenden und langsam fließenden Gewässern. Er braucht sauberes Wasser. Sein Sauerstoffbedarf ist hoch und kommt dem der Regenbogenforelle nahe.

Er liebt Nahrungstiere, die voll in sein riesiges Maul passen. Nur der kleine Brütling begnügt sich mit Zooplankton. Sehr bald erfolgt der Übergang zu Insekten, Kaulquappen und kleinen Fischen.

Die Laichzeit des Hechtes fällt in die Zeit nach der Eisschmelze, wenn die Weiden ihre Kätzchen tragen. Er ist ebenfalls Krautlaicher mit klebrigen Eiern.

Um mit Hechten Erfolg zu haben, muß sich der Teichwirt einige grundlegende Eigenschaften dieses Fisches ständig vor Augen halten. Diese sind: große Gefräßigkeit; Vorliebe für relativ große Futtertiere; stark ausgeprägter Kannibalismus; Lauerjäger, der mit Hilfe der Seitenlinie und des Auges die Beute fühlt und sieht und dann plötzlich aus seinem Versteck hervorstürzt, um diese zu schnappen. Für die Bewirtschaftung bedeutet dies, daß Teichwirtschaften, die nicht selbst Hechte in krautreichen Teichen ablaichen lassen oder diese künstlich vermehren, aus Brutanstalten vorgestreckte Hechtbrut kaufen werden. Diese H_V (Hecht vorgestreckt) sollten nun in krautreiche Teiche einzeln gut verstreut ausgesetzt werden. In Teichen mit wenig Unterschlupfmöglichkeiten fressen sie sich gegenseitig auf. Nach der Überwindung des Insektenfreßstadiums müssen genügend Unkrautfische (Mistfische) vorhanden sein, von denen die Hechte weiterleben können. Ein Hechtbesatz wird überhaupt nur dann sinnvoll sein, wenn in einem Teich Unkrautfische zu bekämpfen sind. Teiche mit häufigem Sauerstoffzusammenbruch eignen sich ebenfalls nicht für den Besatz mit Hechten.

Aus Vorgesagtem ist auch ersichtlich, daß für Teichwirtschaften nur die Produktion von einsömmrigen Hechten (H$_1$) zum Besatz von Sportgewässern sinnvoll erscheint, gegebenenfalls noch die Produktion von Zweisömmern (H$_2$) in Karpfenabwachsteichen mit vielen Mistfischen. Trotz enorm hoher Preise für Hechtbesatz von Sportgewässern zahlt sich die Produktion nur in solchen Teichen aus, in denen die Hechte zur Gänze von minderwertigen Unkrautfischen leben können. Hechtbesatz in extensiv bewirtschafteten Teichen, die nur alle paar Jahre abgefischt werden, führt fast sicher zur Katastrophe. Nach mehreren Jahren werden sich wahrscheinlich nur mehr einige große Karpfen und einige wenige Hechte vorfinden. Alles andere wurde gefressen.

Der Hecht ist trotz seines Grätenreichtums ein geschätzter Speisefisch. Sein Fleisch ist trocken und eignet sich zum Grillen und Braten.

Wie weise die Natur eingerichtet ist, zeigen Laichzeit und Kannibalismus des Hechtes! Alle Futterfische laichen so spät, daß der Hechtbrütling beim Auftreten solcher Brut bereits groß genug ist, diese zu fressen. Ohne den stark ausgeprägten Kannibalismus würden andererseits alle Gewässer von den gierigen Vielfraßen leergefressen werden. Nur die großen Reviere der einzelnen Hechte, welche eben durch das gegenseitige Fressen erhalten werden, vermeiden solches.

Zander *(Lucioperca lucioperca* L.*)*

Weitere Namen: Schill, Fogosch, Hechtbarsch.

Es handelt sich um einen langgestreckten Barsch. Mundöffnung endständig, Mundspalte groß, Maul mit vielen kleinen Zähnen. Dazwischen große Hundszähne. Das Hinterende des Kiemendeckels läuft in einer Spitze aus. Als Barschartiger zwei Rückenflossen, wovon die vordere nur Hartstrahlen besitzt. Die Grundfarbe ist grau mit helleren streifigen Flecken an den Seiten. Den ganzen Körper bedecken kleine Kammschuppen. Diese rauhe Körperoberfläche führt zu Schwierigkeiten beim Transport von Zandern, die sich auf engstem Raum gegenseitig verletzen. Sie sollten daher in möglichst kaltem Wasser transportiert werden, damit ihre Beweglichkeit herabgemindert wird.

Zander kommen in nahezu allen Flüssen und Seen Europas vor. Sie können auch im Brackwasser der Flußmündungen leben. Der Sauerstoffbedarf ist nicht höher als beim Hecht.

Der Zander ernährt sich ähnlich wie der Hecht. Am Beginn Zooplankton, dann Insekten, später Fische. Entsprechend seinem kleineren Maul frißt er aber kleinere Fische als der Hecht. Er ist daher ein günstigerer Beifisch in der Karpfenteichwirtschaft. Auch tritt Kannibalismus nur bei starken Größenunterschieden auf.

Die Fortpflanzungszeit fällt in die Zeit der Kirschblüte. Laichzeit tritt bei einer Wassertemperatur von ca. 16 Grad Celsius ein. In den Teichwirtschaften werden künstliche Zandernester ausgelegt, auf welche die Rogner ablaichen. Der Laich wird dort von den Milchnern befruchtet, die das Nest ständig beobachten und verteidigen.

Zander sind beim Abfischen empfindlich, sie sollten, wenn möglich, als erste abgefischt werden. Die Produktion von Besatzzandern für die Sportfischerei ist für Teichwirte interessant. Die Erzeugung von Speisefischen jedoch nur dann, wenn genügend Unkrautfische zur Verfügung stehen. Im großen und ganzen ist der Zander weit problemloser zu produzieren als der Hecht. Er ist einer der delikatesten Speisefische und wegen seiner Grätenarmut problemlos zu essen.

Wels *(Silurus glanis* L.)

Weitere Namen: Waller, Weller.

An den breiten, abgeplatteten Kopf mit großem Maul schließt ein schuppenloser, vorne runder, hinten seitlich abgeplatteter Körper an. Das Maul ist innen mit vielen kleinen Hechelzähnen besetzt. Am oberen Kiefer sitzen zwei lange, an der Unterlippe vier kleinere Barteln. Der Körper ist dunkel marmoriert, der Bauch hell.

Alte Welse können angeblich über drei Meter Länge mit mehr als 200 kg Gewicht erreichen. Er bewohnt alle größeren Flüsse Mittel- und Osteuropas und bevorzugt ruhige, langsam fließende Gewässer mit weichem Grund. Es handelt sich um einen einsam lebenden Grundfisch, der nachts auf Beute ausgeht.

Sein Sauerstoffbedarf ist sehr gering.

Die Laichzeit ist gleich wie beim Karpfen bei einer Wassertemperatur von 18 bis 20 Grad Celsius. Er ist ein Krautlaicher, der die befruchteten Eier einige Zeit bewacht. Die geschlüpfte Jungbrut sieht aus wie bärtige Kaulquappen. Die Fische werden mit ca. 60 cm Länge meist im zweiten bis vierten Jahr laichreif. Es besteht starke Abhängigkeit vom Nahrungsangebot. Welse werden angeblich bis zu 80 Jahre alt.

| Wels | Katzenwels |

Sie fressen wahllos alle Tiere, die ihnen ins Maul passen. Die Palette reicht von Insekten über Fische, Amphibien, Reptilien und Vögel bis zu Säugetieren.

In Teichwirtschaften ist die Haltung von Welsen nicht ganz einfach. Am ehesten gelingt noch die Heranziehung von vorgestreckten Welsen zu einsömmrigen. Für diese kleinen Tiere ist meist genügend Nahrung in Form von Insektenlarven, Muscheln und Schnecken vorhanden. Weitere Jahrgänge sind wegen Nahrungsmangels schwer weiterzubringen. Ausnahmen bilden Teiche, in denen unkontrolliert Schleien ablaichen oder andere Unkrautfische in größeren Mengen vorhanden sind.

Vom wirtschaftlichen Standpunkt wäre die Produktion jedoch interessant, weil Besatzwelse von Sportfischern gerne gekauft werden. Der große Fisch ist ein gefragter Speisefisch, obwohl er relativ fett ist. Seine Grätenlosigkeit verhilft ihm zu seiner Beliebtheit.

Katzenwels, Zwergwels *(Ictalurus nebulosus)*

Ende des vorigen Jahrhunderts als Aquarienfisch aus Amerika eingeführt und verwildert, heute fast überall in den wärmeren Gewässern Europas zu finden. Er hat acht Barteln und wird nur etwa 40 cm lang. Lebensweise und Vermehrung ähnlich dem Waller.

In Amerika wird er in warmen Teichwirtschaften des Südens zum Portionsfisch herangezogen und bildet in Restaurants ein häufiges Angebot. Bei uns wächst der stachelige Geselle – Rücken- und Brustflossen haben Stachelstrahlen – nicht gut genug, um wirtschaftliche Bedeutung zu erlangen. Da er aber nur einen sehr niedrigen Sauerstoffbedarf hat, bildet er in Gartenteichen mit sich ständig vermehrenden Goldfischen einen idealen Beibesatz, der von der unerwünschten Brut der Goldfische lebt.

Große Maräne *(Coregonus lavaretus* L.)

Weitere Namen: Blaufelchen, Reinanke, Große Schwebrenke für die Unterrassen in den Alpenseen.

Durch die Verschlechterung der Wasserqualität in den meisten Alpen- und Voralpenseen konnte sich der wichtigste Fisch dieser Seen, die Maräne, nicht mehr ausreichend vermehren. Aus diesem Grund mußten Teichwirtschaften mit kühlen, tiefen Teichen, wie sie im niederösterreichischen Waldviertel oder auch in der Oberpfalz vorhanden sind, die Versorgung dieser Seen mit Besatzfischen übernehmen. In solchen Teichen mit ausreichend gutem Zooplanktonangebot werden künstlich erbrütete vorgestreckte Maränen, die ursprünglich aus norddeutschen Seen stammen, zu einsömmrigen Fischen herangezogen. Auch hier ist es vonnöten, die Abfischung mit besonderer Sorgfalt vorzunehmen, damit diese sauerstoffliebenden Fischchen abgefischt sind, bevor die Karpfen das Wasser zu stark trüben.

Regenbogenforelle *(Salmo gairdneri)*

Diese Forelle wird meist als zweisömmriger Setzling während des Sommers zum Speisefisch herangezogen. Meist wird nicht gefüttert, sondern die Fische wachsen aus dem Naturnahrungsangebot der Teiche. Die Speisequalität solcher Forellen, die wegen ihres rosafarbenen Fleisches gerne als Lachsforellen auf den Markt gebracht werden, ist ganz hervorragend. Für die Abfischung gilt dasselbe wie für die Maränen. Auch sie können nur in sauerstoffreichen, kühlen Teichen gehalten werden.

Leider erwartet der Durchschnittskonsument von Forellen Weißfleischigkeit. Sie werden sich also für Ihre weit schmackhafteren „Lachsforellen" einen eigenen Markt schaffen müssen.

TEICHWIRTSCHAFT

BETRIEBSFORMEN

Das Ziel jeder Form von Karpfenteichwirtschaft ist die Erzeugung von Speisefischen. Um es zu erreichen, sind zwei bis drei Jahre nötig, und zwar:

Im ersten Jahr das Vorstrecken der aus dem Ei geschlüpften Brut, was vier bis sechs Wochen dauert, und danach die Erzeugung einsömmriger Setzlinge (K_1).

Im zweiten Jahr das Heranziehen kleiner Setzlinge zu Streckern mit einem Gewicht von 250 bis ca. 700 Gramm, je nach Besatzdichte.

Aber auch das Heranziehen kleiner Speisefische mit einem Gewicht von 1 bis 1,60 kg. Beide Fische, Strecker und Speisefische, sind K_2.

Im dritten Jahr, in kälteren Zonen, das Heranziehen von Speisefischen mit einer Größe von rund 1,50 kg, in wärmeren Zonen das Heranziehen großer Speisefische im Gewicht von über 2 kg, wie sie der österreichische und norddeutsche Markt lieben.

In welchen Betriebsformen werden nun die einzelnen Jahrgangsgruppen erzeugt?

Vollbetrieb

Er produziert Karpfen aller Altersklassen vom Ei bis zum Laichfisch. Damit solche Betriebe funktionieren, ist eine große Menge verschiedener Teiche nötig. Laich-, Vorstreck- und Abwachsteiche müßten vorhanden sein, daneben natürlich Hälter- und Winterteiche. Die Wirtschaftsweise als Vollbetrieb beginnt erst dann interessant zu werden, wenn neben der erforderlichen Anzahl von Teichen auch genügend Fläche vorhanden ist. Weniger als 25 bis 30 ha werden für diese Betriebsform auf Dauer kaum ausreichen.

Satzfischzuchtbetrieb

In solchen Betrieben werden meistens Setzlinge (K_1) oder in geringerem Ausmaß Strecker (K_2) erzeugt. Die Produktion beginnt meistens beim Ei – es müssen also Elterntiere gehalten werden. Manche dieser Betriebe kaufen aber auch K_V zu und beginnen ihre Produktion also erst von diesem Stadium an. Solche Betriebe benötigen natürlich ebenso wie der Vollbetrieb fast alle Teichformen. Nur der Abwachsteich ist überflüssig.

Abwachsbetrieb

In ihm werden, je nach Güte von Teich und Klima, ein- oder zweisömmrige Karpfen zu Speisefischen herangezogen. Diese Betriebsform erfordert das geringste Risiko.

Eine Überwinterung ist nicht mehr nötig. Die großen Fische sind auch weniger anfällig gegen Parasitenbefall und sonstige Krankheiten. Jede Teichform und -größe kann für diese Art der Betriebsform verwendet werden.

Reine Speisefischproduzenten sind meist Besitzer von nur einem oder wenigen Teichen.

Auch die notwendigen Kenntnisse sind im reinen Abwachsbetrieb weniger hoch, als dies bei den beiden anderen Betriebsformen für den Betriebsführer nötig ist. Desgleichen ist der nötige Zeitaufwand am geringsten.

Gewöhnlich wird die Fischproduktion als einer der landwirtschaftlichen Betriebszweige des Besitzes geführt oder ist das Freizeitvergnügen eines Nichtlandwirtes.

Zusammenfassend möchte ich Ihnen nochmals ans Herz legen, daß Satzfischproduzenten vor allem Überwinterungsmöglichkeiten für ihre „Ware" zur Verfügung haben müssen. Ein Verkauf im Herbst ist nur ausnahmsweise möglich.

All die erwähnten Betriebssformen können Sie nun in **Monokultur** – es werden nur Karpfen gehalten – oder in **Polykultur** – Sie halten auch Nebenfische – führen.

Polykultur in modernem Sinne zielt darauf hin, im gleichen Teich eine Vielfalt von Fischen aufzuziehen. Voraussetzung für den Erfolg ist, daß sich die verschiedenen Fischarten gegenseitig keine Konkurrenz machen; daß jede Art eine eigene biologische Nische beanspruchen kann, ohne der nächsten Art etwas wegzunehmen. Also z.B. Schleien als Karpfennebenfische zu halten, erscheint nicht sehr sinnvoll, weil beide in derselben Nische des Lebensraumes und Nahrungsangebotes sitzen. Beide Arten können dabei nicht das Bestmögliche leisten. Ganz anders sieht die Sache aber aus, wenn Sie eine Zusammensetzung von Fischarten wählen, die verschiedene Nahrung aufnehmen und eventuell sogar verschiedene Teichregionen bevorzugen.

NATÜRLICHE GRUNDLAGEN DER TEICHWIRTSCHAFT

Gerade die Unkenntnis chemischer und biologischer Vorgänge in diesem Bereich führt zu den meisten Verlusten an Fischen und damit am Einkommen des Teichwirts.

Diese Grundlagen sind Wasser, Klima, Boden und selbstverständlich die im Wasser lebenden Pflanzen und Tiere.

Wasser

Chemisch reines Wasser gibt es in der Natur nicht. Regenwasser reichert sich in der Luft mit verschiedenen Gasen und Schmutzstoffen an; Quellwasser, das ja Grundwasser ist, reichert sich mit verschiedenen Mineralsalzen an, die es im Laufe seines Weges durch den Boden aus diesem herauslöst; Oberflächenwasser, welches im Verlauf von Niederschlägen in den Teich strömt, nimmt neben verschiedenen Schmutzstoffen und

Bodenteilchen auch mineralische Nährstoffe aus den umliegenden landwirtschaftlichen Flächen auf.

Bedeutsam für Sie als Teichwirt ist der Gehalt des Teichwassers an verschiedenen Gasen, wie Sauerstoff (O_2), Kohlendioxyd (CO_2) und einige Giftgase. Aber auch die Funktion der im Wasser gelösten Minerale sind zum Teil als Härtebildner und zum anderen Teil als Pflanzennährstoffe von großer Wichtigkeit. Das Wohlbefinden der Fische hängt entscheidend von den biologischen und chemischen Vorgängen im Wasser ab, woran Sie immer wieder denken sollten.

Zusammenwirken von Wasserhärte, Säurezustand und Sauerstoffgehalt

pH-Wert

Dieser drückt den Säurezustand des Wassers aus. pH 7,0 bedeutet, daß das Wasser weder sauer noch alkalisch (basisch-laugenartig) ist. Es ist neutral. pH-Werte unter 7 zeigen saures Milieu an, solche über 7 basisches. Rund um den Neutralitätsbereich gehen pH-Wertänderungen recht leicht vonstatten. Je weiter weg vom Neutralitätspunkt in jede Richtung, desto stärker müssen Säuren oder Basen (Laugen) sein, um eine weitere Steigerung oder Verminderung des pH-Wertes zu erreichen. Die Begründung hierfür ist, daß z.B. pH 5 nicht doppelt so sauer ist wie pH 6, sondern zehnmal so sauer. Das heißt, pH 4 wäre schon hundertmal so sauer wie pH 6. Das gleiche gilt für den Alkalitätsbereich.

Wie Sie aus der Graphik S. 44 ersehen, können Fische nur in einem begrenzten Bereich, der um den Neutralitätspunkt schwankt, gut leben. Bevor an jedem Ende der tödliche Bereich beginnt, werden sie säure- oder laugenkrank.

Das Messen des pH-Wertes geschieht sehr einfach durch Zutropfen eines Indikators zu einer gewissen Menge Teichwassers in einer Eprouvette und Vergleich mit der dem Indikator beiliegenden Farbskala. Die manchmal empfohlenen Indikatorstreifen aus Papier sind recht ungenau und haben sich nicht sehr bewährt.

Der Großteil der natürlichen Gewässer, damit auch unsere Teiche, haben einen pH-Wert, der um den Neutralitätspunkt schwankt, also von leicht sauer bis leicht alkalisch. Sollten Teiche, kurz nach Sonnenaufgang gemessen, stark saure pH-Werte zeigen, so stammt dieses Wasser wahrscheinlich aus moorigen oder anmoorigen Böden. Die Säuren sind Humussäuren. In solchen Teichen werden ständige hohe jährliche Gaben von Kalksteinmehl – also kohlensaurem Kalk – nötig sein. Die täglichen pH-Wertschwankungen eines gesunden Teiches wollen wir anschließend erläutern.

Manchmal kommt es jedoch im Frühjahr vor, daß Sie in ganz klaren Teichen ohne hohen Schwebealgenbestand hohe pH-Werte bis pH 9,5 vorfinden.

Meist sind vom Boden aufwachsende Fadenalgen hierfür verantwortlich. Manchmal ist jedoch, verbunden mit Braunfärbung des Wassers, eine Massenentwicklung von Flagellaten (Geißelalgen) dafür zuständig.

Allzu hohe tägliche pH-Wertschwankungen, die durch die Tätigkeit (Assimilation) der Pflanzen hervorgerufen werden, lassen sich nur vermeiden, wenn genügend koh-

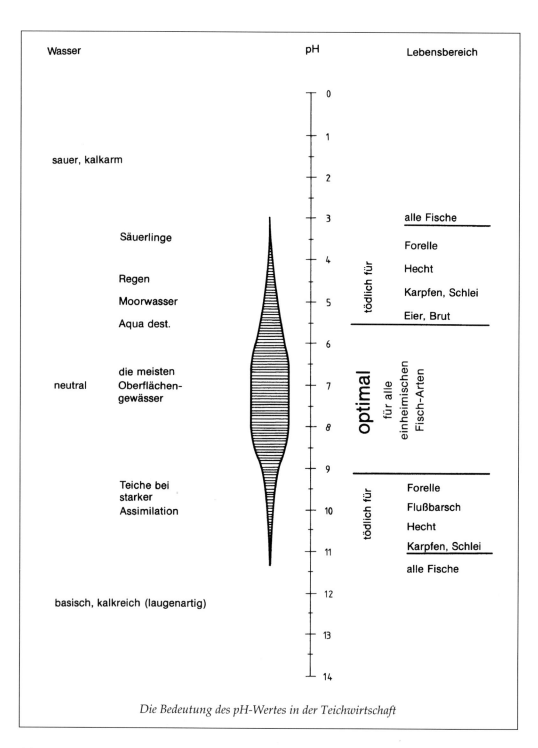

Wasser	pH	Lebensbereich

Wasser

sauer, kalkarm

Säuerlinge

Regen

Moorwasser

Aqua dest.

neutral — die meisten Oberflächen-gewässer

Teiche bei starker Assimilation

basisch, kalkreich (laugenartig)

pH

0
1
2
3
4
5
6
7
8
9
10
11
12
13
14

Lebensbereich

alle Fische

Forelle

Hecht

Karpfen, Schlei

Eier, Brut

tödlich für

optimal für alle einheimischen Fisch-Arten

Forelle

Flußbarsch

Hecht

Karpfen, Schlei

alle Fische

tödlich für

Die Bedeutung des pH-Wertes in der Teichwirtschaft

lensaurer Kalk im Wasser vorhanden ist. Dieser gibt dem Wasser die notwendige chemische Stabilität (Pufferung). Also viel Kalk im Wasser = starke Pufferung = große Widerstandskraft des Wassers gegen chemische Veränderungen, vor allem pH-Wertschwankungen.

Die so notwendige Pufferung verzögert somit starke Schwankungen des pH-Wertes im Teichwasser. Diese treten immer dann ein, wenn durch starkes Wachstum aller Wasserpflanzen (Assimilation bei viel Licht an schönen Tagen) die Kohlensäure verbraucht wird. Es entstehen Laugen (pH 9,5–10,0), welche Verätzungen an Kiemen und Flossen hervorrufen. Somit ist der im Laufe eines schönen Tages immer geringer werdende Anteil von Kohlensäure, der nicht unbedingt an Kalk, Magnesium usw. gebunden sein muß, für die hohen pH-Werte am Abend verantwortlich.

Säurebindevermögen – SBV

Die Fähigkeit des Wassers, eine gewisse Menge Säure binden zu können, nennt man **S**äure**B**inde**V**ermögen. Die Messung des SBV geschieht sehr einfach, indem man in 100 ml Wasser, welches mit Methyl-Orange gefärbt ist, so lange 1/10 n Salzsäure zutropft, bis die Farbe des Wassers auf Rosa umschlägt. Die hierbei verbrauchte Menge an ml Salzsäure ergibt das SBV.

Das erzielte SBV erlaubt nun einen Rückschluß auf die härtebildenden Anteile im Wasser. Dazu gehören neben Mineralstoffen (Kalk, Magnesium, Soda usw.) aber auch die kohlenstoffhaltigen Verbindungen, wie z.B. Kohlensäure. Das SBV mit 2,8 multipliziert ergibt deutche Härtegrade (°dH).

Die Trinkwasserhärte wird normalerweise in deutschen Härtegraden angegeben. Nun sind 1 Grad deutsche Härte (1°dH) 10 mg/Liter Calciumoxyd (CaO). Sie können sich also nach Feststellen des SBV leicht ausrechnen, wieviel gelöster Kalk im Wasser vorhanden ist. Sie brauchen lediglich das SBV mit 28 zu multiplizieren und erhalten damit die mg Kalk je Liter. Bei einem SBV von 1 wären also in einem 1 ha großen und im Schnitt 1 m tiefen Teich 280 kg härtebildende Mineralien, meist Kalk, gelöst. Das SBV im Teichwasser ist recht stabil und schwankt nicht wie der pH-Wert. Im allgemeinen ist jedoch das SBV im Sommer meist höher als im Frühjahr. Begründung hierfür ist die stärkere Aktivität des Teiches bei höheren Temperaturen. Sämtliche Lebensvorgänge werden angeregt, die Verrottung im Teichboden wird beschleunigt, und damit wird Kohlensäure produziert. Diese kann wiederum erhöhte Kalkmengen in Lösung halten.

Mit SBV-Messungen am Zulauf und Ablauf läßt sich der Zustand des Kohlenstoffumsatzes im Teich recht gut feststellen. Ist das SBV des Teichwassers niedriger als jenes des Zulaufes, ist entweder die Kohlensäureproduktion des Teichbodens nicht ausreichend, oder es sind so viele Pflanzen im Teich, daß sie mehr Kohlensäure entziehen als nachgeliefert werden kann.

Ist das SBV des Teichwassers jedoch höher, zeigt dies, daß genügend Kohlensäureproduktion vorhanden ist, um die Kalkreserven aktivieren zu können.

Wie bereits erwähnt, zeigt ein hohes SBV auch ein starkes Pufferungsvermögen des Teichwassers an. Dies wird besonders dann wichtig, wenn der Teich mit chemischen

Mitteln behandelt werden muß. Eine Branntkalkgabe in einem schlecht gepufferten Teich, etwa mit einem SBV von 1, wird mit einem so hohen pH-Wert reagieren, daß dies für manche Lebewesen im Teich gefährlich werden kann. Auch bei eventuellen Kupferungen müssen Sie weit geringere Mengen verwenden als in einem Teich mit hohem SBV, beispielsweise 3 oder 4 oder noch höher.

Anzustreben wäre ein Teichwasser mit einem SBV von zumindest 1 bis 1,5. Dies kann erreicht werden, wenn jährlich große Mengen von Düngekalk – dem zum größten Teil kohlesauren Kalk – gegeben werden. Solche Steigerungen gehen aber auch bei jährlichen Mengen von 1000–2000 kg/ha dieses Kalks nur sehr langsam vor sich.

Noch besser erreichen Sie eine Kohlensäureanreicherung, wenn Sie einen Pflanzenbewuchs ganz langsam überstauen, so daß eine fortschreitende Verrottung und damit CO_2-Erzeugung stattfindet. Oder Sie bringen Heu, Stroh, Stallmist ein, was den gleichen Effekt hervorbringt.

Kalk-Kohlensäure-Gleichgewicht

Der Kalk *(Calcium)* liegt im Wasser als Carbonat vor. Carbonate sind kohlensaure Salze (von dem lateinischen Wort *Carboneum* = Kohlenstoff). Calcium-Carbonate sind also kohlensaure Salze des Kalkes. Von der Menge der Carbonate im Wasser hängt nun dessen Härte ab. Wir nennen sie deshalb Carbonathärte. Die Höhe der Carbonathärte ist somit abhängig von der Menge der Kohlensäure, die sich im Wasser befindet. Kohlensäure (H_2CO_3) ist die wäßrige Lösung des Gases CO_2 – Kohlendioxyd. Wenn genügend Kohlensäure im Wasser ist, liegt der Kalk in Form eines Bicarbonats (= Carbonat mit doppeltem Kohlensäure-Anteil) vor.

Sollte nun mehr Kohlensäure im Wasser sein, als zur Bildung der Bicarbonate nötig ist, bleibt diese Kohlensäure ungebunden und sucht eine Bindung. Wir nennen diese Form aggressive (angriffsfreudige) Kohlensäure. Diese aggressive Kohlensäure kann nun weiteren Kalk lösen, z.B. aus Beton. Dies ist auch der Grund, daß Betonbauten, Mönche, Rohre nach Jahren brüchig und löchrig werden.

Andererseits können aber Pflanzen aus den Bicarbonaten die Kohlensäure entnehmen, wodurch es zur Bildung einfacher Carbonate kommt. Wenn dies stattfindet, muß der Kalk ausfallen. Er kann nicht weiter in Lösung bleiben. Dies nennt man die „biologische Entkalkung". Sie ist sichtbar in Form von grau-weißen Ablagerungen auf den Blättern der Wasserpflanzen.

Der von uns verwendete Branntkalk ist Calciumoxyd, welches immer versucht, eine Bindung mit CO_2 einzugehen. Dabei vergrößert sich das Volumen, und in nicht luftdichten Säcken wird also das CO_2 der Luft zur Bindung verwendet. Dabei platzen die Säcke, und aus dem teuren Branntkalk wird billiger Düngekalk (Calciumcarbonat = kohlensaurer Kalk).

Der hier geschilderte Abbau der Kohlensäure, die während des Tages von den Pflanzen zur Assimilation und damit zum Wachstum gebraucht wird, führt in der Nacht zur Umkehrung dieses Vorganges.

Während der Dunkelheit wird somit die frei werdende Kohlensäure aus der Atmung von Pflanze und Tier an den Kalk angebaut, und morgens ist der Zustand des

Vortages wieder erreicht. Es befinden sich abermals Calciumcarbonate und freie aggressive Kohlensäure im Wasser. Diese freie Kohlensäure entnimmt den ihr nötigen Kalk natürlich nicht nur aus unseren Betonbauten, sondern auch den Düngekalkreserven, die ein guter Teichwirt in Form einer Kalkung in den Teich gebracht hat und während des Sommers 2–3mal in kleinen Gaben weiter hineinbringt.

Sauerstoff (O_2)

Er spielt bei den meisten Lebensvorgängen eine ganz entscheidende Rolle. Gasförmiger Sauerstoff ist in Abhängigkeit von der Temperatur im Wasser gelöst. Je kälter Wasser ist, desto mehr Sauerstoff kann es an sich binden, und, umgekehrt, je wärmer, desto weniger.

Der Sauerstoffgehalt reinen Wassers strebt stets einem Normalwert, dem Sättigungswert, zu. Er beträgt:

Bei	0° C	14,64 mg O_2/l	Bei 20° C	9,19 mg O_2/l
Bei	5° C	12,81 mg O_2/l	Bei 25° C	8,37 mg O_2/l
Bei	10° C	11,35 mg O_2/l	Bei 30° C	7,67 mg O_2/l
Bei	15° C	10,18 mg O_2/l		

Normalerweise kann Wasser nicht mehr Sauerstoff enthalten, also an sich binden, als bis zum Sättigungsgrad. Lediglich durch die Sauerstofferzeugung der Pflanzen kann im Teichwasser eine hohe Übersättigung erreicht werden. Solche Übersättigungen können bis zu 300% der Normalsättigung ausmachen. Dieselbe Methode wird übrigens heute schon bei den modernen Silo-Forellenmastanlagen angewendet, bei denen Flüssigsauerstoff eingetragen wird und dies ebenfalls zu Übersättigungen führt (z.B. statt 7 mg/l Sättigungswert ca. 20 mg/l).

Sauerstoffeintrag und Sauerstoffabbau im Teich muß ich näher erläutern, weil das Nichtverstehen dieser Vorgänge zu sehr hohen Fischverlusten führt.

1. Möglichkeiten der Sauerstoffanreicherung im Teichwasser

- Zufluß sauerstoffreichen Wassers.
- Sauerstoffaufnahme aus der Luft. Je mehr Wind und damit Wellengang, desto größer die Möglichkeit von Sauerstoffaufnahme aus der Luft.
- Belüftung mit technischen Geräten.
- Assimilation der Pflanzen.

Letztere Form der Sauerstoffanreicherung im Teichwasser ist die wichtigste. Aus diesem Grund soll sie auch im Detail erklärt werden.

Sämtliche Pflanzen, die roten oder grünen Farbstoff (Chlorophyll) eingelagert haben, können mit Hilfe des Sonnenlichtes aus toter Materie lebende Substanzen erzeugen. Dies ist das große Geheimnis und Wunder allen irdischen Lebens.

Unterwasserpflanzen und Fadenalgen kann jeder Teichwirt mit freiem Auge erkennen. Nicht jedoch die mikroskopisch kleinen Schwebealgen, die für die verschiedenen Grüntöne im Wasser verantwortlich sind. In einem gesunden Teich bilden diese Schwebealgen, das Phytoplankton (von Phytos = Pflanze, und Plankton = das Umhergetriebene) eine weit größere Menge pflanzlichen Lebens als die sichtbaren. Je stärker nun die Lichteinstrahlung am Tag ist, desto stärker können die Pflanzen assimilieren.

Bei der Assimilation – der Grundlage des Lebens auf Erden – bilden Pflanzen mit Hilfe der Lichtenergie ihre körpereigenen Stoffe. Sie wachsen. Allein aus Wasser (H_2O) und Kohlendioxyd (CO_2) können einfache Zuckerarten gebildet werden.

(Daß alle Pflanzen während des Tages Zucker bilden, nützen unsere Silobauern aus, indem sie Grünfutter erst nach Mittag mähen, weil mit genügend Zucker als Nahrung für die Milchsäurebakterien die Silierung leichter wird.) Aber die Pflanzen bilden natürlich nicht nur Zucker, sondern sämtliche Substanzen, aus denen ihr Körper aufgebaut wird; also neben Zucker, Stärke und Zellulose auch Fette und verschiedene Eiweißarten. Zur Bildung dieser Substanzen sind eben zusätzlich die noch im Wasser gelösten mineralischen Nährstoffe, wie Kalk, Kali, Phosphor, Stickstoff, Magnesium und Spurenelemente, notwendig.

Nun verwerten Pflanzen die angebotenen Nährstoffe aber nicht vollständig. Das wichtigste Abfallprodukt der Assimilation ist Sauerstoff, der als Doppelatom (O_2) im Wasser bis zu hoher Übersättigung gebunden werden kann.

Wie Sie sehen, erfolgt somit im Laufe des Tages mit dem Wachstum der Pflanzen eine ständig zunehmende Anreicherung von Sauerstoff im Teichwasser; zugleich natürlich, weil die Kohlensäure verbraucht wird, eine Abnahme des Säuregehaltes, womit der pH-Wert steigt. Am späten Nachmittag herrschen also im Teichwasser hohe pH-Werte (das Wasser wird alkalisch = laugenartig) und hohe Sauerstoffwerte.

2. Arten des Sauerstoffabbaues

- Atmung der Pflanzen (Dissimilation)
  Sobald die Lichtstärke für die Assimilation nicht mehr ausreicht, stellen die Pflanzen die Assimilation ein, und nur die Atmung bleibt wie bei anderen Lebewesen bestehen.
  Was bedeutet nun Atmung? Atmung ist Verbrennung und damit Gewinnung von Energie! Bei der Atmung verbrennen auch die Pflanzen mit Hilfe des im Wasser befindlichen Sauerstoffs einen Teil des aufgebauten Zuckers. Bei dieser Verbrennung entstehen wiederum Wasser und Kohlensäure. Der Kreislauf ist geschlossen. Der Sauerstoffgehalt und der pH-Wert sinken.
- Atmung der Tiere
  Vom kleinsten Lebewesen bis zu den Fischen erfolgt ebenfalls eine Verbrennung von Nährstoffen oder eben Körpersubstanzen. Auch bei dieser Verbrennung entstehen wiederum Wasser und Kohlensäure.

- Verrottung
  Um die abgestorbenen Tiere und Pflanzen abzubauen, brauchen die Spaltpilze und Bakterien, die diesen Abbau durchführen, ebenfalls große Mengen von Sauerstoff. Diese Verrottung führt letzten Endes wieder zum Freiwerden der für den Körperaufbau der Pflanze notwendigen Mineralstoffe und der Kohlensäure.

Sie ersehen daraus, daß im Laufe der Nacht ein ständiger Abbau des am Tag vorher aufgebauten Sauerstoffvorrates stattfindet. Die geringsten Sauerstoff- und höchsten Kohlensäuremengen werden im Teich somit bei Sonnenaufgang sein. Dies ist auch die Zeit, in der nach Zusammenbrüchen die Fische notatmen.

Aus dem vorher Gesagten sollten Sie nun einige Schlußfolgerungen ziehen, und zwar:

1. Solange die Nächte kurz sind, also bis in den Juli hinein, ist kaum mit großen Sauerstoffproblemen zu rechnen.
2. Sobald die Nächte immer länger werden, kann es jedoch in nährstoffreichen Teichen zur Katastrophe kommen. Solche Katastrophen treten vor allem dann ein, wenn plötzlich aus irgendeinem Grund ein Großteil der Schwebealgen abstirbt. Diese abgestorbene Algenmasse muß nun verrottet werden, und hierfür werden größere Sauerstoffmengen gebraucht als im Teich oft zur Verfügung stehen. Farbänderungen des Wassers können solche Notzeiten anzeigen. Künstliche Sauerstoffanreicherung wird notwendig! Entweder Belüftung oder Spritzen mit Feuerwehr- oder eigener Jauchepumpe mit Werfer, wobei das Teichwasser einfach umgepumpt und in die Luft gespritzt wird. Es genügt meist, solche O_2-Anreicherungen vom späten Abend bis zum frühen Vormittag durchzuführen. Allerdings sollte dies einige Nächte hindurch geschehen, und zwar so lange, bis sich wieder ein genügend starker Schwebealgenbestand gebildet hat, der die Sauerstoffanreicherung während des Tages ausreichend durchführen kann.
3. Solange O_2-Mangel herrscht, vermeiden Sie bitte alle die Fische zusätzlich belastenden Arbeiten. Also nicht abfischen, nicht oder nur wenig füttern usw.

| *Notatmung beim Karpfen* | *Abgestorbene Blaualgen* |

Stickstoff

Stickstoff ist die Grundlage des Eiweißaufbaues im Pflanzen- und Tierkörper. Er befindet sich im Wasser überwiegend in Form von Ammonium (NH_4), ein winziger Anteil auch in Form von giftigem Ammoniak (NH_3). Je höher nun der pH-Wert ist, desto höher ist auch der Ammoniakanteil am Gesamtstickstoff. Dies kann bei übermäßiger Stickstoffdüngung zu Ammoniakvergiftungen führen. (Siehe Fischsterben durch Einleitung von Jauche und Gülle.)

Prozentueller Anteil giftigen Ammoniaks am ungiftigen Ammonium bei verschieden hohen pH-Werten:

pH-Wert	freies Ammoniak
6	0%
7	1%
8	4%
9	25%
10	78%

Schlußfolgerung: Organische Düngung – Jauche, Gülle, Stallmist – nur in der Früh in den Teich einbringen. Das Ammonium kann von den meisten Pflanzen nicht aufgenommen werden. Der Stickstoff muß zu einfacheren Verbindungen, wie Nitraten und Nitriten, abgebaut werden, damit er für die Pflanzen aufnehmbar wird. Diesen Abbau führen die nitrifizierenden Bakterien durch, die hierzu Sauerstoff brauchen.

Faulgase

Im Laufe des Jahres sterben in einem Teich sehr viele Pflanzen und Tiere ab, die dann zum Gewässerboden absinken, um dort von Kleinstlebewesen abgebaut zu werden. Diesen Abbau nennen wir Verrottung, wenn genügend Sauerstoff vorhanden ist; Fäulnis jedoch, wenn nicht genügend Sauerstoff zur Verfügung steht.

Die verrottenden Tier- und Pflanzenleichen werden „Detritus" genannt. Es gibt neben Spaltpilzen und Bakterien viele andere Detritusfresser, wie Würmer, Schnecken und verschiedene Insekten, welche einen Großteil der Naturnahrung des Karpfens bilden. Aber auch Silber- und Marmorkarpfen filtern Detritus aus dem Teichwasser.

Im Laufe des Jahres sterben in nährstoffreichen Teichen so viele Organismen ab, daß die sauerstoffliebenden Verrottungsbakterien, die die Mineralisierung durchführen, ihre Arbeit nicht schaffen und vom nachfolgenden Detritus bedeckt werden. Durch diese Bedeckung werden sie vom sauerstoffreichen Wasser abgesperrt, und es beginnt nun die Arbeit von Bakterien, die ohne Sauerstoff auskommen. Es kommt zur Fäulnis mit Entwicklung stinkender Gase.

Auch kann hierbei kein vollständiger Abbau, keine restlose Mineralisierung mehr durchgeführt werden. Wenn nun ein Teich jahrelang unter Wasser steht, so werden sich sehr tiefe Faulschlammassen bilden, zu deren Abbau unbedingt Trockenlegung erforderlich ist. Während der Trockenzeit kann aus der Luft wiederum Sauerstoff eindringen, um sauerstoffliebenden Bakterien die Verarbeitung – die Verrottung – des Faulschlammes zu ermöglichen. Auch Branntkalk wirkt ähnlich. Nachteil solch ungepflegter Teiche ist der ungute Geschmack der darin lebenden Fische.

Jährliche Trockenlegung mit Einsatz von Branntkalk auf den feuchten Boden wird die Bildung solcher Faulschlammschichten verhindern. Aber auch alte Faulschlammschichten können mit dieser Methode von Jahr zu Jahr verringert werden.

Klima

Für das Betreiben einer Karpfenteichwirtschaft ist die Klimazone, in der die Teiche liegen, von überragend wichtiger Bedeutung. Die in diesem Buch behandelten Fische sind wärmeliebend. Die tägliche Gewichtszunahme steigt mit jedem Grad, den das Wasser wärmer wird.

Aus diesem Grund ist auch die Himmelsrichtung, zu der der Teich offen daliegt, von großer Bedeutung. Je länger die tägliche Sonneneinstrahlung dauert, je weniger der Teich kalten Winden ausgesetzt ist und je weniger er beschattet ist, desto wärmer wird er werden.

Andererseits müssen Sie natürlich zur Erreichung dieses Zieles auch möglichst wenig Wasserdurchfluß geben.

Weiters sollten Sie Baumbewuchs an der Sonnenseite soweit als möglich entfernen.

Boden

Die landwirtschaftliche Maxime, daß schwere Böden nährstoffreich und leichte Böden nährstoffarm sind, gilt auch für den Teichboden. Zusätzlich ist die Wasserhaltekraft in schweren Böden größer als in leichten. Trotzdem können auch in sandigen Böden Teiche recht dicht werden, weil durch die Schlammbildung die anfänglich bestehenden Poren sehr bald geschlossen sind. Schlimm sind grobe Schotterböden, die fast nie dicht zu bekommen sind, ohne dicke Lehmauflagen aufzubringen. Dasselbe gilt für Konglomerate und Sandsteinschichten, in denen oft Sprünge und Spalten sind. Solche Sprünge sind kaum jemals dicht zu bekommen.

In leichten, sandigen, warmen Böden geht aber auch der organische Abbau – die Verrottung – sehr schnell vor sich. Es werden in solchen Teichen kaum jemals tiefere Schlammschichten gebildet. Also seien Sie vorsichtig bei der Anwendung von schlammabbauenden Methoden wie starken Kalkungen mit Brannt- oder Hydratkalk sowie Bearbeitung mit Ackergeräten.

DER TEICH

Eine ablaßbare Wasseransammlung nennt man Teich oder Weiher. Je nach der Wasseranspeisung unterscheiden wir Quellteiche, Bachteiche und Himmelteiche. Himmelteiche sind solche ohne regelmäßigen Wasserzufluß. Sie sind auf Meteorwässer, also Niederschlagswässer, angewiesen. Ihre Füllung wird meist mit Hilfe der Schmelzwässer im Frühjahr vorgenommen.

Weiters unterscheiden wir je nach ihrer Nutzungsrichtung Laich-, Vorstreck-, Streck- und Abwachsteiche, zusätzlich Winterteiche und Hälterungen.

Im Laichteich laichen die Laichfische ab.

Im Vorstreckteich wird der Brütling zum K_V.

Im Streckteich wird dieser K_V zum K_1 – dem Setzling.

Im Streckteich des zweiten Jahres wird dieser K_1 zum K_2, dem Strecker.

Im Abwachsteich erfolgt das Heranziehen der Karpfen zum K_3, meist zum Speisefisch.

In der Winterung – dem Winterteich – überwintern die Satzfische, und in den Hälterungen, die auch Hälterteiche sein können, verbringen die Speisefische die Zeit von der Abfischung bis zum Verkauf.

Im Teich lebt neben den Fischen eine Vielzahl von **Pflanzen** und **Tieren,** die für die Fische von mehr oder weniger großer Bedeutung sind.

TEICHBAU

Vorbereitung

Haben Sie sich nun zum Bau eines Teiches entschlossen, müssen Sie zuerst um die wasserrechtliche Genehmigung durch die Behörde ansuchen. In Österreich sind dies die Bezirkshauptmannschaften. Als Unterlagen benötigen Sie genaue Baupläne mit Lageplan, die Baubeschreibung und ein Anrainerverzeichnis. Aufgrund dieser Unterlagen lädt die Bezirkshauptmannschaft zur Kommissionierung ein. Erst der nach Durchführung der Kommissionierung übersandte Bescheid gibt grünes Licht für den Bau des Teiches.

Bevor die Planung durch einen mit Teichbau vertrauten Zivilingenieur erfolgt, sollten Sie bei der jeweiligen Landwirtschaftskammer eine Beratung durch den zuständigen Fachberater für Fischerei erbitten.

Ob Sie nun einen Laichteich oder Abwachsteich errichten wollen – für alle Teichbauten gelten einige entscheidende Forderungen, die eingehalten werden sollten, damit Sie bei der Bewirtschaftung nicht ständig mit Schwierigkeiten zu kämpfen haben. Sie werden in diesem Kapitel noch behandelt.

Durchführung

Der Bau von Teichen wird mit Schubraupen oder Baggern durchgeführt. Der sinnvolle Einsatz des jeweils besten Gerätes wird eine bedeutende Verbilligung bringen. Normale schwere Schubraupen eignen sich bestens für halbwegs trockenes Gelände mit nicht allzuweiten Schubstrecken.

Moorraupen können noch in Sumpfgelände arbeiten, in dem ein Mensch sich kaum noch zu Fuß fortbewegen kann. Allerdings dürfen darin keine Hindernisse wie alte Baumstöcke usw. eingestreut sein.

Für größere Erdbewegungen sind Bagger nur dann billiger, wenn sie die Erdbewegung auf keine größere Distanz, als ihr Arm reicht, durchführen müssen. Am vernünftigsten ist sicher die Zusammenarbeit beider Geräte.

Wenn im trockenen Gelände sehr weite Strecken zu überwinden sind, bewährt sich der Einsatz einer Laderaupe mit Lastwagen als Transportgerät.

Überall dort, wo das natürliche Gelände nicht den späteren Teichboden bilden kann, werden Sie den Pflanzenbewuchs mit der darunterliegenden Humusschicht entfernen, bevor das darunterliegende tote Bodenmaterial zum Dammbau herangezogen werden kann. Nach der Entnahme des toten Materials sollte der Humus aber wieder auf den späteren Teichboden aufgebracht werden. Wurde nun der alte Humusboden nur mit der Schubraupe in Streifen, die sich einrollen, weggeschoben, ist die spätere Aufbringung fast unmöglich. Es ist daher sehr zu empfehlen, vor dem Abschieben einer verfilzten Humusschicht diese zu pflügen oder zu fräsen, weil danach die Aufbringung weit leichter vor sich gehen wird.

Ein Teichboden von weniger als 0,1% Gefälle läßt sich nicht mehr vollständig entwässern. Ein solcher von mehr als 0,5% wird bereits so steil, daß sich der laufend gebildete Schlamm an den tiefsten Stellen sammelt. Beides ist ungünstig.

In Teichen, die nicht ganz trocken zu legen sind, können Parasiten und unerwünschte Pflanzen (z.B. Wasserpest) nicht oder nur äußerst mangelhaft bekämpft werden.

Aus diesem Grund sind auch Quellaustritte im Teichbereich nicht günstig.

Die Fruchtbarkeit des Teiches hängt ganz entscheidend von der obersten Schicht des Teichbodens ab. Nur hier, in den obersten 5 bis 10 cm, wird ein intensives Leben von Fischnährtierchen und Bakterien für den Abbau abgestorbener Lebewesen herrschen. Ein Verschwenden der ursprünglichen Humusschicht oder der laufend gebildeten Schlammschicht bei sehr steilem Teichboden würde also die Fruchtbarkeit des zukünftigen Teiches herabsetzen. Teure Mineraldünger müssen dann die vergeudeten Pflanzennährstoffe des Humus ersetzen.

Zur Vermeidung des Ausschwemmens von Nährstoffen aus dem Wasser ist die Anlage eines **Umlaufgrabens** dringend zu empfehlen, der dem Teich Hochwässer fernhält, aber auch einen ständigen, meist unnötigen Wasserdurchlauf verhindert. Dieser Umlaufgraben muß allerdings so groß sein, daß Hochwässer sicher darin abgeführt werden können. Auch gelingt es normalerweise nur mit Hilfe eines Umlaufgrabens, jeden Teich einer Teichwirtschaft unabhängig von anderen Teichen zu bespannen und abzulassen. Diese Unabhängigkeit ist nicht nur bei eventuell auftretenden Krankheiten, sondern auch bei sonstigen Bewirtschaftungsvorgängen äußerst wichtig.

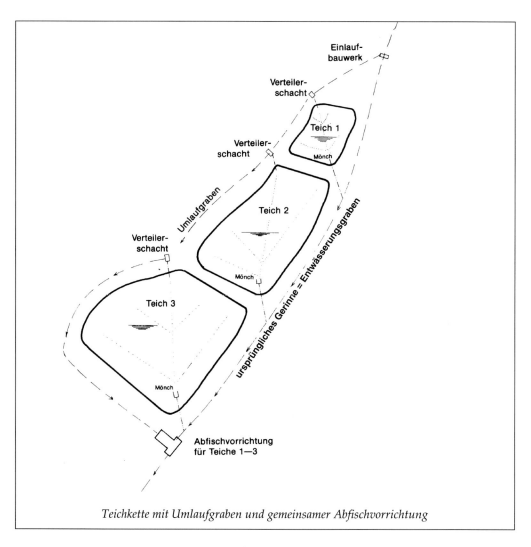

Teichkette mit Umlaufgraben und gemeinsamer Abfischvorrichtung

Der Umlaufgraben, in dem ein einfacher Verteilerschacht für jeden Teich angebracht ist, kann aber auch meist eine **Abfischeinrichtung** hinter dem Damm mit dem nötigen Frischwasser versorgen.

Wie bereits erwähnt, wird mit dem Einführen empfindlicher Fischarten die verbesserte Abfischung immer dringlicher. Die beste Methode ist nun die, den gesamten Fischbestand des Teiches über Mönch und Ablaßrohr hinter den Damm zu bringen und dort von einer Seite Frischwasser zuzuführen. Jeder Fisch, der im schmutzigen Teichwasser herausgeschwemmt wird, wendet sich sofort dem Frischwasser zu. Bei verschiedenen Fischarten in einem Teich kann sogar mit Hilfe von Gittern mit ver-

Baggerlöffel zum Grabenziehen

schiedenen Maschenweiten eine Vorsortierung durchgeführt werden. Die kleinsten Fische werden am weitesten oben, die großen am weitesten unten stehen. Selbstverständlich wird man trachten, neben dieser Abfischvorrichtung auch eine Zufahrt zu bauen, damit die Abfuhr der Ernte leicht vonstatten gehen kann.

Im Teichboden werden Sie einen **Ablaufgraben** vorsehen, der je nach Größe des Teiches bis zu 50 cm tief sein kann. Entweder führt er direkt vom Zulauf zum Ablauf, oder er wird entlang eines Dammes zum Mönch geführt.

Die **Mindesttiefe** Ihres Teiches sollte 60–80 cm betragen. Dies bringt folgende Vorteile:

a) Zur Erreichung solcher Tiefen auch am flachen Teichende wird ein relativ steil ausgebautes Ufer nötig sein, welches das Einfallen von Reihern und Störchen erschwert.

b) Eine baldige Verlandung durch üppig gedeihende Gelegepflanzen wird hintangehalten.

Seichte Teiche sollten einen sicheren und geregelten Zulauf haben. Himmelteiche – also Teiche, die von Niederschlagswässern abhängig sind – müssen zumindest 1 m tief sein, damit auch in längeren Trockenperioden keine Austrocknung oder fühlbare Flächenverringerung eintritt.

Umlaufgraben

Die Schalungen für Mönch (links) und Saugkopf (rechts) sind errichtet

Im Vordergrund Mönch im Damm mit Stau-brettern. Dahinter im Teich Saugkopf mit Gittern oben (zu sehen) und vorne (nicht sichtbar)

Nach Fertigstellung der Schubarbeiten wird der zu einem Haufen geschobene Humus wieder ausgebreitet

Flache Ablaufgräben im Teichboden in Nähe des Dammes

Ideal wäre ein Zulauf von 0,5 Liter pro sec. und ha. Dies ist ungefähr jene Wassermenge, die Sicker- und Verdunstungsverluste ganz sicher ergänzt.

Nachdem die wichtigsten Erfordernisse eines guten Teiches dargestellt wurden, wird nun der Bau eines Teiches von seinen Anfängen an systematisch beschrieben.

Nach der exakt durchgeführten Vermessung und Planung wird an der Stelle, an welcher das Ablaufbauwerk errichtet werden soll, die jeweilige Baumaschine eingesetzt. Sie hebt das Erdreich so weit ab, daß der „tote Boden" zum Vorschein kommt. Alle humushältigen, daher dunklen Bestandteile, werden entfernt. Danach entsteht an jener Stelle, die den **Mönch** tragen soll, die 80 bis 100 cm tiefe Fundamentgrube, welche in gleicher Tiefe und rund 30 cm Breite ca. 1,50 m in Richtung Ablauf verlängert wird. In Fortsetzung werden Sie – am besten mit einer Schlauchwaage – die Unterlage für das später zu verlegende Ablaufrohr herrichten. Das gleichmäßige Gefälle sollte zwischen einem halben und einem Prozent betragen. Nun betonieren wir das Fundament und am besten zugleich eine Magerbetonunterlage für die Rohrleitung. Die Oberkante des Fundaments liegt ca. 5 cm tiefer als der tiefste Punkt des späteren Teichbodens (Ablaufgrabens). Im Fundament sind selbstverständlich die Bewehrungen für den aufzusetzenden Drahtkäfig des Mönchs eingearbeitet. Steht der Mönch im Damm, kann das Fundament seicht sein.

Die Größe, nicht die Tiefe des Fundaments richtet sich nach dem Zustand des Bodens. Bei sehr weichen Böden muß eine weit größere Mönchbasis errichtet werden als bei tragfähigen.

Der gefährdetste Punkt beim Errichten des Mönches ist jene Stelle, an der das Abflußrohr aus dem Mönch austritt. Bei der geringsten Bewegung des Mönches, z.B. durch Frost, reißt das Rohr hinten am Mönch ab, und der Teich rinnt aus.

Um diese Schwachstelle auszuschalten, wird in der gleichen Tiefe das Mönchfundament in Richtung Ablaufrohr (wie oben beschrieben) bis hinter den Stoß des ersten Rohres mit dem zweiten Rohr verlängert und in Längsrichtung bewehrt. Bis hinter diese Stelle wird das Rohr auch mit Beton ummantelt. Zur Sicherheit haben wir eine Ummantelung auch an allen anderen Stößen durchgeführt.

Falls Sie als Ableitung ein PVC-Rohr gewählt haben, wird diese Leitung nun bereits in den feuchten Beton oder den gewachsenen Boden verlegt. Auch hier haben wir die

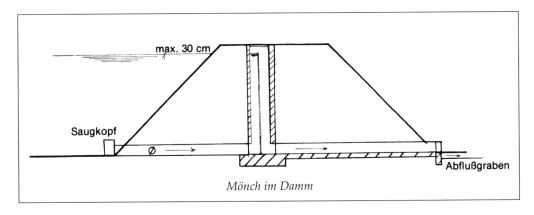

Mönch im Damm

Stöße ummantelt, damit die Rohre nicht auseinandergezogen werden können, wenn durch den Druck des darübergeschobenen Dammes Kräfte entstehen, die das Auseinanderzerren verursachen. Ganz Schlaue haben mit bestem Erfolg in sehr weichem Material die Stoßstellen sogar mittels Blindnieten vernietet.

Empfehlenswert ist auch das Anbringen eines elastisch bleibenden Baukittes in der Verbindung zwischen PVC-Rohr und Betonmönch. Haben Sie jedoch Betonrohre gewählt, werden Sie die Erhärtung der Magerbetonunterlage abwarten, um auf dieser glatten Fläche die Betonrohre leicht aneinanderschieben zu können. Selbstver-

PVC-Rohre und Fertigteilmönche vor Baubeginn

ständlich sind diese vorsorglich innen mit Silolack gestrichen. Auch die Kanten, die ineinandergreifen, sind lackiert (um aggressives Wasser nicht an die Betonrohre heranzulassen). Nun erst erfolgt die Errichtung der **Schalung** und des **Bewehrungsgitters** des Mönches. Falls dieser im Damminneren plaziert werden soll, haben Sie vorher die **Zulaufleitung mit Einlaufkasten** verlegt und betoniert. Sehr gut bewährt haben sich Fertigteilmönche, die in Deutschland in verschiedenen Systemen angeboten werden.

Erst nach Fertigstellung des Mönches beginnt nun die Schüttung des Dammes. Vor Beginn der Schüttung haben wir die gesamte Grundfläche des späteren Dammes von humushaltigem Boden befreit, so daß der **Damm auf toter Erde** sitzt. Gut bewährt hat sich die **Auskofferung einer Vertiefung** von ca. 20 bis 40 cm Tiefe in der Mitte des Dammes (eine Schubraupenschaufelbreite), die später als Verzahnung für diesen dient.

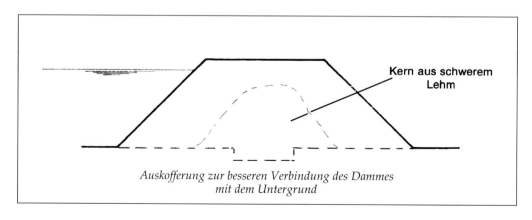

Kern aus schwerem Lehm

Auskofferung zur besseren Verbindung des Dammes mit dem Untergrund

Voraussetzen möchte ich auch, daß ein Damm desto besser ist, je flacher seine Böschungen sind. Dies gilt sowohl wasserseitig als auch landseitig. Wasserseitig, weil die jährlichen Verluste am Dammkörper durch Abschwemmungen und Abfrieren nicht so stark sind wie bei steilen Dämmen. Auch die Gelegepflanzen zum Schutz des Dammes können sich auf flachen Dämmen weit besser entwickeln. Landseitig wird die Bearbeitung (Mähen) solcher Dämme durch zu steile Böschungswinkel unangenehm erschwert.

Nun beginnt das Heranführen oder Schieben des Schüttmaterials für den Damm. Dieses Material ist selbstverständlich wiederum toter Boden. Besonders der **Kern des Dammes** ist aus tonigem oder lehmigem Material, denn wir wissen, daß Sand oder verrottbares Material, wie Holz, Gras, aber auch dunkle humushältige Erde, im Kern des Dammes nichts zu suchen haben. Alles herangebrachte Material wird bestens verdichtet. Überall dort, wo aus dem späteren Teichbecken Erde zur Dammschüttung entnommen wird, haben wir vorher den Humus abgeschoben. In sehr großen Teichen schieben wir solches Material am besten als Insel an Stellen, die im späteren Teichbecken bereits den natürlichen Boden bilden. Bei allen Arbeiten haben wir darauf geachtet, möglichst kurze Transportstrecken des Materials einzuhalten.

Achten Sie darauf, daß die Dammkrone ganz waagrecht ist, damit der spätere Wasserspiegel möglichst hoch an die Krone herangestaut werden kann. Wenn die Dammkrone nicht mehr **als 30 cm über dem Wasserspiegel** liegt, wird die Besiedlung durch Bisamratten erschwert. Dies deshalb, weil diese Tiere ihre Baue so anlegen, daß der Wohnkessel oberhalb des Wasserspiegels liegt, obwohl die Einfahrt unter Wasser ist. Bei 30 cm oder weniger Erdreich können solche Kessel nur schwer angelegt werden. Unsere Bisamratten werden also in die umgebenden Ufer, wo sie wenig Schaden anrichten, ausweichen.

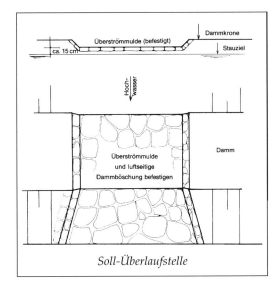

Soll-Überlaufstelle

Gut bewährt hat sich die Errichtung einer **Soll-Überlaufstelle,** die bei Katastrophenhochwässern das Überwasser abführen kann. An einer nicht bruchgefährdeten Stelle des Dammes, am besten in Nähe eines der Dammenden, sollten Sie eine längere Strecke um rund **10 bis 15 cm** vertiefen. **Luftseitig** werden Sie diese Stelle befestigen, weil bei Überlaufen des Wassers der Damm außen abgegraben wird. Steine-, aber auch Holz- oder Betonschwellen genügen zur Sicherung.

Als Zulaufbauwerk genügt meist ein einfacher Betonkasten, in dem mittels eines Staubrettes das Wasser entweder in Richtung Teich oder in Richtung Umlaufgraben gelenkt wird.

Bevor wir das Kapitel Teichbau abschließen, wollen wir uns noch einigen Einzelheiten widmen. Als wichtigstes erscheint mir die Erklärung der **Funktion eines Mönches.** Immer wieder zeigt die Praxis, daß die Vorteile, die der Mönch als Teichverschluß bietet, nicht genutzt werden.

Ein Mönch besteht aus zwei Stauwänden, deren hintere den Sinn hat, die Stauhöhe zu fixieren. In der vorderen, der wasserseitigen Stauwand, die über den Wasserspiegel hinausgezogen wurde, liegt in jener Höhe, in der man Wasser entnehmen will, ein Gitter. Bei Karpfenteichen wird dieses Gitter normalerweise den untersten Teil der dem Teich zugekehrten Stauwand bilden, damit das belastete Bodenwasser aus dem Teich abfließen kann. Auch wird damit verhindert, daß direkt vor dem Mönch eine starke Schlammbildung entsteht. Zu beachten ist weiter, daß jeder Mönch so groß gebaut wird, daß das gesamte Wasser, welches vom Abflußrohr aufgenommen wird, auch über den Mönch abfließen kann. Die innere Stauwand sollte im Mönch so plaziert sein, daß sich vor ihr – also wasserseitig – zumindest dieselbe Wassermenge abführen läßt wie im Abflußrohr. Zu beachten ist selbstverständlich, daß die Summe der Zwischenräume im Gitter ebenfalls die gesamte Wassermenge durchlassen kann. Vereinfacht also z.B.: Querschnitt Rohr, $\varnothing$ 30 cm = 707 cm^2. Bei einer inneren Lichte des Mönches von 40 cm müßte der Abstand von vorderer zu hinterer Stauwand also mindestens 18 cm = 720 cm^2 betragen. Ebenso groß müßte die Summe der Gitterzwischenräume sein. Die Stäbe des Gitters müssen senkrecht stehen. Dies deshalb, weil Sie bei eventuellen Verlegungen des Gitters dieses nur so von oben reinigen können.

Als Abstand von der Stauwand zur Rückwand des Mönches würde zur Bewältigung des Wasserablaufes dieselbe Entfernung wie zwischen den Stauwänden genügen. Um jedoch die notwendigen Arbeitsvorgänge, wie Setzen und Entfernen der Stauwände, zu ermöglichen, sollte der Abstand so groß gewählt werden, daß bei höheren Mönchen ein Einsteigen mittels eingebrachter Leiter, noch besser über beim Bau mitbetonierte Trittsteine, bequem möglich ist.

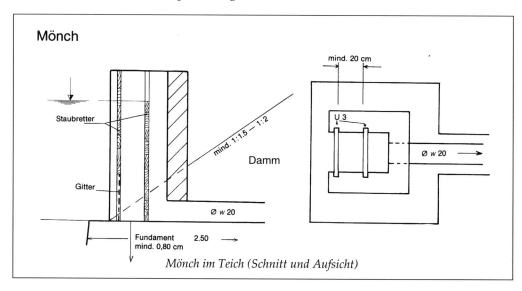

Mönch im Teich (Schnitt und Aufsicht)

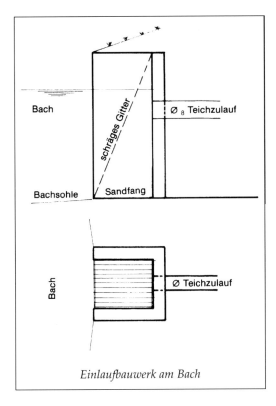

Einlaufbauwerk am Bach

Sollte das Zuflußwasser des Teiches aus einem Bach stammen, werden Sie das **Einlaufgitter** an der Bachseite schräg stellen, damit schwimmendes Material hochgeschwemmt wird. Senkrecht stehende Gitter sind im Herbst beim Laubfall ständig verlegt, was zu großen Schwierigkeiten führen kann. Dieses Schrägstellen von Gittern sollten Sie sich überhaupt zum Prinzip machen.

In Teichen, bei denen aus irgendwelchen Gründen ein Abfischen hinter dem Damm nicht möglich ist, werden Sie vor dem Mönch eine Fischgrube anlegen, die groß genug ist, um bei einer Wassertiefe von 80 bis 100 cm dem gesamten Fischbestand des jeweiligen Teiches reichlich Platz zu bieten. Sicherheitshalber sollten Sie mit 2 bis 3 Tonnen Fisch pro ha rechnen.

Abfischungsmöglichkeiten hinter dem Damm sind jedoch vorzuziehen. Allerdings müssen Sie dabei einige Details bedenken, und zwar:

• Die Stauhöhe in der Fischgrube vor dem Mönch müssen Sie unbedingt durch die Stauwand in der Abfischgrube außerhalb des Teiches regulieren können. Dies bedeutet, daß im Ablauf des Mönches kein allzu großes Gefälle eingebaut werden darf.

• Der Frischwasser zuführende Graben sollte möglichst nahe am Ende des unter dem Damm durchführenden Ablaufrohres liegen, damit die Fische sofort nach Austritt aus dem Rohr das Frischwasser spüren und dort einschwimmen können.

Haben Sie hinter dem Damm kein Frischwasser verfügbar, werden Sie am besten einen Teil des Teiches abtrennen und diesen abgeteilten Teil als Frischwasservorrat für die Abfischung zurückbehalten.

Frischwasservorrat im Teich

61

Der Vorteil einer Abfischung außerhalb des Dammes besteht nicht nur darin, daß die Fische bestmöglich geschont werden, sondern auch in der großen Arbeitserleichterung, weil Sie selbstverständlich zur Abfischgrube eine befestigte Zufahrt errichtet haben. Die Fische können also auf kürzestem Weg auf den Transportwagen gebracht werden.

Zusammenfassung der wichtigsten Punkte

- Möglichst kurze Transportstrecken für das Baumaterial suchen. Lieber eine Insel im Teich belassen, als allzuweit transportieren.
- Den bestmöglichen Maschinentyp für die einzelnen Arbeiten wählen. Die Maschine mit der höchsten Leistung arbeitet trotz höherem Stundensatz meist am billigsten.
- Der tiefste Punkt des Teiches ist der Mönchboden mit dem anschließenden Ablaufrohr. Der Mönchboden muß glatt sein, damit das unterste Staubrett satt und damit dicht aufsitzt.
- Der Hochwasserüberlauf liegt an einem möglichst widerstandsfähigen Teil des Dammes, meist in Nähe eines Dammendes.
- Der Dammkern darf keine Sand- oder Humuseinschlüsse aufweisen. Die Böschungen sind möglichst flach auszubilden. Eine Böschungsneigung von 1:1 (45°) darf auf keinen Fall unterschritten werden. Eine solche von 1:2 wäre gut, von 1:3 ideal. Die Dammkrone sollte befahrbar und damit **mindestens 3 m breit sein.**
- Der Teichboden sollte, wenn möglich, zwischen 0,2 und 0,5% Gefälle aufweisen. Also 2 bis 5 cm auf 10 m.
- Je nach Größe des Teiches sollten einer oder mehrere Gräben im Teichboden für die sichere Trockenlegung desselben sorgen. Die **Böschungen dieser Gräben** sollten möglichst **flach** angelegt werden, so daß sie kaum kenntlich in den Teichboden überführen.
- Ein Karpfenteich sollte hochwassersicher sein. Aus diesem Grund können in vielen Fällen Umlaufgräben nötig werden, die fassungskräftig genug sind.
- Die Abfischanlage sollte – wenn irgendmöglich – hinter dem Damm errichtet werden. Dazu muß eine Frischwasserzufuhr gesichert sein. Ist dies nicht möglich, muß im Teich für genügend Raum gesorgt werden, um mit Zugnetz fischen zu können. Günstig wäre auch hier die Anlage eines befestigten Zufahrtsweges. Sogar Abfischkästen hinter dem Damm ohne Frischwasserzufuhr sind immer noch besser als gar keine Vorrichtung. Andererseits kann durch Abtrennen eines Teicheckes ein Frischwasservorrat bereitgestellt werden. Der Trenndamm muß nicht über den Wasserspiegel hochgezogen werden. Somit kann diese Ecke normal mitbewirtschaftet werden.
- Die Teichränder sollten nicht unmerklich in das umgebende Gelände übergreifen, sondern betont sichtbar mit einer steileren Böschung von 1:1 in den Teich führen.
- Nirgends sollte der Teich seichter als 60 bis 80 cm sein.

- Zum Schutz der Teichränder hat sich deren Bepflanzung mit Kalmus oder Fahnenschilf bewährt. Allerdings lockt man mit solchen Bepflanzungen Bisamratten heran. Auch sind diese in einem solchen Gelegegürtel schwieriger zu bekämpfen.
- Eine flache Rampe zum Einbringen eines Bootes ist empfehlenswert.

Und nun, nach Beendigung des Baues, wird es erst richtig spannend. Jetzt beginnt die Faszination des passionierten Fischers, zu denen ja wohl jeder Teichwirt gezählt werden muß.

Alle Betonbauten haben Sie ausgeschalt, alle Nuten nachgeputzt, damit die Staubretter bzw. Gitter leicht eingeschoben werden können. Die Staubretter sind an den Kanten plan gehobelt, damit sie satt aufeinandersitzen. Sie haben sie der Höhe des Mönches entsprechend möglichst dick gewählt, damit der starke Wasserdruck bei hohen Mönchen diese Bretter nicht knicken kann.

In der wasserseitigen Nut sitzt zuunterst ein Gitter, dessen Stabzwischenräume Sie so gewählt haben, daß die eingesetzten Fische nicht mehr durchschlüpfen können. Darüber setzen Sie nun mit Staubrettern die Wand auf, die über das Stauziel hinaufgezogen wird. In der zweiten Nut beginnen Sie mit dem Aufeinandersetzen der Staubretter bis in jene Höhe, in der Sie den späteren Wasserspiegel haben wollen.

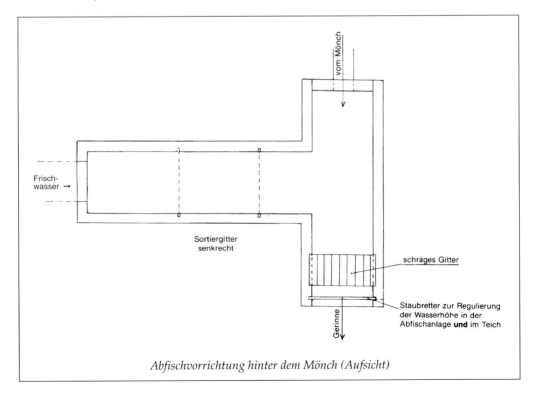

Abfischvorrichtung hinter dem Mönch (Aufsicht)

Abfischanlage hinter dem Damm : Hauptkanal-Zulauf vom Teich vorne unten; Ablauf hinten	*Abschluß des Hauptgrabens durch schräges Gitter*

Abfischanlage im Umlaufgraben	*Flach geböschter Umlaufgraben*

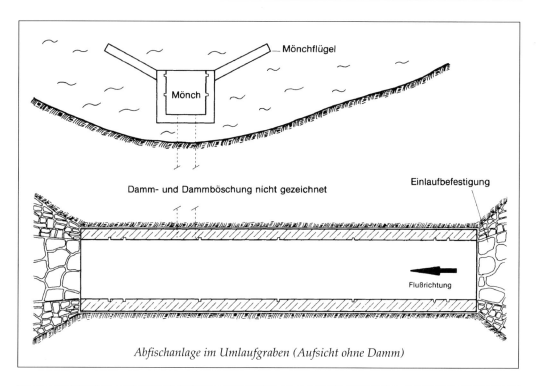

Mönchflügel

Mönch

Damm- und Dammböschung nicht gezeichnet

Einlaufbefestigung

Flußrichtung

Abfischanlage im Umlaufgraben (Aufsicht ohne Damm)

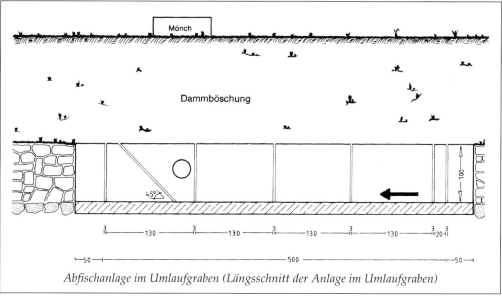

Mönch

Dammböschung

100

45°

3 ⊢— 130 —┤ 3 ⊢— 130 —┤ 3 ⊢— 130 —┤ 3 ⊢— 130 —┤ 3 ⊢20⊣ 3

⊢50⊣ ⊢————————— 500 —————————┤ ⊢50⊣

Abfischanlage im Umlaufgraben (Längsschnitt der Anlage im Umlaufgraben)

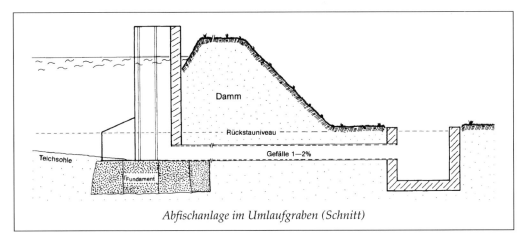

Abfischanlage im Umlaufgraben (Schnitt)

Der Zulauf rinnt voll, und das Bespannen des Teiches beginnt. Da die Stauwand anfangs noch nicht ganz dicht ist, haben Sie sich neben dem Mönch eine Mischung aus Sand, Sägespänen oder Holzasche gerichtet. (Jedes feinkörnige Material ist verwendbar.) Dieses Material wird nun prisenweise vor die undichte Stauwand gebröselt. Das absinkende Material wird durch den Wasserdruck in die undichten Stellen gerissen und dichtet somit ab. Nun kann der Teich vollrinnen, ohne daß es ständige Abfließverluste durch den Mönch gibt. (Die vielfach beim Mönchbau vorgesehene Doppelstauwand, die mit Lehm oder Sägespänen vollgestopft wird, empfinde ich als unnötige Arbeitserschwernis. Obendrein ist eine undichte Doppelstauwand kaum noch dicht zu bringen.)

Sobald die gewünschte Stauhöhe erreicht ist, werden Sie den Zulauf schließen. Sollte er nicht abstellbar sein, wird das überflüssige Wasser nun über den Mönch laufend ausströmen.

Liegt unser Teich in einer Gegend, in der der Bevölkerung nicht ganz zu trauen ist, haben wir schon beim Betonieren des Mönches an der Oberkante Vorrichtungen eingearbeitet, an die wir einen Eisendeckel mit schwerem Schloß anbringen können.

Um Ihnen viel Dauerärger zu ersparen, möchte ich Ihnen eine Grundregel des Teichbaues nicht verschweigen: Sämtliche Staubretter einer Teichwirtschaft sind gleich groß. Sie sind damit austauschbar. Dasselbe gilt natürlich für die Gitter. Alle Betonbauten, ob Mönch, Einlauf- oder Verteilerschacht, haben dieselbe lichte Weite. Sollten große und kleine Mönche in derselben Teichwirtschaft notwendig sein, so werden Sie konsequent nur zwei deutlich zu unterscheidende Größen verwenden und auf keinen Fall mehr.

Bevor wir uns aber der Zucht und Haltung unserer Fische zuwenden, wollen wir über die Mitbewohner unserer Pfleglinge sowie über Düngung und Fütterung sprechen.

Die Mitbewohner gehören zum einen Teil in den pflanzlichen und zum anderen in den tierischen Bereich. Eine Betrachtung der Vor- und Nachteile dieser Mitbewohner für das Betreiben einer erfolgreichen Teichwirtschaft wird für uns vorteilhaft sein.

PFLANZEN

Wie bereits erwähnt, ist der Stoffwechsel von Pflanzen für den Zustand des Teiches ganz außerordentlich bedeutungsvoll.

Assimilation verbraucht nicht nur CO_2, sondern auch die im Wasser gelösten mineralischen Nährstoffe. Daraus baut die Pflanze ihren Körper auf und erzeugt als Abfallprodukt jenen Sauerstoff, der für das Leben im Teich so entscheidend ist.

Dissimilation verbraucht nur Körpersubstanz und Sauerstoff. Kohlendioxyd bleibt bei diesem Vorgang als Abfallprodukt im Wasser. Für uns Teichwirte ist die Dissimilation nur während der Dunkelheit bedeutsam. Obwohl Pflanzen auch bei Licht dissimilieren, also O_2 beim Atmen verbrauchen, überwiegt die Assimilation und damit O_2-Anreicherung.

Aber nicht alle Pflanzen, die im Teich leben, geben ihre gasförmigen Abfallprodukte an das Teichwasser ab.

Gelegepflanzen

Dazu zählt man die meisten Pflanzen des Schilfgürtels, so z.B. Schilfrohr *(Phragmites)*, Rohrkolben *(Typha)*, Kalmus *(Acorus calamus)*, die verschiedenen Binsen- und Seggenarten *(Juncus* und *Carex)*, Schachtelhalm *(Equisetum)*, Igelkolben *(Sparganium)*, Froschlöffel *(Alisma)*, usw.

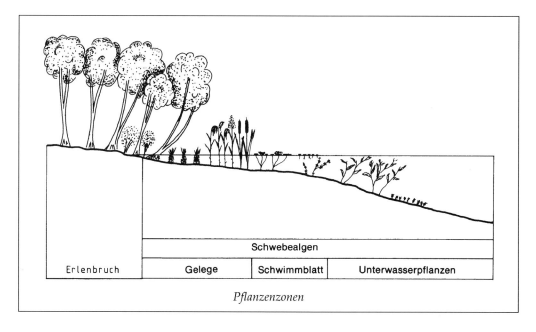

Pflanzenzonen

Vorteile der Gelegepflanzen
Sie bieten Unterschlupf für Jungfische, Lebensraum für Vögel, Reptilien und Amphibien, sind somit aus naturschützerischen Erwägungen erhaltenswert. Die starke Reinigungskraft des Gelegegürtels gegenüber eingeschwemmten Schad- und Düngestoffen darf genausowenig übersehen werden wie seine Uferschutzfunktion gegenüber Abschwemmungen.

Nachteile des Gelegegürtels
Alle Gelegepflanzen wurzeln im Teich und entnehmen von dort die Nährstoffe, die sie zum Körperaufbau brauchen. Die Nebenprodukte, Sauerstoff und Kohlensäure, kommen jedoch nicht dem Teich, sondern der darüberliegenden Luft zugute. Gelegepflanzen sind sehr zellulosereich. Beim Absterben dieser Pflanzen im Herbst kann die Verrottung deshalb nur sehr langsam vor sich gehen. Diese langsame Verrottung führt nun dazu, daß immer größere Mengen unverrottet in das nächste Frühjahr gehen. Es beginnt die vom Teichwirt sosehr gefürchtete **Verlandung.** Die Wasserfläche des Teiches wird von Jahr zu Jahr kleiner.
    Der Gelegegürtel selbst ist fischereilich wenig produktiv. Größere Fische können dort kaum eindringen. Durch starke Beschattung ist das Wasser dort auch kühler.
    Die Gelegepflanzen treiben also Raubbau am Teich.
    Eine Gegenüberstellung von Vor- und Nachteilen ergibt ein Überwiegen der Nachteile, weshalb eine Bekämpfung dieser Pflanzen im gut geführten Betrieb unvermeidbar ist. Es gibt nun drei Möglichkeiten zur Bekämpfung, und zwar: mechanisch, chemisch oder biologisch.

Mechanische Bekämpfung
Sie wurde früher durch mindestens zweimaliges Abmähen geübt. Heute führt die Verteuerung der Arbeitskraft dazu, daß solche Bekämpfungsmethoden kaum noch angewandt werden.

Chemische Bekämpfung
Sie wird durch Besprühen mit Wuchsstoffen ausgeübt und bringt auch recht gute Erfolge. Allerdings ist Vorsicht bei Anwendung chemischer Mittel in der Fischerei immer geboten. Fische sind äußerst empfindlich gegen Chemikalien. Trotz des hohen Preises solcher Wirkstoffe müssen Sie aber die vom Hersteller empfohlene Menge unbedingt anwenden, weil sonst kein Erfolg verzeichnet werden wird. Die für Teiche empfohlenen Wuchsmittel sind in den vorgeschriebenen Anwendungsmengen nicht für die Fische gefährlich.
    Bei allen chemischen Bekämpfungen ist äußerste Vorsicht am Platz, damit nicht durch Wind auf benachbarte Felder Spritzmittel vertragen werden, die dort oft große Schäden anrichten können. Entscheidend bei chemischen Bekämpfungen ist, daß die Blätter gut benetzt werden. Da gerade Gelege- und Schwimmblattpflanzen oft mit einer Wachsschicht überzogene Blätter haben, muß dem Spritzmittel ein Netzmittel zugegeben werden.

Seggen

Rohrkolben

Binsen

Kalmus

Pfeilkraut

Biologische Bekämpfung
Am besten bewährt sich im Karpfenteich aber die biologische Bekämpfung dieser Pflanzen. Mit dem Amur ist uns ein Fisch in die Hand gegeben, der seine Diät schon im 3. Lebenssommer immer stärker von Weich- auf Hartpflanzen umstellt. Sämtliche Gelegepflanzen werden von ihm gerne gefressen. Leidenschaftlich liebt er Kalmus, an Schachtelhalm geht er hingegen erst nach einer Hungerkur. Voraussetzung für einen Erfolg in der Bekämpfung der Gelegepflanzen mit Weißem Amur ist eine genügend große Menge ausreichend großer Fische. Aber da er seinen Rücken ungern aus dem Wasser steckt, muß auch ein entsprechend tiefer Wasserstand im Bereich der Gelegepflanzen vorhanden sein.

Schwimmblattpflanzen

Es handelt sich hier um Pflanzen, die teilweise im Teichboden wurzeln, wie Seerosen (*Nymphaea*), schwimmendes Laichkraut (*Potamogeton*), Wasserknöterich (*Polygonum*), Wasserhahnenfuß (*Ranunculus*), Wassernuß (*Trapa natans*) und viele andere, aber auch um solche, die ihre Wurzeln im Wasser hängen haben, wie die Wasser- (*Lemma*), Teich- (*Spirodela*) und Entenlinse (*Wolffia*). Für die Schwimmblattpflanzen gilt ähnliches wie für die Gelegepflanzen. Ihre Gasproduktion wird nicht in das Teichwasser, sondern in die Luft abgegeben.

Vorteilhaft an dieser Pflanzengruppe ist, daß auf ihren Unterwasserteilen eine große Menge von Nährtieren lebt. Karpfen und Schleien holen sich von dort Muscheln, Schnecken und Insektenlarven.

Nachteilig ist hingegen neben dem Raubbau am Teich die starke Schattenwirkung, die durch diese Pflanzen ausgeübt wird. Besonders Wasserlinsen bedecken einen Teich oft so dicht, daß kein Sonnenlicht mehr eindringen kann. Damit erfolgt eine Abkühlung einerseits und andererseits die Wegnahme von Licht, so daß unterhalb solcher Schichten kaum noch pflanzliches Leben existieren kann.

Auch hier überwiegen also die nachteiligen Einflüsse. Eine Bekämpfung wird notwendig sein. Bei den im Teichboden wurzelnden Pflanzen wird eine Verdünnung ausreichen. Sie müssen nicht gänzlich entfernt werden.

Anders bei den Wasserlinsen: Auf windarmen Teichen mit nährstoffreichem Wasser können Linsen so dicht werden, daß sie in mehreren Schichten übereinanderliegen. Eine Bekämpfung ist unbedingt notwendig. Es gibt kaum eine Pflanze, die bei Massenauftreten soviel Schaden anrichtet, wie sie.

Die Bekämpfung ist mechanisch, chemisch und biologisch möglich. Sinngemäß gelten die gleichen Kriterien wie bei der Bekämpfung der Gelegepflanzen. Für die mechanische und chemische Bekämpfung gilt andererseits das gleiche wie für die folgende Gruppe der Unterwasserpflanzen und wird dort behandelt.

Wasserlinse

Dieser (3 verschiedene Arten) müssen wir etwas mehr Raum geben. Die Pflanze, auf ihren Schwimmblättern dahinsegelnd, streckt kleine Würzelchen ins Wasser. Sie vermehrt sich durch Sprossung, weshalb in allerkürzester Zeit bei für sie günstigen Bedingungen ein Teich vollständig bedeckt sein kann. Früher wurden große Anstrengungen unternommen, um mittels ingeniöser Schubeinrichtungen an Booten oder von Land aus solche Wasserlinsenmassen in Windrichtung zusammenzuschieben und an Land zu befördern. Nur vorübergehend bringen solche Anstrengungen Erfolg!

Eine chemische Bekämpfung ist auch nicht mehr möglich, wenn einmal der gesamte Teich bedeckt ist. Warum nicht? Würde die gesamte Pflanzenmasse nach Abtötung durch ein Spritzmittel im Teich verfaulen, käme es zu einem so starken Sauerstoffmangel, daß alle darin vorhandenen Tiere einschließlich der Fische eingehen würden. Wenn Sie chemisch bekämpfen, müssen Sie notgedrungen anschließend die Linsen ans Ufer verfrachten. Amur – in genügender Menge eingesetzt – wird diese Pest liebend gerne auffressen.

Unterwasserpflanzen

Wie schon ihr Name besagt, bleibt die ganze Pflanze unter Wasser. Höchstens die Blüten werden über den Wasserspiegel gestreckt. Die Pflanzen dieser Gruppe nennt man auch weiche Vegetation (weil schwimmend, kein hartes Stützgewebe erforderlich), zum Unterschied von der harten Vegetation der Gelegepflanzen.

Die Stoffwechselprodukte aller Unterwasserpflanzen kommen dem Teichwasser zugute.

CO_2 und Sauerstoff bleiben im Wasser. Auch die Verrottung dieser Pflanzen bereitet keine großen Schwierigkeiten, weil die meisten relativ leicht verrottbare Zellulose beherbergen. Schütter gestellt, sind sie unbedingt positiv zu bewerten. Eine große Menge von Fischnährtieren lebt auf ihnen. Die Beschattung ist meist nicht sehr stark.

Wehe jedoch, wenn es zum Massenauftreten einiger dieser Pflanzen kommt. Berüchtigt ist die starke Vermehrung von Wasserpest (*Elodea canadensis*), die den gesamten Wasserraum ausfüllen kann. Aber auch Krauses Laichkraut (*Potamogeton crispus*) kann sich recht ungut bemerkbar machen. Desgleichen Hornkraut (*Ceratophyllum*), welches in manchen Teichregionen den Boden gegenüber den Fischen vollständig abschließt.

Entscheidend scheint also auch hier, wie bei fast allen Dingen dieser Welt, das goldene Mittelmaß zu sein. Geringe Bestände von Unterwasserpflanzen bringen Vorteile, große Mengen derselben Nachteile.

Die wichtigsten seien nochmals angeführt:

Die Laichkräuter wachsen im Frühjahr vom Boden hoch und erreichen meist die Wasseroberfläche. Die Befruchtung der Blüten, die darüber hinausgeschoben werden, erfolgt in der Luft. Im August oder September beginnen diese Pflanzen meist abzusterben und verrotten nun am Boden. Bei großen Mengen kann es nun durch diese Verrottung zu Sauerstoffmangel im Teich kommen. Wenn dies nur punktförmig stattfindet, spielt es keine allzugroße Rolle.

Neben der wenig geübten geschlechtlichen Vermehrung erfolgt auch eine Vermehrung über Bruchstücke und Winterknospen. Solche Winterknospen überwintern im

Wasserknöterich

Schwimmendes Laichkraut

Froschlöffel und Wasserlinsenteppich

Wasserpest streckt die Blüten
über den Wasserspiegel

Eine einzelne Wassernußpflanze

Wasserhahnenfuß und dessen Bekämpfung
(Grasamur fressen ihn nicht)

Teichboden und treiben im nächsten Frühjahr wieder aus. Die Vermehrung über Bruchstücke muß besonders bei der mechanischen Bekämpfung bedacht werden. Jedes Stückchen Wasserpest – das bei mechanischer Bekämpfung leicht entsteht – wird wieder zur neuen Pflanze. Statt einen Bestand zu vernichten, kann man ihn also mit dieser Methode bestens vermehren.

Vorteile
Die Stoffwechselprodukte der Unterwasserpflanzen kommen dem Teich zugute. Am Tag wird Sauerstoff, in der Nacht Kohlensäure erzeugt. Auf nicht zu dichten Unterwasserbeständen bildet sich ein starkes Nährtierleben, ohne daß eine allzu starke Abkühlung des Wassers durch Beschattung erfolgt.

Nachteile
Zu dichte Bestände füllen den gesamten Wasserraum aus, wie die Wasserpest, die obendrein noch Kalklauge ausscheidet und damit manchmal allzuhohe pH-Werte im Bereich dieser Pflanzen verursacht. Übrigens weisen üppige Wasserpestbestände auf hohen Kaligehalt hin. Geschlossene Hornkrautbestände können den Boden des Teiches vollständig bedecken, womit den Karpfen die Suche nach Bodentieren sehr erschwert wird. Im großen und ganzen sind Unterwasserpflanzen jedoch positiv zu beurteilen.

Mechanische Bekämpfung
Mähen sollten Sie nur abschnittweise, damit die darauffolgende Sauerstoffzehrung auf kleine Flächen beschränkt bleibt. Wenn Sie aber in einem Arbeitsgang den ganzen Teich mähen, wird Ihnen ein Herausarbeiten der gemähten Pflanzen nicht erspart bleiben. Der Arbeitsaufwand ist jedoch sehr, sehr hoch.

Chemische Bekämpfung
Sie ist möglich, sollte aber nur gegen Pflanzen angewendet werden, die biologisch nicht bekämpft werden können.

Die angegebenen Anwendungsmengen sollten unbedingt eingehalten werden, damit einerseits keine Schädigung der Fische, andererseits die erhoffte Wirkung eintritt.

Während der Anwendung kein Wasserdurchlauf!

Bei Vernichtung des gesamten Pflanzenbestandes ist ein Sauerstoffzusammenbruch wahrscheinlich!

Wenn irgend möglich, lassen Sie die Finger von chemischer Pflanzenbekämpfung!

Biologische Bekämpfung
Gerade die schädlichsten Unterwasserpflanzen können mit Gras-Amur bestens unter Kontrolle gehalten werden. Nicht gefressen vom Amur werden nur die drei Hahnenfußarten. Ungern macht er sich auch an den Wasserknöterich heran. Damit man diesen mit Amur bekämpfen kann, dürfen nicht mehr viele besser schmeckende Pflanzen im Teich vorhanden sein.

Algen

Sie sind die wichtigsten Pflanzen in der Teichwirtschaft. Manche dieser Algen sind an den Boden gebunden und können große Flächen bedecken, wie etwa einige Blaualgen oder auch Fadenalgen, die riesige wattebauschähnliche Gebilde im Wasser bilden. Eine Bekämpfung dieser bodengebundenen Algen geschieht am besten durch Trübung des Wassers mit Fischen, die groß genug sind, den Boden zu bearbeiten. Leben können Algen ja nur bei starkem Lichteinfall. Jede Trübung vermindert diesen Lichteinfall und bringt solche Pflanzen zum Absterben, solange sie die obersten Wasserschichten noch nicht erreicht haben. Sollten Sie Ihnen aber über den Kopf wachsen, verwenden Sie ein Kupferpräparat.

Weit wichtiger für uns Teichwirte sind jedoch, um nur die wichtigsten zu nennen, Blau-, Grün-, Kiesel- und Geißelalgen, die im Wasser schweben.

Sie werden auch Geschwebe oder Phytoplankton genannt.

Nur ganz wenige Arten dieser Geschwebepflanzen sind mit freiem Auge oder Lupenvergrößerung zu erkennen. Die größte dieser Schwebealgen ist die zu den Blaualgen gehörende Sichelalge *(Aphanizomenon)*. Sie ist mit freiem Auge als grünes Strichlein oder kleiner Halbmond erkennbar und zeigt einen guten, aber stickstoffarmen Teich an. Manchmal kann es zu solchen Massenentwicklungen kommen, daß man das Gefühl hat, als wäre der gesamte Wasserraum damit erfüllt. Gefährlich könnte in so einem Fall nur das plötzliche Absterben der gesamten Algenmasse sein, weil Sauerstoffmangel bei der Verrottung einträte. Mit der Lupe erkennbar sind noch Kugelalgen *(Volvoxarten)*, die zu den Grünalgen zählen und eine Kolonie von kleinen Geißelalgen sind. Auch sie zeigen gute Teiche an. Alle anderen Schwebealgen des Phytoplanktons sind so klein, daß sie nur unter dem Mikroskop gesehen und bestimmt werden können. Trotz dieser Kleinheit besiedeln sie jedoch den gesamten durchlichteten Wasserraum und bilden damit eine sehr große Menge pflanzlicher Materie.

Hauptsächlich durch diese erfolgt die tägliche Sauerstoffproduktion. Solange kurze Nächte und genügend Pflanzennährstoffe vorhanden sind, besteht auch keine Gefahr, daß das Geschwebe plötzlich abstirbt und bei seiner Verrottung Sauerstoffmangel hervorruft.

Anders kann dies jedoch im Spätsommer und Herbst sein, wenn bei einer Massenentwicklung solcher Algen ein Gewitter mit plötzlicher Abkühlung eintritt. Oft ist dies der Grund für ein Massensterben mit anschließender Sauerstoffkatastrophe. Die Länge der Nächte verhindert obendrein eine schnelle Regeneration.

Allerdings können solche Veränderungen von Ihnen als aufmerksamer Teichwirt meist früh genug erkannt werden. Nach dem Zusammenbruch eines Algenbestandes – einer Algenpopulation (lat.: populatio = die Bevölkerung) – verändert sich immer die Farbe des Wassers, meist von Grün zu Braun. Manche Algenarten schwimmen beim Tod auch auf und bilden in den vom Wind bestrichenen Buchten bläuliche, grünliche oder gelbliche Beläge auf der Wasseroberfläche. Solche Schichten können so dicht sein, daß der von den noch lebenden Algen darunter gebildete Sauerstoff beim Aufsteigen Blasen in solchen Decken bildet. Schichten, die wie Öl schillern, stammen von frei gewordenen Öltröpfchen aus den verrotteten Algenkörpern und den Verrottungsbakterien. Sie sind kein Motoröl vom bösen Nachbarn!

Bei Zusammenbrüchen sterben jedoch nicht alle Schwebealgen ab. Es bleiben die jüngeren Formen übrig, welche unter normalen Verhältnissen eine völlig ausreichende Sauerstoffproduktion für die Fische durchführen würden. Da jedoch zusätzlich die abgestorbenen Pflanzenmassen verrottet werden müssen und die Tage kurz sind, wird mehr Sauerstoff verbraucht, als angeboten werden kann.

Als aufmerksamer Leser ist Ihnen auch klar geworden, daß Sauerstoffmangel nur in der Dunkelheit und zu Ende der Nacht, bevor die Sauerstoffproduktion der restlichen Algen beginnt, bedenklich werden kann. Wenn Sie also nach solchen Zusammenbrüchen eine künstliche Sauerstoffanreicherung im Teich betreiben, wird dies nur von ca. 23 Uhr bis 10 Uhr notwendig sein. Dies gilt natürlich nur für schöne Tage. Sollte nach einem Zusammenbruch jedoch trübes, lichtarmes Wetter herrschen, kann es unter Umständen notwendig werden, mehrere Tage hindurch solch künstliche Anreicherung während Tag und Nacht durchzuführen.

Vorteile

Die gesamten Stoffwechselprodukte bleiben im Teich. Die Verrottung geht leicht vor sich. Schwebealgen sind die wichtigsten Mitglieder der sauerstoffproduzierenden Pflanzen im Teich. Obendrein dienen sie als Nahrung für einen Großteil der Fischnährtiere, vor allem dem Zooplankton (griech.: to zòon = das Tier), und natürlich den Silberkarpfen.

Nachteile

Fadenalge, auch Netzalge bildet so dichte Watten, daß Fischbrut bis zum Vorstreckalter mit den Kiemendeckeln darin hängen bleibt und nicht mehr loskommt. Auch produziert die Fadenalge Kalklauge, womit unverhältnismäßig hohe pH-Werte erzeugt werden. Beim Abfischen von Vorstreckteichen bleiben unter zusammengesunkenen Fadenalgenbeständen Tausende von Fischchen begraben, die mühsam mit der Hand aufgelesen werden müssen.

Durch übermäßigen Nährstoffreichtum hervorgerufene Massenentwicklung von Schwebealgen führt ab Spätsommer früher oder später zu plötzlichem Absterben und den gefürchteten „Sauerstoffzusammenbrüchen". Manche Algenarten rufen zur Zeit ihrer „Blüte" in den Fischen einen unangenehmen Geschmack hervor. Aus diesem Grund können manchmal „Sommerfische" nicht gut schmecken – sie mooseln.

Die Massenentwicklung der mit einem Zellulosepanzer versehenen Schwalbenschwanzalge (Ceratium hirundinella) verursacht bei Fischen ein Einstellen des Fressens und damit des Zuwachses.

Manche Blaualgen scheiden Gifte (Toxine) aus.

Mechanische Bekämpfung

Sie kann nur bei der Fadenalge eingesetzt werden, indem man diese mit Rechen vom Ufer aus herauszieht, aber auch indem man in notorischen Fadenalgenteichen einige Jahre hindurch große Fische einsetzt, die den Boden durcharbeiten und damit eine Trübung des Wassers schon im Frühjahr hervorrufen, wenn die Fadenalgen erst vom Boden hochzuwachsen beginnen.

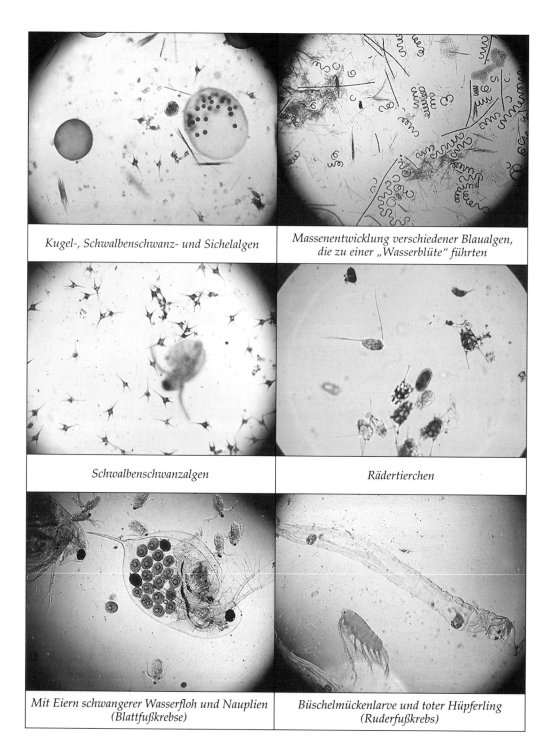

Kugel-, Schwalbenschwanz- und Sichelalgen

Massenentwicklung verschiedener Blaualgen,
die zu einer „Wasserblüte" führten

Schwalbenschwanzalgen

Rädertierchen

Mit Eiern schwangerer Wasserfloh und Nauplien
(Blattfußkrebse)

Büschelmückenlarve und toter Hüpferling
(Ruderfußkrebs)

Chemische Bekämpfung

Am geeignetsten ist zur Schwebealgenbekämpfung auf jeden Fall Kupfersulphat, das im Handel leicht beschaffbare Kupfervitriol. Vor Kupferbehandlungen muß das SBV festgestellt werden. Bis zu 2 kg Kupfervitriol/ha je SBV können bedenkenlos angewandt werden. Bedeutend kleinere Mengen werden unter Umständen zuwenig Wirkung zeigen. Bei SBV-Werten, die höher als 3,5 bis 4 liegen, scheinen 2 kg/SBV zu viel zu sein.

Auch eine vorbeugende Kupferung ist bei Massenentwicklungen von Algen im Spätsommer und Herbst angebracht. Solch vorbeugende Kupferungen wird man so vornehmen, daß nur ein Teil des Teiches gekupfert wird. Am günstigsten ist jener Teil, in den der Wind den Großteil der Algen geblasen hat.

Zur Kupferung werden normalerweise zwei Methoden angewandt, und zwar:

1. Das Kupfersulphat (blaue Kristalle) gibt man in einen Stoffbeutel und hängt diesen ans Boot. Das Hin- und Herfahren in jenem Teil, der behandelt werden soll, reicht aus, um das Kupfervitriol langsam zu lösen und im Wasser zu verteilen. Beachtet muß bei dieser Methode werden, daß anfangs sehr viel Kupfer gelöst wird. Je kleiner die Kristalle werden, desto schwerer lösen sie sich, weshalb in der weiteren Folge immer weniger Kupfer in Lösung übertritt. Günstiger wäre also
2. die Auflösung der Kristalle in einem Gefäß und danach die gleichmäßige Ausbringung der Lösung auf der gewünschten Fläche mittels Gießkanne oder Rückensprühgerät.

Biologische Bekämpfung

Diese gelingt ebenfalls ausgezeichnet. Unser bisher besprochener Pflanzenvertilger – der Graskarpfen oder Weiße Amur – dient nur noch zur Beseitigung der Fadenalgen. Schon ganz junge Fische beteiligen sich sehr kräftig am Fraß derselben. Die Temperatur muß natürlich hoch genug sein. Dies ist auch der Grund, weshalb die Fadenalgenbekämpfung in kalten Forellenteichen mittels Amur so schlecht funktioniert.

| *Einfache Ausrüstung zum Plankton- und Bodentierfang* | *Rote Zuckmückenlarve, das „tägliche Brot" unserer Karpfen* |

77

Nun kommt uns aber die Freßart des Silberamurs (Silberkarpfen) zugute. Wie bereits beschrieben, filtert er mit jedem Atemzug auch das Phytoplankton mit seinen Siebreusen aus dem Wasser. Von diesen winzigen Schwebealgen lebt er. Untersuchungen haben schon vor vielen Jahren gezeigt, daß in Teichen, die mit genug Silberamur besetzt sind, der Sauerstoffgehalt um ca. 2 mg O_2/l größer war als in vergleichbaren Teichen ohne Silberkarpfen.

Wie kommt es nun zu diesem Phänomen? Wahrscheinlich werden aufgrund seiner Siebgröße vor allem solche Algenarten verstärkt entnommen, die durch ihre Kurzlebigkeit den Sauerstoffhaushalt im Teich stärker belasten als noch kleinere Formen. Es wird damit ganz selektiv jener Teil des Geschwebes aussortiert und gefressen, der den Sauerstoffhaushalt belastet. Auch wird durch die Verdünnung der Schwebealgen eine höhere Sichttiefe erreicht, womit auch tiefer schwebende Algen genug Licht zur Assimilation erhalten.

Sie sollten diesen betriebs- und energiewirtschaftlich so interessanten Fisch unbedingt verwenden. Betriebswirtschaftlich ist er interessant, weil sein Wachstum keine Kosten verursacht, energiewirtschaftlich deshalb, weil er ein ganzes Kettenglied der Nahrungskette überspringt.

Voraussetzung dafür, daß Sie auch Freude und Erfolg mit diesem Fisch haben, ist selbstverständlich eine schonende und schnelle Abfischung. Leider ist derzeit die Sicherheit des Absatzes noch nicht gegeben, weshalb die Verbreitung trotz bester Eignung so schleppend vor sich geht.

TIERE

Der Großteil aller im Teich vorhandenen Tiere dient unseren Fischen, weil es sich dabei um deren Nahrung handelt. Nur ein verschwindend geringer Teil schädigt sie.

Detritusfresser

Dies sind all jene Lebewesen, die abgestorbene Tier- und Pflanzenleichen fressen und damit in den Nährstoffkreislauf der Natur wieder eingliedern. Im Grunde genommen sind Bakterien, die die Verrottung durchführen, ebenfalls Detritusfresser. Sie dienen unserer Fischbrut als hochwertige Eiweißlieferanten, die gezielt gefressen werden. Bekannter sind uns allerdings als detritusfressende Nährtiere vor allem Würmer, Schnecken und Insektenlarven, die ihren gesamten Nahrungsbedarf aus dieser Quelle decken. Sie bilden die so wichtige Bodennahrung von Karpfen und Schleie. Solche Bodentiere leben nun nicht nur am, sondern auch im Boden. Dies ist ja auch der Grund, weshalb Karpfen so stark darin wühlen. (Sie können diese Wühlarbeit nach dem Ablassen eines Teiches als kleine Trichter im Schlamm erkennen.)

Selbstverständlich lebt ein Teil dieser Kleintiere auch auf Unterwasser- und Schwimmblattpflanzen und am Unterwasserteil von Gelegepflanzen, wo sie die Algenteppiche abweiden oder in den Pflanzen selbst Unterschlupf finden.

Filtrierer

Sie bilden die wichtigste Gruppe unserer Fischnährtiere. Es handelt sich hierbei um mikroskopisch kleine Rädertierchen *(Rotatorien)* oder Krebsartige, welche die noch kleineren Schwebealgen fressen. Man kann dies unter dem Mikroskop sehr schön am grünen Darm solcher Tiere, z.B. der Wasserflöhe, erkennen. Nicht ganz so gern wie die Wasserflöhe *(Cladoceren)* mit der wichtigsten Familie, den Daphnien, werden von den Fischen die verschiedenen Ruderfüßer oder Hüpferlinge *(Copepoden)* als Nahrung aufgenommen. Sie werden wohl weniger gut schmecken, obwohl auch sie Filtrierer sind und daher die gleiche Nahrung wie die meisten Wasserflöhe aufnehmen. Auch Muschelkrebschen *(Ostracoden)* werden nicht verschmäht. Besonders wichtig sind als Erstnahrung der Fischbrut die ganz anders als ihre Eltern aussehenden Jugendformen aller Kleinkrebse, die Nauplien.

Erwähnt werden muß auch, daß einige Arten der Krebsartigen Räuber sind. Sie leben vor allem nahe von Pflanzen, also vielfach im Gelege. Dort überfallen sie neben den Jugendformen anderer Wasserflöhe und Hüpferlinge auch frisch geschlüpfte Fischlarven.

Im freien Wasserraum leben aber noch andere Tiere, die unseren Fischen als Nah-

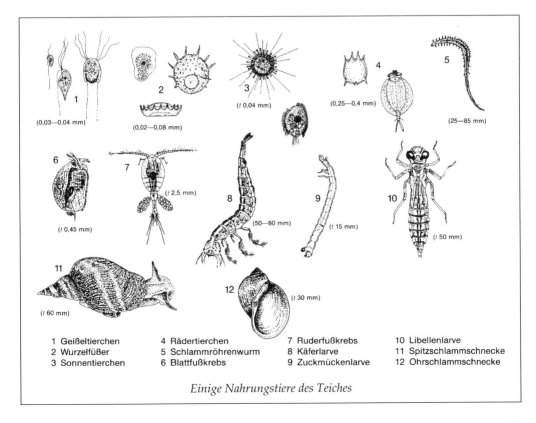

1 Geißeltierchen	4 Rädertierchen	7 Ruderfußkrebs	10 Libellenlarve
2 Wurzelfüßer	5 Schlammröhrenwurm	8 Käferlarve	11 Spitzschlammschnecke
3 Sonnentierchen	6 Blattfußkrebs	9 Zuckmückenlarve	12 Ohrschlammschnecke

Einige Nahrungstiere des Teiches

rung dienen, und zwar viele Insektenlarven, etwa jene der Stechmücken, unserer Gelsen, aber auch solche von Büschelmücken, ferner verschiedene Würmer und Eintagsfliegenlarven. Auch solche Fliegenlarven leben z.B. vom Abweiden der Algenbeläge auf Pflanzen oder anderen Unterlagen.

Bodentiere

Zu diesen gehören ebenfalls verschiedene Eintags- und Köcherfliegenlarven, welche z.T. im Schlamm leben. Im Boden leben aber neben vielen verschiedenen Wurmarten auch die wichtigsten Nährtiere, die Zuckmückenlarven, die recht groß werden und verschiedene Farben aufweisen. Einige Vertreter der wichtigsten Nährtierarten werden Ihnen im Bild S. 79 vorgestellt.

Um in diese Wunderwelt des Kleinlebens im Teich einzudringen, genügen Ihnen die auf S. 77 abgebildeten Geräte: ein billiges Planktonnetzchen, eine helle Schale und eine Lupe, die fünf- bis zehnfach vergrößert. Damit und mit einem einfachen Bestimmungsbuch können Sie viele Stunden lang interessante Entdeckungen machen.

Sollten Sie noch tiefer eindringen wollen, müssen Sie sich ein Mikroskop anschaffen. Schon ein billiges Kindermikroskop wird Ihnen eine Fülle von neuen Erkenntnissen bringen. Damit können Sie schon einen Großteil des Phytoplanktons erkennen.

Tiere ohne wirtschaftlichen Nutzen

Wie öd und traurig ist die reine „Produktionsstätte", wie sie uns in Betonrinnen oder gar Warmwasseranlagen vorgeführt wird. Sie dienen zwar der Produktion von Fischen, gleichen aber einer Fabrik, in der zu arbeiten kein besonderes Vergnügen ist. Uns hingegen ist die Gnade gewährt, in freier Natur eine Arbeitsstätte zu finden, die mit einer Unzahl von Pflanzen und Tieren belebt ist. Dieses Belebtsein lädt auch im

| Teichfrosch | Fraßlöcher im Teichboden nach Bodentiersuche durch Karpfen |

Streß der vielen Pflichten den Teichwirt für besinnliche Minuten zum Schauen und Verweilen ein.

Nun gibt es trotz Liebe zur Natur einige Teichschädlinge, deren Anblick im friedlichsten Fischwirt Mordgedanken aufkommen läßt. Es sind dies vor allem der Teichfrosch sowie Kormoran und Fischreiher. Sie stehen in vielen Ländern unter ganzjährigem Schutz. Trotzdem werden sie von unseren Teichwirten recht ungnädig behandelt, weshalb ich an dieser Stelle versuchen will, die wichtigsten Lebensgewohnheiten jener Tiere, die mit den Schädlingen verwechselt werden können, aufzuzeigen.

Wie oft werden z.B. im Frühjahr die Laichklumpen oder Laichschnüre in Ufernähe ganz bewußt vernichtet. Dabei trifft das immer Tiere, die dem Teichwirt keinen Schaden zufügen.

Bis auf den Teichfrosch sind alle Lurche (Kröten, Frösche, Molche) sehr wichtige und dem Menschen nützliche Tiere, die hauptsächlich von Insekten und Schnecken in Wald und Flur leben. Nur ihre Vermehrung erfolgt im Wasser und geschieht dort ab März (Brauner Grasfrosch), März und April (Erdkröte und Wechselkröte sowie Springfrosch). Erst ab Mai laicht nun unser lieber Freund und Fischbrutvertilger, der **Grüne Wasserfrosch,** auch Teichfrosch genannt.

Die nur nußgroßen Laichklumpen vom März bis Juni stammen vom Laubfrosch. Bei Frühjahrsabfischungen finden Sie häufig den kleinen Teich- und den großen Kammolch, deren Männchen kräftig gefärbte Bäuche haben. Ihre Larven tragen Kiemenbüschel am Hals. Es sind durchwegs Nützlinge.

Auch Schlangen sind in zwei Arten vertreten. Beide leben von Lurchen (Fröschen und Molchen) und kleinen Fischen, wenn sie diese erwischen. Selbstverständlich sind beide Arten, nämlich **Würfelnatter** (bis 100 cm lang) und **Ringelnatter** (bis 130 cm lang), völlig ungiftig.

Vögel

Von den vielen Reiherarten kommt nur der Fischreiher bzw. Graureiher in so großen Mengen vor, daß er nennenswerte Schäden verursacht. Alle anderen Arten, wie Purpur-, Silber-, Seiden- und Nachtreiher, und die beiden Rohrdommelarten sind in so geringen Beständen vorhanden, daß sie von jedem verantwortungsbewußten Menschen im Interesse der Erhaltung bedrohter Tierarten unbedingt geschont werden müssen. Kein Teichwirt hat die paar Jungfische bisher vermißt, die von solchen Tieren gefressen wurden. Andererseits darf nicht vergessen werden, daß von vielen dieser Vögel – genauso wie vom Storch – auch Frösche und Insekten (Heuschrecken und Mäuse sind für Störche eine Delikatesse) vertilgt werden.

Bei fast allen Tierarten zeigt sich eben, daß das überhebliche Schaden-Nutzen-Denken des Menschen, des größten Schädlings unserer Erde, falsch ist. Bedenken Sie bei allen Bekämpfungsmaßnahmen, daß eine einmal ausgerottete Tierart unwiederbringlich verschwunden ist und eine öde, wenig belebte Landschaft jedem gesund denkenden Menschen Anlaß zur Trauer gibt.

Ganz anders ist das immer stärker werdende Auftreten das Kormorans, der Krähenscharbe, zu beurteilen. Diese bei uns nie heimisch gewesenen Vögel sind in der Lage, den Betrieb einer Teichwirtschaft unmöglich zu machen. Eine massive Bekämpfung trotz weltfremder Vogelschutzgesetze wird unvermeidlich sein.

ERNÄHRUNG

Unsere Karpfen sind „Allesfresser". Und nicht nur das, sondern auch Vielfraße, wenn die Temperatur stimmt.

Tierisches Geschwebe, Insekten, Muscheln, Schnecken und Würmer – jede Art von Kleintieren wird vom Karpfen mehr oder minder gern gefressen. Er kapriziert sich nicht auf eine Art, sondern nimmt das, was ihm der Teich gerade zur Verfügung stellt. Wenig angetan ist er nur von Libellenlarven, Wanzen, Milben und Egeln. Selbstverständlich frißt er auch die eigene Brut, die ihm ja als „Zooplankton" vorkommen muß. Aber auch Samen verschiedener Wasserpflanzen, z.B. des Knöterichs, nimmt er gerne zu sich. Das „tägliche Brot" aber bildet die rote Zuckmückenlarve der Bodenregion. Die Naturnahrung gibt dem Fisch die Grundlage seines Wachstums.

Wachstum ist ja nichts anderes als Aufbau von Fleisch, also tierischem Eiweiß. Dieses Körpereiweiß kann nur dann gebildet werden, wenn das Muster der Bausteine dieser Eiweißarten, richtig zusammengestellt, im Futter angeboten wird. Diese Bausteine der Eiweißarten nennen wir Aminosäuren. Ein Großteil der Aminosäuren ist auch im pflanzlichen Eiweiß vorhanden. Nicht jedoch gewisse, die unbedingt zum Aufbau des Fischfleisches notwendig sind. Man nennt solche unbedingt notwendigen Eiweißbausteine „essentielle Aminosäuren". Die Nahrungstiere, deren Körper ja ebenfalls aus tierischem Eiweiß besteht, haben nun ein Muster an Aminosäuren, welches dem des Fisches sehr ähnlich ist. Wir verstehen damit auch, daß der gute Zuwachs unserer Fische ganz entscheidend vom Naturnahrungsangebot abhängt.

Dieses Naturnahrungsangebot ist aber nicht während der ganzen Vegetationszeit gleich. Das höchste Angebot ist normalerweise im Frühling.

Als eifriger Zooplanktonfischer und Bodentiersieber werden Sie sehr bald bemerken, welch ungeheure Menge an tierischer Nahrung im April und Mai im Wasser ist. Nun sind während dieser Zeit nicht nur Zooplanktonmassen, sondern auch die verschiedenen Insektenlarven, besonders die so wichtigen Zuckmückenlarven, in großen Mengen vorhanden. Man hat errechnet, daß ein guter Teich bis zu 7000 kg / ha an Kleintieren beherbergt.

Wenn wir uns nun vor Augen halten, daß Fleischzuwachs ohne tierische Nahrung nicht vonstatten gehen kann, wird uns auch klar, wie wichtig die Beobachtung dieses Nahrungsangebotes im Verlauf der Wachstumszeit ist. Sie werden sehr bald sehen, daß mit dem Ende des Sommers dieser essentielle – also entscheidend wichtige – Anteil der Nahrung von Woche zu Woche weniger wird.

Eine verstärkte Zufütterung von Getreide wird uns dann nicht viel weiterhelfen, wenn wir einen Fisch ohne allzustarke Fettbildung erzeugen wollen. Getreide hat nur wenig Eiweiß, und das Wenige in einer Aminosäurezusammensetzung, die von der tierischen abweicht.

Weil dies eben nicht ganz so einfach ist, wie es manchmal den Anschein hat, müssen wir uns im übernächsten Kapitel mit diesen Fragen etwas intensiver befassen.

DÜNGUNG

Sie ist die beste und billigste Methode, die zur Verfügung steht, die Naturnahrung zu vermehren.

Wir haben ja bei der Besprechung der Nährtiere gesehen, daß der größte Teil dieser Tiere Pflanzenfresser sind. Ein alter Lehrsatz der Teichwirtschaft sagt: Eine Verdoppelung des Naturzuwachses in einem Teich bringt die Düngung, eine weitere Verdoppelung die Fütterung. Die Fischnährtiere leben von lebenden Algen und Detritus. Ein Großteil ihrer Nahrung stammt also aus dem pflanzlichen Bereich. Nun wissen wir, daß Pflanzenwachstum damit angeregt werden kann, wenn wir jene Nährstoffe, die Pflanzen zum Wachstum brauchen, in genügend großer Menge zur Verfügung stellen. Wie schaut es nun mit den Hauptnährstoffen aus? Es sind dies Wasser, CO_2 (Kohlensäure), Kalk, Phosphor, Stickstoff, Kalium, Magnesium und die vielen Spurenelemente.

An Wasser mangelt es nicht gerade.

Desgleichen ist CO_2 in produktiven Teichen mit genügend hohem Kalkgehalt und gesunder Verrottung ausreichend vorhanden.

Wie steht es nun mit den mineralischen Nährstoffen? Von den fünf Hauptnährstoffen sind in halbwegs gesunden Teichen meist drei in genügender Menge vorhanden. Diese sind Kalium, Stickstoff und Magnesium. Deshalb wollen wir zuerst die Düngung mit Kalk und Phosphor behandeln, jenen Nährstoffen, die manchmal nicht ausreichen.

Kalkung

Haben Sie einen Teich von, sagen wir, mehr als SBV 3,0, werden Sie sich eine Düngung mit Kalk ersparen können. Dies heißt nicht, daß Sie nicht Kalk für andere Zwecke verwenden. Wie Sie aus einem früheren Kapitel wissen, sichert uns der hohe Kalkgehalt im Wasser ja auch das Vorhandensein von viel Kohlendioxyd. Was Kalk sonst noch in der Teichwirtschaft leistet, wollen wir uns deshalb zuerst vor Augen führen.

- Düngewirkung, da Kalk einer der pflanzlichen Hauptnährstoffe ist.
- Erhöhung der Karbonathärte stellt Pflanzen mehr Kohlensäure zur Verfügung.
- Aktivierung des Teichbodens und damit Anregung der Verrottungsbakterien. Die Mineralisierung wird beschleunigt, CO_2 wird frei.
- Festgelegte Pflanzennährstoffe, wie Phosphor, Kalium usw., werden mobilisiert. Kalk hat eine so hohe Bindekraft an Bodenteilchen, daß er den Platz von dort gebundenen Nährstoffen einnimmt und diese damit freisetzt.
- Erhalten einer aktiven Schlammoberfläche, einer Art Krümelstruktur, wie in humusreichen Ackerböden.
- Desinfektionswirkung gegen Parasiten und Krankheitserreger.
- Entgiften gefährlicher Metallverbindungen, vor allem des Eisens, welches in Winterungen mit saurem Wasser großes Unheil anrichten kann.

Da wir jedoch gerade beim Kalk Düngewirkung und andere erstrebte Wirkungen schwer auseinanderhalten können, wollen wir uns zuerst die im Handel angebotenen Kalksorten und deren Wirkung und Anwendungsmöglichkeiten ansehen:

Kohlensaurer Kalk (Kalksteinmehl)

Es handelt sich um reinen gemahlenen Kalkstein, mit einem Gehalt von 80 bis 85% $CaCO_3$ (kohlensaurer Kalk), dies entspricht 45 bis 53% CaO (Kalziumoxyd = Brannt-kalk). Ist das Ausgangsgestein jedoch Dolomit, enthält er bis über 15% kohlensaures Magnesium ($MgCO_3$). Er wird dann oft als Graukalk bezeichnet.

Kohlensauren Kalk wird man hauptsächlich zur Teichdüngung verwenden. Er ist nicht geeignet, um Krankheitserreger oder Parasiten zu bekämpfen. Er wirkt langsam, weil der Kalk ja erst aus dem Gestein herausgelöst werden muß. Es gibt keine Er-höhung des pH-Wertes. Er eignet sich auch gut zum Niederschlagen von abgestorbe-nen Schwebealgenmassen. Sie können damit die Sauerstoffzehrung verlangsamen, weil jedes zu Boden sinkende Kalkkörnchen Algen an sich bindet. Damit entstehen kleine Kügelchen, die eine geringere Oberfläche besitzen, als wenn die einzelnen Schwebealgen frei schwimmen. Damit können auch die sauerstoffliebenden Abbau-bakterien nicht in so großen Mengen die Verrottung dieser Algenkörper durchführen, und somit verlangsamt sich der Sauerstoffentzug.

Branntkalk

70 bis 95% CaO und, falls das Ursprungsgestein Dolomit war, auch MgO. Er wird durch Brennen von Kalkstein gewonnen. Dabei wird die Kohlensäure ausgetrieben, und es bleibt der Stückkalk übrig. Gemahlen kommt er als „Feinkalk" in den Handel. Er kann aber auch, nach einem weiteren Verarbeitungsprozeß, als gekörnter Brannt-kalk gekauft werden.

Lagerung und Ausbringung des Feinkalkes sind schwierig, weshalb die Lagerhäu-ser diesen auch nicht ständig auf Lager halten. Branntkalk nimmt in nicht luftdichten Säcken die Kohlensäure der Luft auf und wird dabei zu kohlensaurem Kalk (CaO + CO_2 = $CaCO_3$). Damit vergrößert er sein Volumen. Die Säcke platzen. Die erwünschte Wirkung als Branntkalk ging verloren.

Beim Ausbringen ist Vorsicht geboten, weil auf den Schleimhäuten des Ausbrin-genden der Kalk ablöscht und damit Verätzungen hervorruft. Bei der Anwendung löscht Branntkalk im Wasser sofort ab, er wird zum Hydratkalk $Ca(OH)_2$ und damit zur Kalklauge. In weiterer Folge bindet dieser Hydratkalk wieder Kohlensäure, womit er wieder zum kohlensauren Kalk wird. Er entzieht dem Wasser also freie Koh-lensäure, die zur Assimilation notwendig ist.

Branntkalk wirkt sehr schnell, erhöht den pH-Wert sehr stark und wirkt daher gut gegen Parasiten und Krankheitserreger. Karpfen vertragen solche pH-Werterhöhun-gen bis über pH 10 ohne weiteres, während viele Krankheitserreger und Parasiten ein-gehen. Auch für Bodenkalkung auf den feuchten Schlamm gleich nach der Abfischung zur Desinfektion eignet sich Branntkalk bestens. Hier kommt zur Laugenbildung auch noch die Erwärmung hinzu.

Da gegenüber dem kohlensauren Kalk ungefähr doppelt soviel Reinkalk vorhanden ist, braucht man von diesem auch nur die halbe Menge zu verwenden, falls man ihn als Dünger anwendet.

Hydrat- oder Löschkalk (Ca(OH)$_2$)

Er ist als „Spezialkalk" oder „Extra" im Handel. Dies ist jener Kalk, der von den Maurern auf den Baustellen verwendet wird. Es ist nichts anderes als abgelöschter Branntkalk. Sein Kalkgehalt ist um ein Drittel geringer als jener von Branntkalk, weshalb bei der Anwendung immer ein Drittel höhere Mengen gegeben werden sollten. Seine Wirkung ist gleich der des Branntkalks. Er kann also für Düngung und Bekämpfung von Krankheitserregern verwendet werden, weil auch durch ihn als Lauge die hohen pH-Werte im Teich erzielt werden. Gleichzeitig kann Löschkalk zur Bodendesinfektion verwendet werden.

Bei der Anwendung beider Kalkarten ist zu bedenken, daß die Umwandlung zum kohlensauren Kalk und damit der Abbau der Lauge von einem Tag bis zu einer Woche und länger dauern kann. Also Vorsicht, daß nicht Kalklaugen in darunterliegende Fischwässer ausgeschwemmt werden.

Chlorkalk 3 (CaOCl$_2$)

Zur Bekämpfung von Krankheiten oder zur Desinfektion wird häufig Chlorkalk 3 verwendet.

Dieser chlorhältige Branntkalk verbindet sich im Wasser zu Hydratkalk, wobei das Chlor als Gas frei wird. Die Desinfektionswirkung erfolgt durch dieses Chlorgas.

Die Ausbringung von 10–20 kg/ha kann nur dann gleichmäßig erfolgen, wenn Sie diese kleine Menge vorher mit trockenem Sand gut vermischen, um das Streugut zu vermehren.

Höhe der Kalkgaben

Diese richtet sich nach dem angestrebten Ziel. Das wichtigste dieser Ziele dürfte wohl die Erhöhung des SBV auf zumindest 1,0, besser jedoch auf 2,0 sein. Dies gilt vor allem bei Teichen, die aus Nadelwäldern oder aus Mooren gespeist werden. Eine Steigerung des Kalkgehaltes im Wasser – nicht im Boden – ist deshalb so schwierig, weil alle Kalkarten, die Sie ins Wasser bringen, sehr bald zu kohlensaurem Kalk werden. Dieser ist jedoch nur in Spuren löslich. Will ich nämlich Kalk im Wasser haben, brauche ich viel aggressive, also freie Kohlensäure, die aus dem sehr schwer löslichen kohlensauren Kalk den leicht löslichen doppelkohlensauren Kalk macht, der in Lösung bleibt und sich nicht am Boden absetzt.

Weil Kalk eben so wenig beweglich ist, müssen wir versuchen, ihn möglichst fein verteilt auf der ganzen Fläche gleichmäßig auszubringen. Da wir meistens beim Kalkausbringen nicht die Düngung in den Vordergrund stellen, sondern die Laugenwirkung für Desinfektion oder Krankheitsbekämpfung, wird in der Teichwirtschaft fast immer Branntkalk und, falls dieser nicht greifbar ist, Hydratkalk verwendet.

Weil diese Kalkarten allein durch Aufnahme von CO$_2$ aus der Luft bereits zu kohlesaurem Kalk werden können, ist es sinnlos, sie auf trockenen oder gefrorenen Boden oder auf Eis auszubringen. In solchen Fällen ist es weit gescheiter, den billigen Düngekalk – also hauptsächlich kohlensauren Kalk – zu verwenden.

Brannt- und Hydratkalk gehören unbedingt auf nassen Boden oder ins Wasser!
Je leichter und luftiger die Teichböden sind, desto schneller geht der Humusabbau, also die Mineralisierung, vor sich. In solchen Böden werden sich auch bei schlechter Bewirtschaftung keine tiefen Schlammschichten bilden. Wir wissen nun bereits, daß Kalkgaben die Humusverrottung fördern. Also werden wir in leichten Böden weit zurückhaltender sein müssen als in schweren. Bei der Dosierung müssen wir uns wiederum vor Augen halten, wofür die Kalkgabe gedacht ist.

Aufdüngung

Sie wird nur bei Teichen mit niederem SBV notwendig sein, also meist in Wald- und Moorgegenden. Eine Erhöhung des SBV wird viele Jahre in Anspruch nehmen, auch wenn Sie jährlich mindestens 1000 kg kohlensauren Kalk je ha ausbringen.

Aktivierungskalkung

Dafür reichen weit geringere Mengen von Brannt- bzw. Hydratkalk. Meist sind 100 bis 200 kg/ha Brannt- oder 150 bis 300 kg Hydratkalk pro ha, aufs Wasser gestreut, ausreichend. Die Verabreichung dieser Mengen sollten Sie öfters wiederholen. Bei starken pH-Wertsteigerungen gegen Abend aber bitte keine oftmaligen Branntkalkgaben, weil durch die Bindung an diesen noch mehr CO_2 verbraucht wird!
Die beste Methode zur Aktivierung des Teichbodens wäre Trockenlegung – Kalkung und Einfräsen des Kalkes. In den meisten mir bekannten Teichen ist jedoch eine Bearbeitung des trockengelegten Bodens mit Maschinen kaum möglich, weil starke Schlammschichten solches verhindern. Es bleiben also Kalkung nach der Abfischung und möglichst häufige Trockenlegung im Winter.

Niederschlagen von Algenblüten

Hierfür genügen schon 150 bis 250 kg kohlensaurer Kalk/ha. (Auch Lehm- oder Ziegelstaub tut übrigens dieselbe Arbeit!)

Entseuchung

Hierzu brauchen wir bedeutend höhere Mengen. Rund 3000 kg Branntkalk oder 4500 kg Hydratkalk/ha werden nötig sein, wenn Sie Teiche mit einer normalen Schlammauflage haben. In Teichen mit leichten, sandigen Böden werden jedoch 500 bis 600 kg bereits mehr als ausreichend sein. Die Desinfektionskalkung muß unbedingt auf den **nassen** Boden erfolgen. Also am günstigsten sofort nach dem Abfischen.
Sollte dies wegen zu dicker Schlammauflagen nicht möglich sein, muß eine Wasserkalkung durchgeführt werden. Dies natürlich nur dann, wenn noch keine Fische eingesetzt sind. Vor dem Einsetzen müssen Sie warten, bis die Laugenmenge soweit abgesunken ist, daß sich ein halbwegs normaler Säurezustand unter pH 9 eingestellt hat.
Die Frage, womit man den Kalk ausbringt, ist nicht so entscheidend wie die gleichmäßige Verteilung über die gesamte Fläche. Sehr gut bewährt hat sich oftmaliges Ausstreuen von Brannt- oder Hydratkalk rund um die Futterstellen. Damit zwingt man die Fische samt ihren Parasiten kleinräumig in ein Laugenbad.

Phosphor (P)

Er ist eindeutig der wichtigste Pflanzennährstoff in den Teichen.

Phosphor ist jener Nährstoff, der im Minimum vorhanden ist, d.h. jener Teil des Gesamtangebotes an Nährstoffen, der durch das Pflanzenwachstum als erster aufgebraucht wird.

Nur in jenen Teichen, die erfahrungsgemäß keine Algenblüten hervorbringen, wird sich also eine Düngung auszahlen. Phosphatdüngung ist eindeutig die billigste Methode, mehr Fischfleisch zu erzeugen.

Eine Gabe von 50 bis 150 kg Reinnährstoff / ha wird je nach Fruchtbarkeit des Teiches jährlich ausgebracht.

Aber bedenken Sie bitte, daß Phosphor nicht immer der begrenzende Nährstoff sein muß, denn für das Pflanzenwachstum ist ein Mengenverhältnis von Phosphor (P) zu Stickstoff (N) zu Kohlenstoff (C) von 1:16:106 notwendig.

Phosphor ist – gegenüber Stickstoff z.B. – ein sehr stabiler Nährstoff, der sich im Boden festsetzt und kaum ausgewaschen wird. Dies bedeutet, daß eingebrachte Phosphate noch lange wirksam sind, weil sie wiederum nur langsam aus dem Teichboden gelöst werden können.

Alle im Handel angebotenen Düngemittel sind im Teich anwendbar.

Die Phosphorsäure von Super- und Hyperphosphat kann durch Branntkalk in schwerer lösliche Verbindung übergeführt werden. Aus diesem Grund sollte man zwischen der Gabe von Branntkalk und solchen Phosphat-Düngemitteln einen Abstand von 3 bis 4 Wochen einhalten.

Eine Phosphatdüngung im Spätsommer ist immer bedenklich, weil man damit eine übermäßig starke Algenblüte hervorrufen kann. Algenblüten um diese Jahreszeit sind aber gefährlich, weil der Algenbestand leichter abstirbt und einen Sauerstoffzusammenbruch hervorrufen kann.

Sollte nach einer Phosphatdüngung in einem Teich keine Grünfärbung – Vegetationsfärbung – eintreten, untersuchen Sie bitte zuerst, ob übermäßig viel tierisches Plankton vorhanden ist. Während der Zeit solcher Zooplankton-Explosionen werden die Teiche auch nach Düngung kaum grün. Dies ist jedoch nicht bedenklich, weil ja genügend Nahrung für die Fische da ist. Ansonsten sollte man bei klarbleibenden Teichen sofort Schritte unternehmen, weil die Fische wahrscheinlich krank sind. Es ist ein Zeichen, daß sie nicht im Boden nach Nahrung suchen.

Stickstoff (N)

Seine Verabreichung ist weniger wichtig als jene von Phosphor.

Die Hauptquelle der Stickstoffversorgung bildet, neben dem Eintrag aus der Umwelt, die Mineralisierung von Detritus – den Humusbestandteilen – durch die Bakterien. Die Mineralisierung macht ja die gebundenen Mineralstoffe im Pflanzen- und Tierkörper wieder frei und – im Wasser gelöst – zum pflanzenaufnehmbaren

Nährstoff. In gesunden, aktiven Teichen wird es also kaum zu Stickstoffmangel kommen.

Anders wird dies in armen Teichen sein. In solchen herrscht ja meist Mangel an allen Nährstoffen, und eine Nährstoff-Düngung wird von Vorteil sein. Das gleiche gilt für neue Teiche, in denen die alte Humusschicht nicht mehr aufgebracht wurde.

Ich muß nochmals darauf hinweisen, daß Stickstoff im Wasser zum allergrößten Teil in Form von Ammonium vorliegt. Bei pH-Werten über 8,5 wird ein immer größerer Teil des Ammoniums zum giftigen Ammoniak. Also bitte unbedingt pH-Wert-Messungen vor Stickstoffdüngungen!

Als Stickstoffdüngemittel bewährt sich am besten „Harnstoff" (Urea) mit hohem N-Anteil oder „Schwefelsaures Ammonium".

Kalium (K)

Auch für diesen Nährstoff gilt ähnliches wie für den Stickstoff. Er steht normalerweise in genügend großer Menge zur Verfügung. Kalidüngung bringt Ihnen kaum jemals eine Zuwachssteigerung.

Magnesium (Mg)

Mängel an diesem Nährstoff sind nicht bekannt.

Spurenelemente (Spurennährstoffe)

Wie wichtig ihre Verarbeitung ist, wurde in der Teichwirtschaft noch nicht untersucht. Da jedoch die ausreichende Versorgung mit Spurenelementen für Tier und Pflanze enorm wichtig ist, wird es sicher sinnvoll sein, alle paar Jahre ein Düngemittel zu verwenden, das reich an Spurenelementen ist.

Allerdings sind heutzutage schon die meisten Gewässer und damit auch Karpfenteiche ausreichend mit Pflanzennährstoffen versorgt. Solche Nährstoffe – vor allem Stickstoff – stammen nicht nur von den Zuläufen, die mit Abwässern aus Haushalten, Industrie und stark gedüngten landwirtschaftlichen Flächen beladen sind, sondern auch zu einem bedenklich großen Teil aus der Luft!

Organische Düngemittel

Von alters her werden wirtschaftseigene Düngemittel in der Teichwirtschaft häufig gebraucht. Es handelt sich hierbei um Stallmist, also Rinder-, Schweine-, Hühnermist bzw. um Gülle, ein Kot-Harngemisch, oder um Jauche. Diese Düngemittel bringen uns

Kalkstreuen mit Schaufel

Uhrwerkautomaten –
links Förderband mit Futter

Desinfektionskalkung auf feuchtem Schlamm
sofort nach der Abfischung

Bei schwankenden Wasserständen
höhenverstellbarer Pendelfutterspender

Eggen des abgetrockneten Schlammes zur
Durchlüftung

Grasfischfütterung mit Mähgut mittels
Ladewagen

neben den mineralischen Pflanzennährstoffen auch Humus; aus dem Humus wiederum durch die Verrottung viel Kohlensäure, aber auch Stickstoff. Nur **Jauche** bringt uns, weil größtenteils aus reinem Harn bestehend, kaum Humus, jedoch viel Stickstoff und Kalium. Obendrein ist die Anwendung von Jauche auch wegen des hohen Ammoniak- und Ammoniumgehaltes gefährlich. Dasselbe gilt wohl auch für die Ausbringung von **Gülle** in besetzte Teiche.

Stallmist hingegen – egal von welcher Tierart – ist ein erstklassiges Teichdüngemittel. Auf armen Böden, oder als Initialzündung zum Anspringen neuer Teiche, hat sich die breitflächige Ausbringung auf den Boden und eventuell Eineggen bestens bewährt. In Ufernähe auf kleine Haufen gesetzt, dient Stallmist als Futterzentrale für vorgestreckte Fische. Wasserflöhe und Hüpferlinge sowie andere Kleinsttiere vermehren sich an solchen Misthäufchen in Massen. Aber auch Gras, Heu oder Stroh, in Ufernähe eingebracht, wirken ähnlich wie Stallmist. Es entstehen Massen von Nährtieren, für die im Vorstreckteich rege Nachfrage besteht.

Gründüngung

Auch diese ist ein wirtschaftseigener organischer Dünger und wird hauptsächlich in Vorstreck- und Streckteichen angewandt. Diese Teiche werden ja erst später besetzt und können im Frühjahr einen Pflanzenbestand hervorbringen: entweder den natürlichen Aufwuchs oder, falls solche Teiche bearbeitet werden können, auch eine Ansaat von Getreide und Wicken. Solche Pflanzenbestände sollten nicht allzu hoch werden, damit nach dem Überstauen keine zu starke Sauerstoffzehrung entsteht.

Entenhaltung

Auf schweren Böden und damit nährstoffreichen Teichen sollte keine Entenhaltung im großen Stil stattfinden, weil das Wasser organisch zu sehr belastet wird, was leicht zu Kiemenkrankheiten führen kann. Auf sehr nährstoffarmen Teichen müßte eine Entenproduktion jedoch ohne Probleme möglich sein.

FÜTTERUNG

Die Grundlage der Ernährung unserer Fische ist die „Naturnahrung", also jene Tiere und Pflanzen, die im Teich selbst wachsen und von uns nur durch Düngung gefördert werden. Da der Karpfen ein Allesfresser ist und er im Teich vor allem seine Eiweißgrundlage findet, können wir uns darauf verlegen, ihm als Zufutter die beiden anderen Hauptnährstoffe der tierischen Ernährung zuzufüttern.

Dies sind Kohlehydrate und Fette. Wir werden also Beifuttermittel suchen, die hauptsächlich Kohlehydrate in möglichst billiger Form darbieten. Die dabei franko mitgelieferten Fette sind heute bereits ein notwendiges Übel, denn auch bei Fischen will der Mensch möglichst wenig Fett konsumieren. Viel Fett im Futter bringt natürlich hohe Energiemengen und damit mehr Fett im Tierkörper. Wir brauchen diese Energie aber nur für überwinternde Fische.

Die billigsten Kohlehydrate wären in Form von Getreide darzubieten.

Mais

Er ist das energiereichste Getreide und eine Delikatesse für Karpfen. Wegen der Größe der Körner sollte Mais geschrotet werden, womit er sich aber verteuert. Obendrein gibt er schlechte Fleischqualität, weil Fische bei Maisfütterung viel dünnes, öliges Körperfett bilden. Solche Fische sind wegen ihres unguten Fettgehaltes nur schwer an den Mann zu bringen. Negativwerbung für den Fischkonsum! Auch toleranten Karpfenessern kann man den Karpfenschmaus damit abgewöhnen! Mais ist ein erstklassiges, energiereiches Futter für **Besatzfische.** Solche Fische werden ja nicht gegessen, weshalb uns weder der Geschmack noch ein hoher Fettgehalt Kopfzerbrechen bereiten müssen. Ganz anders ist es bei der Fütterung von **Speisefischen.** In meinen Augen ist die Verfütterung von Mais an Speisefische fast ein Verbrechen! Der überfette „Maisfisch" vergrault uns nahezu jeden Konsumenten, der einmal ein solches Mahl auf dem Teller gehabt hat.

Wollen wir eine höhere Rendite und bessere Preise, werden wir jedoch mit aller Kraft versuchen müssen, durch noch bessere Qualität unseres Produktes eine Konsumsteigerung zu erzielen.

Weizen

Weizen ist recht energiereich und hat leider ebenfalls ein Fett von dünner Konsistenz. Auch weizengefütterte Fische bilden kein gutes kerniges, sondern weiches Körperfett. Dies ist jedoch weit weniger ausgeprägt als bei Maisfütterung. Da Futterweizen meist eine der billigsten Getreidearten ist, wird er häufig verwendet. Vorsicht ist aber bei überlagertem, muffig gewordenem Getreide angebracht!

Roggen

Gern gefressenes Getreide, das dem Karpfen sehr guten Geschmack und Fettkonsistenz verleiht. Man sollte aber zwei bis drei Wochen vor Beendigung der Fütterungsperiode den Roggen vom Speiseplan absetzen. Angeblich haben nämlich mit Roggen gefütterte Fische im Muskelfleisch kleine Blutergüsse, die das Fleisch unansehnlich machen.

Gerste

Sie wird trotz ihrer Kantigkeit gerne genommen und erbringt gutes, geschmackvolles Fischfleisch mit kernigem Fettanteil.

Biertreber

Sie sind eine der größten Delikatessen für Karpfen, haben jedoch einen sehr geringen Nährwert. Als Lockmittel zum Anfüttern eignen sie sich hingegen gut.

Bitterlupine

Bis vor einigen Jahren war Bitterlupine zu recht günstigen Bedingungen zu erhalten. Sie verleiht dem Karpfen eine erstklassige Fleischqualität. Er frißt Lupine nicht sehr gierig und spuckt die Stücke – Lupine muß gequetscht oder geschrotet angeboten werden – so lange aus, bis sie im Teichwasser gequollen sind und offensichtlich einen Teil der Bitterstoffe abgegeben haben.

Bitterlupine hat auch den großen Vorteil, daß sie von Warmblütlern ungern aufgenommen wird.

Süßlupine

Sie ist ebenfalls kaum zu haben und auch teurer als Bitterlupine, kann aber ebenfalls mit gutem Erfolg verfüttert werden.

Sojaschrot

Dieser kann heute manchmal schon zu Preisen gekauft werden, die nicht viel höher als die Getreidepreise sind. Er wird von Karpfen jedoch nicht sehr gerne gefressen. Das Eiweiß von Soja hat andererseits ein recht günstiges Aminosäuremuster. Sojaschrotfütterung könnte sich also im Herbst, wenn das Naturnahrungsangebot im Teich stark verringert ist, als gutes Ergänzungsfutter anbieten.

Ölkuchen

Kürbiskern-, Raps-, Rübsen- und Baumwollkuchen usw. können bei entsprechend günstigem Preis sehr gut eingesetzt werden. Intensiv schmeckende Kuchen (z.B. Raps) müssen aber im Herbst rechtzeitig durch neutrale Futtermittel ersetzt werden, damit die Fische nicht danach schmecken.

Fischmehl

Es ist die teuerste Futterkomponente, wird aber liebend gern gefressen und hat das volle Aminosäuremuster, welches Fische brauchen. Fischmehlzusätze zum Futter sind also dann notwendig, wenn es auf die Vollversorgung der Fische mit allen Aminosäuren ankommt. Dies ist normalerweise im Frühjahr sofort nach der Winterung der Fall.

Fleisch- und Blutmehle

Sie sind ähnlich wie Fischmehl einzustufen, jedoch nicht immer erhältlich und wegen leichter Verderbnis mit Vorsicht zu verwenden.

Sämtliche Futtermittel sollten trocken und luftig gelagert werden. Verschimmelte Futtermittel bilden leicht giftige Substanzen. Es scheint zwar, daß Fische durch schimmeliges Futter nicht so stark beeinträchtigt werden wie Warmblüter, trotzdem wird es vorteilhaft sein, sich auf solche Versuche nicht einzulassen.

Fertigfuttermittel

Einige der oben erwähnten Futtermittel werden in Fertigfuttermitteln mit Zusätzen von Mineralstoffen und Vitaminen verarbeitet und in verschiedenen Korngrößen als Preßlinge (Pellets) angeboten. Normalerweise werden sie in der Karpfenteichwirtschaft wegen ihrer hohen Preise nur zu bestimmten Zwecken verwendet. Wir haben bereits die Konditionsfütterung am Ende der Winterung erwähnt. Aber auch Medizinalfütterung gegen Darmparasiten oder Bakterieninfektionen können mit pelletiertem Futter bestens durchgeführt werden. Da die meisten dieser Pellets aber im Wasser schnell zerfallen, sollten sie nur über Futterautomaten angeboten werden.

Die Entwicklung am Preßlingsmarkt ist aber so rasant, daß schon viele Teichwirte während der ganzen Wachstumszeit Preßlinge verabreichen. Da alle Pellets, auch jene mit geringem Eiweißanteil, teurer als Getreide sind, ist ihr Einsatz zur Zeit reichen Naturnahrungsangebotes reine Geldverschwendung. Auch führt ein solches Tun dazu, immer größere Fischmengen zu erzeugen, was schon fast zu einer Art Massentierhaltung führt, welche den guten Ruf der Karpfenteichwirte als naturnahe Produzenten gefährdet!

Futterquotient (FQ)

Diese Zahl gibt an, wieviel kg Futter ich pro kg Zuwachs aufwenden muß.

Wie Sie bereits wissen, stammt der Gesamtzuwachs des Fisches im Teich aus einem Drittel Naturzuwachs, dem zweiten Drittel Düngezuwachs – natürlich auch Naturnahrung – und dem dritten Drittel Beifutterzuwachs. Nehmen wir als Beispiel an, Sie hatten in einem Teich 1000 kg Zuwachs und verfütterten Getreide in der Menge von 2000 kg. Dies würde also bedeuten, daß Sie einen FQ von 2 hatten (2 kg Futter auf 1 kg Zuwachs). Laut vorher Gesagtem dürften aus diesem Beifutter also rund 333 kg Fischfleisch gewachsen sein (1/3 des Gesamtzuwachses). Diese theoretischen Überlegungen können natürlich weitergesponnen werden, und zwar dahingehend, daß der „absolute Futterquotient" für das Beifutter nicht FQ 2, sondern FQ 6 beträgt (2000 kg : 333 kg Zuwachs = 6).

Andererseits wissen wir nun, daß der absolute Futterquotient von Getreide im Durchschnitt zwischen 4 und 5 kg schwankt (würden Sie 1 kg Zuwachs allein mit Getreide erzielen).

Die logische Folgerung aus dem Mehrverbrauch an Beifutter wäre natürlich, daß eine der beiden anderen Arten des Zuwachses, nämlich der Naturzuwachs oder der Düngezuwachs, nicht voll ausgenützt wurden. Da der Naturzuwachs immer ausgenutzt wird, kann also nur ein mangelnder Düngezuwachs die Ursache sein.

Dies war auch einer der großen Fehler der meisten Teichwirte, daß eben der weit billigere Düngezuwachs schlecht und der so teure Futterzuwachs übermäßig hoch genutzt wurde.

In der Praxis arbeiten wir also in der Karpfenteichwirtschaft mit dem „relativen FQ". Relativ deshalb, weil als Maß ja nur die Menge des Beifutters zur Verfügung steht. Was die Fische aus Natur- und Düngungsnahrung zu sich nehmen, können wir ja nicht exakt messen.

Um Ihnen jedoch einen Überblick über die Futterwerte einzelner Futtermittel zu geben, wollen wir einige absolute Futterquotienten für wichtige Futtermittel angeben (absolut bedeutet somit, daß Fische nur mit diesem einen Futtermittel ohne irgendeine andere Nahrung wachsen müßten).

Futtermittel	Futterquotient
Mais, Lupine, Sojaschrot	rund FQ 4
Weizen, Roggen, Gerste	rund FQ $4^1/_2$– 5
Kartoffeln	rund FQ 7–9
Biertreber	rund FQ 20–25
Fertigfuttermittel	rund FQ 0,8–2,0

Sie sehen somit, daß sehr hohe relative Futterquotienten, wie sie immer wieder vorkommen, von 2,5, 3 und 3,5 irgendeinen Fehler in der Bewirtschaftung signalisieren. Meist mangelt es schon an der Teichpflege, so daß ungenügend Naturfutter erzeugt wird, und weiterhin an einer vernünftigen Düngung. Sonderbarerweise meinen viele Teichwirte, daß Düngung zu teuer käme. Dies ist sogar bei den heutigen Düngerpreisen irrig, denn den billigsten Zuwachs erreichen Sie auf jeden Fall über die Düngung und Teichpflege.

Dies gilt natürlich ganz besonders für Silber- und Marmoramur, die ja überhaupt keine Beifutter aufnehmen und nur über eine vernünftige Düngung zu hohen Zuwächsen gebracht werden können.

Für den Amur, den Graskarpfen, gilt besonders für Freizeitteichwirte, die den Fisch auch in Teiche einsetzen, in denen für sie keine Nahrung vorhanden ist, daß unbedingt rohfaserreiches Grünfutter zugefüttert werden muß. Der ein- und zweisömmrige Amur braucht feinere Gräser und eventuell Klee. Größere Fische verwerten sämtliche auf Dämmen und Unland wachsenden harten Pflanzen ebensogut wie normales Wiesengras.

Die Größe der einzelnen Futterkörner richtet sich voll und ganz nach der Größe der Fische: von feinem Schrot bei K_V–K_1, über gröberen und groben Schrot bis zum ganzen Getreidekorn. Lediglich Mais und Lupine müssen immer grob geschrotet oder gequetscht werden.

Sehr hartes Futter wird oft erst angenommen, wenn es im Wasser erweicht ist. Aus diesem Grund wird Frischfutter manchmal angenommen, aber wieder ausgespuckt. Dies ist kein Zeichen, daß solche Futtermittel überhaupt abgelehnt werden.

Mit Hilfe der Schlundzähne zermahlen Cypriniden auch relativ große Futterbrocken. Ab einer Größe von rund 400 Gramm kann man an Karpfen ohne weiteres nichtgemahlenes Getreide verfüttern.

Manche Teichwirte sind der Meinung, bei geschrotetem Futter sei die Aufschließung im Darm leichter möglich. Dies mag richtig sein. Andererseits verlieren Sie durchs Schroten den Staubanteil, der ja im Wasser wegschwimmt und von den Fischen kaum aufgenommen werden kann. Eine Gegenüberstellung von eventuell schlechterer Auswertung im Darm gegenüber dem Verlust an Staub und Kosten des Schrotens geht ganz sicherlich zugunsten des Verfütterns ganzer Körner aus.

Bei der Berechnung der Menge von Beifuttermitteln, die wir zu geben haben, hilft uns wieder der FQ. Bei Teichen mit optimalem Natur- und Düngezuwachs müßte mit einem FQ von 1,3 bis 1,5 das Auslangen gefunden werden. Dabei müßte trotzdem ein hoher Zuwachs erreichbar sein. Da wir jedoch alle keine Genies und Wissenschaftler sind, wird uns ein Futterquotient von 2 noch immer zufriedenstellen. Erst Quotienten, die über 2,5 hinausgehen, werden langsam bedenklich.

Es gibt allerdings eine andere Schulmeinung, die der Ansicht ist, daß man so viel füttern müsse, wie die Fische aufnehmen.

Ich habe aber die Erfahrung gemacht, daß solch stark gefütterte Fische so fett werden, daß sie kaum noch der Konsumentenerwartung entsprechen.

Wenn wir einen Zuwachs von beispielsweise 800 kg pro ha annehmen und einen FQ von 2 anpeilen, ergibt sich also, daß wir für dieses Jahr 2 x 800 = 1600 kg Beifutter benötigen werden. Da unsere Fische als wechselwarme Tiere desto mehr Futter aufnehmen, je wärmer das Wasser ist, müssen wir von den 1600 kg ungefähr die Hälfte, also 800 kg, für die wärmsten Monate Juli und August vorsehen. Die restliche Hälfte verteilt sich auf die Monate Mai, Juni und September, eventuell April und Oktober.

Bei der Speisefischerzeugung wird man kaum unter 15 bis 16 Grad Celsius Wassertemperatur zu füttern beginnen. Um diese Zeit ist auch genügend Naturnahrung vorhanden, so daß es auf einige Tage mehr oder weniger Beifütterung nicht sosehr ankommt. Im Herbst füttert man solange, wie die Fische gut fressen. Auf jeden Fall beendet man die Fütterung aber zumindest eine Woche vor dem Abfischtermin, damit die Belastung, der Streß der Abfischung nicht auch noch mit einem vollen Bauch zusammentrifft. Dies soll jedoch nicht heißen, daß Sie bei tiefen Wassertemperaturen nicht mehr füttern sollten. Ganz im Gegenteil! In Winterungen, in denen Sie Ihre Besatzfische fürs nächste Jahr halten, sollten Sie unbedingt hochwertige Fertigfuttermittel über Futterspender fast den ganzen Winter hindurch anbieten. Am besten bewährt hat sich dabei der Einsatz von Pendelfutterspendern, die mit hochwertigen Pellets gefüllt sind.

Die alte Weisheit, die besagt, daß Karpfen eine Art Winterschlaf halten und dabei nicht fressen, stimmt sicher nicht, wie Ihnen erfahrene Angelfischer bestätigen werden.

Anzunehmen ist allerdings, daß die Verwertung des Futters im Darm bei niederen Temperaturen schlechter ist als im Sommer.

Je öfter wir Beifutter anbieten können, desto besser ist dessen Verwertung, desto niedriger also der FQ. Vielen Teichwirten ist die Arbeit des täglichen Fütterns zuviel, weshalb nur zwei oder dreimal wöchentlich gefüttert wird. Dies führt auf jeden Fall zu einer schlechteren Futterverwertung, denn die Fische stürzen sich nach der Futtergabe auf das Beifutter und vernachlässigen die „Arbeit des Naturfuttersuchens". Sie fressen sich dann so voll, daß hell gefärbte „Stoppeln", die fast nur aus schlecht verdautem Getreide bestehen, an der Oberfläche schwimmen. (Stoppeln nennt man die zylindrischen Kotstückchen von Fischen.) Bei einem starken Anteil von Naturnahrung im Kot ist er weit dunkler und sinkt bald ab.

Sie sehen also, daß tägliche Fütterung unbedingt vorzuziehen ist. Noch besser wäre allerdings eine noch öftere Verabreichung. Dies kann wegen Arbeitsbelastung ohne Futterautomaten kaum durchgeführt werden.

Futterspender

„Scharflinger Futterautomat" oder Uhrwerkautomat

Das Prinzip dieses Automaten und seiner meist blechernen Nachahmer besteht darin, daß ein alle 12 Stunden aufzuziehendes Uhrwerk ein Transportband bewegt, auf welchem das Futter ruht. Durch die langsame Bewegung des Transportbandes wird ständig etwas Futter ins Wasser gestreut. Dieser Automat bewährt sich hervorragend für die Fütterung vom Brütling bis zum einsömmrigen Fisch.

Er kann nur kleine Mengen Futter ausbringen und muß alle 12–24 Stunden erneut aufgezogen und gefüllt werden.

Der Pendelautomat

Es handelt sich im Prinzip um einen Trichter, in dessen Verengung ein Kegel oder Blättchen eingebaut ist, welches fix mit einer ins Wasser hängenden Stange verbunden ist. Durch die Bewegung der Stange durch die Fische wird Futter aus dem Trichter ins Wasser entlassen und dort schon beim Absinken gefressen. Solche Futterspender können in jeder beliebigen Größe gekauft werden. Es ist lediglich darauf zu achten, daß die ins Wasser hängende Stange kein scharfkantiges Ende aufweist, an dem sich die gierigen Karpfen verletzen könnten. Damit die Fische die Bedienung des Automaten schnell erlernen, hat sich nach dem erstmaligen Aufstellen das Herumbinden von zähem Brot am Pendel gut bewährt.

Beachten müssen Sie nur, daß die Mündung des Automatentrichters so weit vom Wasser entfernt ist, daß kein Spritzwasser mehr hineingelangen kann. Wird die Öffnung nämlich naß, verklebt sich das Futter dort, und der Automat funktioniert nicht mehr.

Höhenverstellbarer Futterautomat

Auch Wasservögel können einen relativ großen Anteil des von uns angebotenen Futters stibitzen. Dagegen bewährt sich das Aufstellen eines Drahtkorbes, der vom Teichboden bis zum Unterrand des den Automaten tragenden Gestelles reichen muß. Es gibt bei den Vögeln Genies, die bei Körben, die nicht tief ins Wasser eintauchen, den Eingang von unten finden oder von oben eindringen. Die Maschenweite des Gitters muß natürlich der Fischgröße angepaßt sein.

Der Solarfutterspender
Als neueste Entwicklung erfolgt hier die Abgabe des Futters durch einen Elektromotor, der seine Energie über Solarzellen bezieht. Solange ihn Licht trifft (nicht nur bei Sonnenschein), arbeitet er.

Sollten wir täglich füttern, was Sie bei Nichtverwenden von Automaten unbedingt anstreben sollten, werden Sie die Fütterungszeit in die Morgenstunden legen. Die Begründung hierfür ist der hohe Sauerstoffbedarf während der Verdauungszeit. Wie Sie ja bereits wissen, nimmt am Tag der Sauerstoffgehalt des Wassers zu, in der Nacht hingegen ab. Fütterung zur Abendzeit ist also ungünstig.

Futtermenge

Füttern Sie nur so viel, wie die Fische in drei bis sechs Stunden vollständig auffressen können. Dies als Faustregel zur täglichen Futtermenge. Können Sie nach dieser Zeit eine Kontrolle nicht durchführen, vergessen Sie bitte nicht am nächsten Tag, bevor Sie die neue Futterration in den Teich schütten wollen, zu kontrollieren, ob tatsächlich vollständig aufgefressen wurde. Falls dies nicht der Fall ist, und Sie schütten trotzdem frisches Futter nach, beginnt das alte Futter sauer zu werden und zu faulen. Sie zerstören damit Ihren Futterplatz, weil nach dem Verderben von Futter die Fische nicht mehr an diese Stelle gebracht werden können.

Wurde nicht aufgefressen, gibt es normalerweise zwei Gründe:
a) Sie haben zuviel gefüttert,
b) die Fische sind krank. Eine sofortige Untersuchung ist notwendig!

Futtertisch zur Verhinderung der Bildung einer Vertiefung im Teichboden bei Handfütterung

Eine weitere Methode zur Bestimmung der täglichen Ration ist das Wissen um das Fischgewicht im Teich und die Verabreichung von zwei bis sechs Prozent dieses Gewichts je nach Wassertemperatur als Tagesration.

Gerade zur Kontrolle, ob auch gefressen wurde, haben viele Teichwirte einen Futtertisch errichtet: eine Plattform mit erhöhtem Rand, damit das Futter nicht abgeschwemmt werden kann. Manche dieser Futtertische sind sogar mit ingeniösen Hebevorrichtungen versehen, damit man sie zur Kontrolle aus dem Wasser heben kann.

Karpfen und Schleien sind jedoch Bodenfische. Sie lieben es, ihr Futter vom Boden aufzunehmen. Aus diesem Grund werden wir also keinen teuren Futtertisch errichten, sondern füttern bei kleineren Teichen vom Ufer über Stege und bei großen Teichen vom Boot um Pfähle oder Bojen herum, die wir in entsprechenden Abständen ins Wasser geschlagen oder verankert haben. Eine Futterstelle je Hektar reicht aus. Der einzige Nachteil der Fütterung am Boden ist das Entstehen von Vertiefungen innerhalb weniger Jahre. Eine Verlegung der Futterstellen nach mehreren Jahren bereitet jedoch weniger Arbeit und Kosten als die Errichtung von Futtertischen. Die Fähigkeit dieser Fischarten, Schlamm wegzuputzen, kann zum Freihalten von Abfischgruben und Gräben genutzt werden.

Fütterung von Setzlingen

Viele Fehler und damit Winterungsverluste werden bei der Fütterung von Besatzfischen, vor allem von K_1, gemacht.

Deshalb soll die Fütterung von Setzlingen etwas genauer behandelt werden. Sinngemäß gilt das folgende natürlich auch für Strecker.

Sie haben Ende Juni, Anfang Juli mit zugekauften K_V besetzt oder schon vom Mai an aus eigenen Vermehrungen K_V gezogen. Als ökonomisch denkender Teichwirt haben Sie versucht, die Nahrung dieser kleinen Fische in Form von Naturnahrung, dem Zooplankton, zur Verfügung zu stellen. Zusätzlich zu der im Teich vorhandenen Naturnahrung haben Sie ab Ende Juli, Anfang August vorsichtig begonnen, Beifutter einzusetzen. Bei starker Naturnahrung hat es vollständig genügt, Getreideschrot – am besten Mais – zu verwenden. Bei geringem Naturnahrungsangebot (Planktonfischen zur Kontrolle ist notwendig!) wird sich die Verabreichung von „Konditionsfutter" mit starkem Fischmehlanteil bezahlt machen. Solches Futter ist in Form von Preßlingen im Futtermittelhandel erhältlich.

Kleinere Teichwirtschaften können auch eine Eigenerzeugung vornehmen: 75% Maisschrot, 20% Fischmehl und 5% Futterhefe gut vermischen und so viel Wasser zusetzen, daß ein harter Teig entsteht. Diesen zu Knödeln (Klößen) geformt ins Wasser legen. Auch Medizinalfutter kann auf diese Art selbst gemacht werden, falls Sie vom Tierarzt die Rezeptur erhalten haben.

Zusätzlich zu dieser Fütterung, die den K_1 ein entsprechendes Fettpölsterchen für die Überwinterung vermitteln soll, muß aber auch die Krankheitsbekämpfung bedacht werden. (Siehe Kapitel über Krankheiten.)

Während des Winters müssen Sie die Winterungsteiche genau beobachten. Abgesehen vom Sauerstoffmangel, bei dem die Fische „aufstehen", beginnen diese bei längeren Wärmeperioden oft zu schwimmen. Während des Winters herrscht aber Mangel an Naturnahrung, weshalb Sie hochwertige, eiweißreiche Futtermittel, versehen mit dem erforderlichen Aminosäuremuster, verfüttern sollten. Solche Futtermittel sollten den physiologisch vollwertigen Forellenfuttermitteln gleichen oder ähneln, also rund 40% Rohprotein enthalten. Versuchen Sie nur Futtermittel zu verwenden, die nicht schnell im Wasser zerfallen. Falls Sie nicht, wie bereits empfohlen, auch im Winter füttern, müssen Sie die Anfütterung bitte vorsichtig und langsam durchführen, damit solches Futter nicht im Wasser liegen bleibt, wo es zu starken Fäulnisvorgängen führt. Schweinemastkorn ist nicht das geeignete Fischfutter, weil es zu schnell zerfällt und verfault, obendrein kein oder viel zu wenig tierisches Eiweiß enthält.

Sobald im Frühjahr das Eis zu schmelzen beginnt, fangen die Fische verstärkt zu schwimmen an. Nun sollte wiederum ein mit Fischmehl angereichertes Karpfenfutter zum Anfüttern verwendet werden. Erst wenn die Fische dieses Futter gut aufnehmen, beginnt die eventuelle Verfütterung von Medizinalfuttermitteln.

VERMEHRUNG

Wir wollen von unseren Elterntieren, den Laichfischen, eine möglichst gesunde und starke Nachkommenschaft. Diese soll aber auch der Konsumentenerwartung entsprechen, sie sollte ansehnlich sein. Ansehnlich ist ein Fisch dann, wenn er eine schöne, gleichmäßige Beschuppung, gut ausgebildete Flossen und einen harmonischen Körperbau aufweist. Um dies zu erreichen, werden wir somit schon bei der Auswahl unserer Laichfische solche Gesichtspunkte zugrunde legen.

Da wir kräftige und gesunde Nachzucht haben wollen, müssen wir kräftige, gesunde Elterntiere im besten Körperzustand, in bester Kondition, verwenden. Dies erreichen wir dann, wenn wir ihnen ein Leben wie im Paradies ermöglichen. Also Haltung in nur schwach besetzten Teichen mit viel Naturnahrung sowie erstklassige Winterung ohne Belastung durch zu starke Durchströmung einerseits oder Abwässer mit Sauerstoffmangel andererseits.

Alle Cypriniden produzieren eine sehr große Menge von kleinen Eiern, weil unter natürlichen Bedingungen ein Großteil dieser Eier bzw. geschlüpften Larven zugrunde geht. Sie fallen einer Unmenge von Laichräubern zum Opfer.

Die Eier aller Krautlaicher sind stark klebrig, damit sie beim Laichakt an den Wasserpflanzen haften bleiben. Die Befruchtung erfolgt nach dem Ausstoßen der Eier, weil Rogner und Milchner zur gleichen Zeit ihre Geschlechtsprodukte abgeben.

Die Eier der Ostasiaten kleben nicht, sondern quellen nach der Befruchtung stark auf, damit sie fast so leicht wie Wasser werden und im fließenden Wasser ihrer heimatlichen Ströme schwebend flußabwärts treiben können.

Wären die Verluste nicht so hoch, könnten wir mit einer guten Karpfenmama rund 1,000.000 Jungfische ziehen. (Man rechnet mit 200.000 Eiern pro kg Rogner.)

Leider, oder Gott sei Dank, wachsen aber auch unsere Bäume nicht in den Himmel. Wir müssen uns ganz schön anstrengen, damit wir die notwendige Nachzucht in jedem Jahr zum Besatz der Teiche zustande bringen.

Damit es jedoch zum natürlichen Laichvorgang kommt, bedarf es einiger Voraussetzungen. Als erstes braucht der Fisch zur Entwicklung und Reifwerdung seiner Geschlechtsprodukte – eben der Eier (Rogen) und des Samens (Milch) – eine gewisse Wärmemenge.

Sie wird in der Summe von Tagesgraden ab 1. Jänner des Ablaichjahres ausgedrückt und beträgt z.B. beim Karpfen rund 1000 Tagesgrade. (Ein Tagesgrad ist die durchschnittliche Wassertemperatur des erwähnten Tages.) In weiterer Folge braucht der Karpfen eine Mindesttemperatur des Wassers von 16 bis 18 Grad Celsius, dazu einen geschlechtsreifen Partner sowie eine Umgebung, in der die Eier abgelegt werden können, also Pflanzenbestand. Erst wenn all dies über die Sinnesorgane aufgenommen wurde, schüttet die Gehirnanhangdrüse, die Hypophyse, jenes Geschlechtshormon aus, das die Eiabgabe unwiederbringlich auslöst. Neueste Erfahrungen scheinen darauf hinzuweisen, daß nicht unbedingt die Summe der Tagesgrade die Laichreife bestimmt. Es scheint die Belichtungsintensität ebenfalls einen bedeutenden Anteil am Zustandekommen der Laichreife zu haben. Nach schneearmen Wintern mit viel Klareis scheint die Laichreife früher einzutreten als nach schneebedeckten und damit finsteren Monaten.

Viele unserer Berufskollegen kümmern sich nicht weiter um wissenschaftliche Erkenntnisse und versuchen Jahr für Jahr, ihre Besatzfische selbst zu erzeugen. Oft gelingt dies sogar, aber ebensooft geht dieses löbliche Vorhaben daneben. Was war geschehen?

Obwohl die Karpfen bei ausreichender Wassertemperatur und vorhandenem Pflanzenbestand in fast jedem Teich ablaichen, werden einige entscheidende Fehler gemacht. Solche sind:

- Geringe Größe der Teichwirtschaft:
  damit ständige Wiederverwendung desselben Teiches als Laichteich; damit von Jahr zu Jahr stärkerer Druck von Parasiten und Krankheitserregern, die für Jungfische eigentümlich (spezifisch) sind; damit zu geringe Möglichkeit zur Desinfektion (Keimfreimachung) solcher Teiche durch längere Trockenperioden und Desinfektionskalkungen.
  Sie dienen ja meist auch als Winterteiche für die darin lebenden K_1 und K_L.
  Eine Teichwirtschaft im Vollbetrieb sollte ungefähr
  5% Laich- und Brutteiche,
  25% Streckteiche und
  70% Abwachsteiche haben.
  Kleinere Betriebe, die ihre Teiche nicht lange trocknen lassen und / oder nicht wechseln können, sollten die Finger von der Vermehrung lassen.
- Geringe Kenntnisse über Bruträuber:
  Damit kommt es zu Fehlleistungen, wie den Besatz von Laichteichen mit Amur, denen man kaum eine größere Delikatesse als die vorhandenen Pflanzen plus anhaftende Karpfeneier oder -brut vorsetzen kann.
  Auch Teiche mit hoher Dichte von Bruträubern, wie Wasserwanzen (hauptsächlich Rückenschwimmer), Libellenlarven sowie Raubkäfern und deren Larven und Raubplankton, werden kaum große K_1-Mengen entstehen lassen.
- Geringes Wissen um die Ernährungserfordernisse von Kleinstfischen: damit Mangelernährung.
  Als Folge davon: schlechter Körperzustand (Kondition).
  Als Folge davon: geringe Widerstandskraft gegen Parasiten und Krankheitserreger.
  Als weitere Folge: Massensterben, welches bei sehr kleinen Fischen vom Teichwirt meist gar nicht bemerkt wird.

Die Methode, Laichkarpfen gleich nach dem Bespannen im Frühjahr einzusetzen und auf den lieben Gott zu vertrauen, kann also K_1 bringen – oder auch nicht.

Wenn sie erfolgreich ist, werden wir fast immer K_1 der unterschiedlichsten Größen anfinden, weil die Laichfische ein- oder mehrmals nachgeschlagen haben.

Die Praxis hat uns aber gezeigt, daß einige Voraussetzungen, wie möglichst warmes Wasser oder Wahrnehmung des anderen Geschlechtspartners, für eine sichere Vermehrung entscheidend sind. Wir können damit dirigierend eingreifen, um Erfolge zu erzielen. Solcher Dirigismus kann von einer behutsamen Unterstützung des natürlichen Vorganges bis zur künstlichen Erbrütung gehen.

GESTEUERTE NATÜRLICHE VERMEHRUNG DER KARPFEN

Ende April, Anfang Mai haben Sie ihre Laichfische aus dem Paradies sehr sorgfältig mit Zugnetz abgefischt. Als Laichfische halten Sie Rogner im Alter von 5 bis 10 Jahren und Milchner im Alter von 4 bis 10 Jahren.

Obwohl auch ältere Fische noch tadellos ablaichen, sind sie wegen des hohen Gewichts so schwierig zu handhaben, daß sie besser ausgeschieden werden.

Nach der Abfischung sortieren Sie Ihre Laicher in Milchner und Rogner. Um diese Zeit ist eine Sortierung bereits möglich, weil die Geschlechtsmerkmale ausgeprägt sind. Die Milchner haben einen Laichausschlag. Dieser befindet sich am Kopf, besonders deutlich an Kiemendeckel und Stirn. Er fühlt sich wie ein griesiger Belag an. Meist können Sie auch schon Milch abstreifen. Diese sollte sahnig und nicht wäßrig sein.

Die Rogner haben einen weit größeren Bauch und keinen Laichausschlag.

Große Könner können auch an der unterschiedlichen Geschlechtsöffnung die Geschlechter erkennen. Bei den Rognern ist diese etwas gerötet und vorgestülpt, bei den Milchnern y-förmig eingezogen.

Das Verhältnis von Rogner zu Milchner sollte 1 zu 2 betragen. Ein Laichsatz sind also 1 Rogner und 2 Milchner, was zur sicheren Befruchtung beitragen sollte.

Nun werden die Fische schonend, am besten in am Ende offenen Mutterkeschern oder in Säcken, in den Laicherwartungsteich gesetzt. Ganz besonders gut bewährt sich ein gut bekrauteter grabenförmiger Teich, der u.U. sogar mit einem Gitter in zwei Teile getrennt ist. Falls abgeteilt, kommen auf der einen Seite die Rogner, auf der zweiten Seite die Milchner hinein. Alle Tiere, die laichreif sind, werden am Gitter ihr Liebesspiel beginnen. Nun ist Eile geboten, und Sie werden die reifen Tiere herausfangen, zu Laichgruppen zusammenstellen und in die Laichteiche aussetzen.

Wenn möglich, werden Sie dies erst nach den Eisheiligen um Mitte Mai tun. Plötzliche Abkühlung kann nämlich Eiern und frisch geschlüpfter Brut sosehr zusetzen, daß kein Erfolg der Vermehrung eintritt.

Der Laichteich muß dem „Krautlaicher" Karpfen (Schleie) entsprechen. Es müssen also genügend Pflanzen vorhanden sein. Am besten verwenden Sie einen Teich, den Sie erst kurz vor dem Besetzen bespannen. Damit ist dort ein natürlicher Aufwuchs während der Trockenliegezeit entstanden, der eine gute Unterlage (Substrat) für die abgelegten Eier bildet.

Der Ablaichvorgang ist sicher einer der Höhepunkte des Fischerjahres. Beim Liebesspiel „treibt" der Milchner den Rogner. Dieses Treiben, bei dem die Fische nahezu blind und taub für ihre Umgebung sind, erfolgt im seichten, von Pflanzen durchsetzten Wasser der Uferregionen. Es steigert sich zu immer größerer Ekstase, bis, meist in den frühen Morgenstunden, das „Schlagen" erfolgt. Beim Schlagen, das mit großem Radau verbunden ist, stößt der Rogner seine Eier aus und der Milchner seine Milch, welche die ausgestoßenen Eier in einer Wolke umhüllt.

Die Befruchtung erfolgt innerhalb weniger Minuten, weil beide Geschlechtsprodukte unbefruchtet sehr bald absterben, sobald sie mit Wasser in Berührung gekom-

102

men sind. Das Ausstoßen der Eier erfolgt in mehr oder weniger kurzen Abständen mehrmals hintereinander.

Durch die Klebrigkeit der Eier haften diese nun überall an den Wasserpflanzen. Sie sind stecknadelkopfgroß und durchscheinend klar. Überraschend schnell geht nun die Entwicklung bis zur Larve vor sich.

Unsere Lupe zeigt uns auch dieses Geheimnis. Nehmen Sie einige mit Eiern beklebte Pflanzen, stellen Sie diese in ein großes Gurkenglas mit Teichwasser und beobachten Sie. Nicht befruchtete oder abgestorbene Eier verpilzen recht schnell. Sie werden trüb und weiß. Bei den gesunden Eiern geht aber die Entwicklung über die einzelnen Stadien vor sich.

In einigen Tagen – je nach Wassertemperatur – schlüpfen nun die Larven, meist Schwanz voran, in ihr neues Leben. Nach dem Schlupf eine kurze Periode heftiger Bewegungen, mit denen versucht wird, sich an irgendeiner Wasserpflanze mit der an der Stirn befindlichen Klebestelle anzuhaften. Falls dies nicht gelingt, sinkt die Larve zu Boden. Nun erfolgt eine Periode des Ruhens, während der die Larve von den Nährstoffen im Dottersack lebt. In dieser Periode werden die letzten Entwicklungsstadien zum freßfähigen Brütling durchgemacht.

Bevor dieses freß- und schwimmfähige Stadium erreicht ist, muß die Larve – der K_0 – seine Schwimmblase das erste Mal im Leben mit Luft füllen. Er strebt also mit aller Kraft zur Wasseroberfläche, um über das Maul Luft aufzunehmen. In Ihrem Einsiedeglas also bitte nicht die Wasseroberfläche bedecken, da sonst der Brütling eingehen muß.

Nun erst beginnt das aktive Leben unseres Karpfens. Es ist von vielen, vielen Räubern bedroht, die in solchen Karpfenbrütlingen eine ideale Nahrungsquelle finden. Sogar das in einigen Wochen denselben Fischchen als Nahrung dienende Raubplankton lebt nun von ihnen. Sie sind ja nicht größer als eine dünne, verhungerte Fichtennadel.

Diese Zeit kurz nach dem Schwimmfähigwerden unserer Brütlinge ist die verlustreichste. Nur ein ganz geringer Teil des Zooplanktons im Teich, nämlich die kleinsten Formen, können von den winzigen Fischchen gefressen werden. Es sind dies vor allem Bakterien, Rädertierchen – eine zur Gruppe der Würmer gehörende Tiergattung – und Nauplien, also die Jugendformen der Wasserflöhe und Hüpferlinge. Wenn Sie bei Ihrer Planktonfischerei während der Schlüpfzeit viel großes Zooplankton finden, ist dies

Karpfenbrut Ende Juli aus natürlicher Vermehrung

kein sehr erfreuliches Zeichen, weil damit die Wahrscheinlichkeit eines starken Anteiles an Raubplankton besteht. Dieses wird nicht nur unsere Fischlarven angreifen und töten, sondern auch deren natürliche Nahrung, womit diese stark vermindert werden kann. Der Aufzuchterfolg kann damit beträchtlich gedrückt werden.

Wenn wir also guten Erfolg in der Jungfischaufzucht haben wollen, müssen wir versuchen, diesen Fischchen die mundgerechte Nahrung anzubieten. Ungarische Wissenschaftler haben auf diesem Gebiet bahnbrechende Arbeit geleistet. Auch wir wollen in diesem Kapitel davon profitieren.

Mit dem Freßfähigwerden beginnt die Periode des Vorstreckens unserer Fischbrut. Sie dauert je nach Wärme des Teichwassers 4 bis 6 Wochen. Nach dieser Zeit nennen wir den Fisch „vorgestreckt". Wir nennen ihn nun K_V. Der K_V sieht bereits wie eine Miniaturausgabe des erwachsenen Fisches aus. Alle Flossen sind voll entwickelt, die Pigmentierung, also die Färbung der Haut, ist abgeschlossen. Jeder Laie kann erkennen, um welche Fischart es sich nun handelt.

Ganz anders war dies bei der Larve. Sie ist durchsichtig bis auf die Augen, langgestreckt mit dem Dottersack unter dem Bauch. Als erstes gut kenntlich wird nach dem Luftschnappen die vorerst einkammrige Schwimmblase. Danach füllt sich der Darm mit Nährtierchen, und damit wird auch dieser als leicht gekrümmtes Rohr sichtbar.

Die Flossen bestehen nur aus einem Flossensaum vom Rücken bis zum Bauch. Langsam, ganz langsam verändert sich dann diese Larve zum Fischchen. Die Pigmentierung nimmt von Tag zu Tag zu, die Form ändert sich, und der Flossensaum wird allmählich zur Rücken-, Schwanz- und Afterflosse. Brust- und Bauchflossen entstehen.

Aber nun zurück zu unserem K_V, in Österreich auch Zwetschkenkernderln (kleine Pflaumenkerne) genannt. Große Teiche, in denen die Laichfische nach dem Laichakt verblieben sind, können nun

a) dem lieben Gott überlassen bleiben. Im Herbst oder nächsten Frühjahr wird man ja sehen, wie viele K_1 zu welcher Größe entstanden sind. Oder

b) man verfolgt durch Probefischungen die Entwicklung der K_0 bis K_V und deren Futtertiere. Sobald die geringsten Anzeichen für eine Verminderung des Zooplanktons zu erkennen sind, werden Sie sofort mit der Verdünnung des Fischbestandes beginnen.

Brutfischen mit Trauper

Vorgestülpte Geschlechtsöffnung beim Rogner

Eingezogene Geschlechtsöffnung beim Milchner

Karpfen laichen ab. Sie „schlagen"

Im Ablaichteich eingelegte Äste als Laichsubstrat

Eier im Augenpunktstadium und ein geschlüpfter Brütling am Laichsubstrat

Dubischteiche

Falls der Teich nicht abgefischt werden kann, empfiehlt sich der Einsatz von Grundnetzen (Traupern) zur Entnahme möglichst vieler K_V. Dies ist eine vielgeübte Praxis, die vor allem zu Beginn guten Erfolg bringt. Auf das engmaschige Grundnetz kommt ein Stück Ölkuchen, womit die Fischchen angelockt werden. Am Damm steht ein Fahrzeug mit Transportgefäß, welches mit demselben Teichwasser gefüllt und mit Sauerstoff versorgt ist. 0,5 kg Kochsalz werden je 100 l Wasser zugegeben. Anfangs funktioniert die Entnahme sehr gut, man zieht Massen von K_V heraus. Nach einiger Zeit jedoch werden sie schlau (oder man hat den Bestand dieser Region schon gefangen), und die Menge der Gefangenen nimmt von Zug zu Zug ab. Es empfiehlt sich, einige Tage Ruhe einzulegen und dann wieder mit dem Grundnetzfischen zu beginnen.

Zählen

Je jünger Fische sind, desto wichtiger ist es, daß sie, wenn irgend möglich, ständig im Wasser bleiben. Sie werden also neben Ihrer Entnahmestelle einen Kübel halb voll mit Teichwasser stehen haben. Nach jedem Zug des Grundnetzes wird zuerst der Ölkuchen darauf entfernt, und dann werden die gefangenen Fische sofort vorsichtig in den Eimer verbracht. Erst von dort gehen sie dann im Wasser auf den Transportbehälter. Weil Sie auch wissen wollen, wie viele Fische in den Streckteich eingesetzt werden, müssen Sie diese zählen. Am besten wählen Sie hierzu ein Litermaß, welches Sie zur Hälfte mit Wasser füllen. Nun zählen Sie aus dem Kübel so lange Fische in dieses Litermaß, bis Sie die Einlitermarke erreichen. Sie wissen also nun, wie viele Fische je halben Liter vorhanden sind. Sollten Sie nun Ihre Kv-Fischerei einige Tage unterbrechen, müssen Sie das nächste Mal wieder zählen, weil ja die Fische mittlerweile gewachsen sind. In diesem Alter wachsen sie sehr schnell, weshalb der Vorgang des Zählens nach einiger Zeit wiederholt werden muß. Nachdem Sie nun wissen, wie viele Fische je Liter vorhanden sind, werden sämtliche entnommenen K_V auf diese Art gezählt, bevor sie in dem Transportbehälter landen.

Ungefähre Mengen von K_V je 0,5 l, abhängig vom Korpulenzfaktor:

Gesamtlänge in cm	Stück je 0,5 l
2	2000–3000
3	650–1400
4	260– 500
5	140– 250

Achten Sie auch bitte darauf, daß der Transportbehälter nicht zu lange in der Sonne steht. Das Wasser erwärmt sich damit zu stark, und Sie erhalten einen zu großen Wärmeunterschied zwischen dem Transportwasser und jenem des Teiches.

Um den Schock beim Umsetzen in den neuen Teich möglichst gering zu halten, ist es notwendig, das Wasser aus dem Transportgefäß mit jenem des Teiches zu vermischen. Sie werden also vom neuen Teich langsam Wasser zum Transportwasser dazugeben. Dies nicht nur wegen des möglichen Temperaturunterschiedes, sondern auch wegen eines unter Umständen stark unterschiedlichen pH-Wertes.

Ablaichen auf Ästen

Wollen Sie sich das mühsame Abfischen der K_V mit dem Trauper ersparen, bietet sich u.a. folgende Möglichkeit an: Sie wählen einen Laichteich, der kaum oder gar keinen Pflanzenbewuchs hat. Als Laichsubstrat, also als Unterlage für die Eier, legen Sie Nadelbaumäste hinein. Günstig sind Wacholder, aber auch Tannen- und Fichtenäste haben sich bewährt. Nachdem nichts anderes vorhanden ist, sind die Karpfen gezwungen, ihren Laich auf diesen Ästen abzulegen. Sie tun dies auch ohne weiteres, und nun können Sie, sobald der Laich an den Ästen haftet, diese, in Wasser natürlich, in jenen Teich transportieren, der Ihnen als Streckteich dienen soll. Die Fischlein werden nun in jenem Teich bereits schlüpfen, in dem sie später zum K_1 heranwachsen sollen.

Oder Sie geben diese Äste eben in reine Vorstreckteiche und haben nun die Gewähr, daß die eigenen Eltern ihre Brut nicht fressen können. Auch können Sie nach beendeter Vorstreckperiode solche Teiche abfischen, um die K_V in Streckteiche zur K_1-Produktion zu übersetzen.

Alle bisher beschriebenen Methoden laufen im natürlichen Rhythmus ab, ohne daß Sie irgendwelche künstlichen Mätzchen notwendig haben. Selbstverständlich ist der Erfolg oft nicht gegeben. Die Natur hat eben auch ihre Mucken, und aus Gründen, die wir oft nicht erkennen können, laichen manche Fische überhaupt nicht ab. Weiters können Verzögerungen beim Ablaichen eintreten. Desgleichen kann der erste Schlag so früh sein, daß ein Kälteeinbruch denselben vernichtet. Natürlich hat es Mutter Natur so eingerichtet, daß nicht nur einmal im Sommer abgelaicht wird, sondern daß es mehrere Nachschläge gibt. Die letzten sind oft erst im August.

Junischläge liefern meist noch schöne K_1, während im August geschlüpfte Brut bis zum Winter sehr oft nicht einmal die geforderte 10-Gramm-Grenze erreichen wird. So kleine Fische überleben strenge Winter kaum.

Ablaichteiche

Eine sehr gute und zielführende Vermehrungsmethode, die vor allem in Deutschland und Tschechien durchgeführt wird, ist das Besetzen winziger Ablaichteiche mit einem oder mehreren Laichersätzen. Die Bodenform dieser Ablaichteiche wurde von den

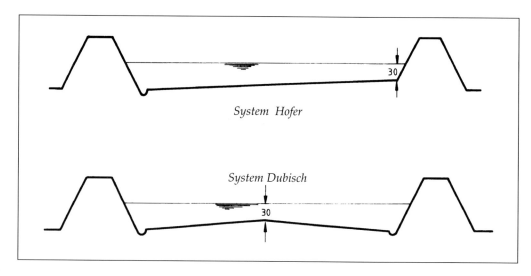

System Hofer

System Dubisch

Herren Dubisch bzw. Hofer entwickelt. Deshalb werden auch heute noch diese Teiche als Dubisch- oder Hoferteiche bezeichnet.

Der Sinn bei beiden Arten ist es, dem laichbereiten Karpfen eine Umwelt zu bieten, wie er sie im natürlichen Lebensraum durch überschwemmte Wiesen oder pflanzenreiche Totarme vorfindet. Erst der Eindruck dieser Umgebung über das Auge löst ja die Eiabgabe aus.

Laichteiche sollten Sie in trockenem, windgeschütztem, der Sonne ausgesetztem Gelände errichten. Am günstigsten sind rechteckige Formen. Bauen Sie die Dämme so hoch als möglich, damit die Laichfische ein gewisses Gefühl der Sicherheit haben. Auch schützen sie vor abkühlenden Winden.

Ein Wasserstand von 30 cm an der seichtesten und 60 cm an der tiefsten Stelle reicht völlig aus. Bauen Sie nicht allzu klein, weil manche Laichkarpfen in zu kleinen Wasseransammlungen ungern laichen. Eine Breite von 6 bis 10 m und eine Länge von 12 bis 20 m sollten Sie nicht allzusehr unterschreiten.

Als Laichrasen eignen sich alle steiferen Gräser, die beim Unterwassersetzen nicht schnell verfaulen.

Das Wasser zur Bespannung der Laichteiche darf auf keinen Fall kälter als jenes im Laicherwartungsteich sein. Gut bewährt hat sich ein darüberliegender Vorwärmeteich, den Sie zur Füllung heranziehen können. Eine Überdeckung mit Plastikfolie wird die Erwärmung beschleunigen. Selbstverständlich können Sie auch den Laicherwartungsteich, falls groß genug, als Wasserspender verwenden.

Sobald Sie die Laichteiche nun gefüllt haben, werden Sie entsprechende Laichersätze hineingeben. Ist das Wetter warm genug und das Wasser sinkt auch in der Nacht nicht unter eine Temperatur von 15–16 Grad Celsius, wird sehr bald, vielleicht schon am nächsten Morgen, der Laichakt beginnen. Sobald die Rogner ihre Eier in mehrfachen Partien ausgestoßen haben und diese von den Milchnern befruchtet sind, kleben sie an den Pflanzen fest.

Ist dies geschehen, werden Sie die Laichfische aus dem Laichteich herausnehmen. Damit verhindern Sie eine Trübung des Wassers. Auch können die K_L die eigenen Eier und die geschlüpfte Brut nicht fressen.

Sollten alle Voraussetzungen stimmen und sollte trotzdem nach 5 bis 6 Tagen nicht abgelaicht worden sein, dürfte mit den Rognern irgend etwas nicht stimmen. Sie werden solche K_L wieder aus dem Laichteich entfernen. Um nun solche Teiche ein zweites Mal verwenden zu können, ist eben der Bewuchs mit harten Gräsern, die nicht verfault sind, notwendig.

Sobald die Brut im Laichteich geschlüpft ist und nach Luftaufnahme schwimmfähig wurde, wird sie abgefischt. Dieses Abfischen werden Sie sehr vorsichtig mit Gazekeschern durchführen. Vorher haben Sie den Teich so langsam abgesenkt, daß sich die Brut in den Gräben sammeln konnte. Die Überführung in die Vorstreck- oder Streckteiche erfordert genaues und schonendes Arbeiten. Selbstverständlich wieder Sauerstoffversorgung und Wasserangleichung!

Damit wir nun eine Erfolgsrate von 40 bis 50% haben, also nahezu die Hälfte unserer Brütlinge zu K_1 werden, wollen wir uns anhand der Abbildungen (S. 110) die notwendigen Futtertierchen für die verschiedenen Größenklassen unserer Brütlinge vergegenwärtigen.

Das Wissen allein würde uns jedoch nicht weiterhelfen, wenn wir nicht die Möglichkeit hätten, das Nahrungsangebot zumindest in beschränktem Maß zu steuern.

Behandlung der Vorstreckteiche

Eine dieser Steuerungen ist die Bespannung des Vorstreckteiches erst knapp vor dem geplanten Besatz. Während der Füllung wird ein gröberes Planktonnetz, das nur die größeren Planktontierchen und die Insekten zurückhält, vor den Einlaufstutzen gehängt. Öfteres Entleeren dieses Grobplanktonfilters ist nötig. Anwendbar ist diese Methode nur bei sehr kleinen Vorstreckteichen, die schnell gefüllt sind. Bei solchen Teichen können Sie sich die Spielerei mit dem Planktonnetz leisten.

Manchmal hat sogar ein Teichwirt Glück, wenn etwa eine Zooplanktonfischung ihm zeigt, daß im Vorstreckteich gerade zur richtigen Zeit eine Explosion an Jugendformen der Krebsartigen herrscht. Dann hätte er eben die richtige Futtergröße und könnte sofort besetzen.

Sollte dieser Glücksfall jedoch, was üblich ist, nicht eintreten, gibt es noch eine andere Lösung unserer Probleme. Sie besteht darin, daß wir den Teich mit einem Mittel behandeln, welches die Krebsartigen sowie die Insekten tötet oder vertreibt. Es handelt sich um ein Phosphorsäurepräparat und heißt Neguvon.

Eine Dosis von 1 Gramm dieses Mittels je 5–10m^3 Teichwasser tötet zwar die Krebsartigen, nicht jedoch deren Eier. Da auch die Rädertierchen nicht geschädigt werden, vermehren sie sich nun ohne die Konkurrenz der Krebsartigen explosionsartig.

Die Ausbringung des Mittels erfolgt am besten mittels eines Rückensprühgerätes (Obstbaumspritze). Eine gleichmäßige Verteilung über die gesamte Teichfläche sollte Ihr Ziel bei der Behandlung sein.

Freßfähige Brütlinge brauchen Bakterien, Rädertierchen ...

... später große Rädertiere, Nauplien, kleine Wasserflöhe ...

Erst als Zwetschkenkerne schaffen sie ausgewachsene Wasserflöhe, Hüpferlinge und Insektenlarven

3 bis 5 Tage nach der Behandlung eingesetzte Fischbrut findet nun eine Nahrungssuppe ohne Feinde vor. Zugleich mit dem Wachstum der Brütlinge entsteht aber aus den Eiern der Krebsartigen eine Fülle von Nauplien, also deren Jugendformen, und so wächst die entsprechende Nahrung parallel mit den Fischen. Da das Neguvon seine Wirkung recht schnell verliert, können auch die verschiedensten Fliegen und Mücken sehr bald ihre Fortpflanzungstätigkeit durchführen und liefern mit weiterem Wachstum der Fische entsprechende Naturnahrung.

Mit dem Einsatz von Neguvon haben wir in den natürlichen Ablauf eingegriffen. Wir werden sehen, daß auch andere Eingriffe unsere Fischproduktion sicherer gestalten können.

Hypophysenhormon

Der Einsatz dieses Hormons ist der wichtigste dieser Art von Eingriffen. Seine Verabreichung bringt Cypriniden auch in einer Umgebung zum Ablaichen, in der solches normalerweise nicht möglich ist.

Salmoniden, also die Lachsartigen wie unsere Forellen, laichen unter Umständen sogar in Betonbecken ab, wenn die Laichreife erreicht ist. Nicht so unsere Karpfenartigen, die unbedingt die Auslösung aus der Umwelt über das Auge benötigen.

Es hat nicht lange gedauert, bis der große Betrüger Mensch herausgefunden hat, daß diese Hemmung der Karpfenartigen durch die Verabreichung des entsprechenden Geschlechtshormons ausgeschaltet werden kann. Es genügt, Hypophysen, also Gehirnanhangdrüsen anderer Fische, zu injizieren, um den Ablaichvorgang auszulösen. Sonderbarerweise funktioniert die ganze Sache auch mit den Gehirnanhangdrüsen nicht laichbereiter Karpfen oder anderer Fische.

Weil aber die **künstliche Vermehrung** nur in Großbetrieben mit Bruthaus und gesteuerter Warmwasserversorgung möglich ist, wird sie hier nicht mehr beschrieben. Nur so viel sei gesagt: Heute werden alle Teichfischarten, vom größten Stör bis zum kleinen Goldfisch, bereits künstlich vermehrt, obwohl sich viele davon auch natürlich fortpflanzen würden. Die künstliche Vermehrung garantiert aber sicheren Erfolg. Und viele Arten, wie z.B. die ostasiatischen Pflanzenfresser, vermehren sich auf natürliche Art in Europa überhaupt nicht.

NATÜRLICHE VERMEHRUNG ANDERER TEICHFISCHARTEN

Schleien

Rogner und Milchner sind leicht zu unterscheiden, weil nur bei Milchnern die Bauchflossen so lang sind, daß sie bis zur oder über die Geschlechtsöffnung hinausreichen. Wichtig ist, daß Laichschleien in besonders gutem Nahrungszustand sein müssen, wenn Sie Erfolg haben wollen. Die Laichreife tritt gegen Ende der Lindenblüte ein. Sie sind ebenfalls Krautlaicher.

Die männliche Schleie (links) hat längere Bauchflossen

111

Weißfische

Sie vermehren sich, wie alle anderen Karpfenartigen, natürlich.

Desgleichen jene Fische, die seit der starken Entwicklung der Garten- und Freizeitteiche immer stärker gefragt sind, womit dem Karpfenteichwirt – falls er schonend abfischen kann – ein zusätzliches Einkommen geboten wird.

Koi

Eine japanische Buntkarpfenzucht, die ein ähnliches Wachstum wie Karpfen hat. Die natürliche Vermehrung ist deshalb möglich. Viel öfter wird jedoch künstlich vermehrt.

Goldorfen und Goldfische

Sie laichen leicht natürlich ab. Damit vermehren sie sich in Kleinteichen oft unerwünscht stark. Meist schon **ein einziger Zwergwels** würde Ihnen dieses Problem vom Hals schaffen.

Hechte

Der natürliche Ablaichtermin ist zur Zeit der Weidenblüte, also der Palmkätzchen. Abgelaicht wird auf überschwemmten Wiesen oder auf Gelege und Unterwasserpflanzen von Seen und Teichen. Wollen Sie im Teich natürlich ablaichen lassen, geschieht dies am besten in solchen mit starkem Krautbewuchs. Die Laichhechte sollten schon im Teich sein, solange dieser noch Eis trägt.

Wenn nicht genügend Futterfische vorhanden sind, versuchen die Elterntiere das Weite zu suchen. Diesen Drang zur Ortsveränderung können Sie ausnützen, indem Sie nach dem Ablaichen beim Überlauf das Gitter wegnehmen. Die Elterntiere werden die ihnen gebotene Chance sicher ergreifen, und Sie können die Fische mittels einer entsprechenden Einrichtung hinter dem Überlauf abfangen (Netzkasten usw.).

Damit sind die im Teich schlüpfenden kleinen Hechte wenigstens vor den eigenen Eltern sicher. Bei viel Einstandsmöglichkeit werden Sie meist eine passable H_v-Produktion zustande bringen. Bis zu einer Größe von 5 bis 8 cm reichen die vorgefundenen Insekten auch gewöhnlich aus. Wollen Sie jedoch Ihre Hechte bis zum H_1 bringen, also bis zum Herbst im Teich belassen, müssen genügend Futterfische vorhanden sein, sonst fressen sie sich gegenseitig auf.

Bitte halten Sie sich bei jeder Hechtproduktion immer wieder vor Augen, daß neben der ausreichenden Futterversorgung viel Einstandsmöglichkeiten entscheidend sind. Die Teiche sollten also stark verkrautet sein. Hechte sollten einander nicht sehen können. Der größte Leckerbissen ist für jeden Hecht der kleinere Bruder!

Hofer- und Dubischteiche, deren Bewuchs im Frühjahr bereits in Ordnung ist, eignen sich tadellos zum Ablaichen von Hechten. Der Hecht laicht ja in freier Natur am liebsten auf überschwemmten Wiesenflächen ab. Sein natürlicher Drang, nach dem Ablaichen wieder zurück zum Fluß kommen, ist wohl auch der Grund, daß Sie ihn nach dem Ablaichen ziemlich sicher bei einem freigegebenen Ablauf wieder erwischen können,

Sollte Ihnen die Beschaffung von Laichhechten nicht möglich sein, können Sie aus Hechtbrutanstalten H_V und H_0 beziehen.

Das Aussetzen in die Teiche führen Sie dann mittels eines Kaffeelöffels durch. Sie werden also an den Gelege- oder Krautbeständen entlang die Hechtchen einzeln mit dem Löffel aussetzen. Wenn Ihnen dies zuviel Arbeit ist und Sie die Hechte an einer Stelle in den Teich schütten, hätten Sie sich die Ausgabe für diese Tiere ersparen können!

Zander

Seine künstliche Erbrütung im Bruthaus konnte sich nicht gut durchsetzen. Man verwendet daher am günstigsten zur Zandervermehrung größere Teiche (unter einer Teichgröße von 1 ha fühlt sich ein Zander nicht sehr wohl), in denen kiesige oder sandige Stellen vorhanden sind. An solchen Stellen in ungefähr 0,6 bis 1 m Wassertiefe befestigt man künstliche Zandernester. Sie bestehen aus geschnittenen Seggenwurzelstöcken, zusammengebundenen Wacholderästen oder künstlichem Laichsubstrat in Rasenform. Die Nester werden am Boden befestigt, und die eingesetzten Laichzander laichen dort ab.

Die Geschlechtsreife tritt bei weiblichen Zandern normalerweise im vierten, beim männlichen im dritten Sommer ein. Laichreif sind die Fische zur Zeit der Pfirsichblüte im April bis Mai.

Wie bei nahezu allen Fischen sind Rogner im gleichen Alter größer als Milchner. Das Gewicht solcher Rogner beträgt $1\frac{1}{2}$ bis 2 kg, die Milchner sind entsprechend kleiner. Die Männchen sind nicht nur an dem schmalen, dunkleren Bauch, sondern auch an der eingebuchteten (konkaven) Rückenlinie zwischen Kopf und Vorderflosse zu erkennen. Die Rückenlinie der Weibchen an dieser Stelle ist gewölbt, also konvex.

Die Jungen schlüpfen nach ungefähr einer Woche (100 bis 120 Tagesgrade). Die Brut ist sofort schwimmfähig und nimmt Luft zur Füllung der Schwimmblase auf. Der Z_0

Zandernest

ernährt sich anfangs, wie alle anderen Jungfische, durch das ins Maul passende Zooplankton. Etwas später nimmt er aber zusätzlich auch Bodentierchen zu sich und wird damit – falls große Mengen Z_V vorhanden – zum Nahrungskonkurrenten des Karpfens.

Man rechnet mit ca. 50 kg Z_1/ha als Abfischergebnis.

Interessant ist der Vergleich zwischen der Futterfischgröße von Zandern und Hechten. Der Zander mit seinem kleineren Maul kann lediglich Futterfische bis zu 12% seines eigenen Gewichtes bzw. 47% seiner eigenen Länge fressen. Hechte dagegen fressen Futterfische, die annähernd die Hälfte des eigenen Gewichts ausmachen. Sie können Zander also noch zu Karpfen setzen, die Hechten gerade bequem das Maul füllen würden.

Neben dieser natürlichen Ablaichmethode können Zander aber auch zum Ablaichen in kleinen Brutteichen veranlaßt werden. In die Brutteiche, die bewuchsfrei sein und keine Schlammauflage haben sollten, kommt je eingelegtes Zandernest ein Laichsatz. Die Nester in einer Größe von 70 x 70 oder 70 x 80 cm werden in Holzrahmen eingespannt, die das Hochziehen und damit deren Kontrolle erlauben. Die Nester bestehen, wie bereits erwähnt, aus harten Pflanzenfasern, aber auch Polyesterschwamm, Heidekraut usw. sind möglich.

Belegte Nester können nun direkt in die zu besetzenden Gewässer ausgebracht werden, oder man führt die Erbrütung bis zum Schlüpfen unter Dach durch.

Günstig ist es, ausgelegte Zandernester mit einem Korb oder Sieb zu überdecken, damit die Eier nicht von Fischfeinden getötet oder gefressen werden. Solche Körbe sind auch für die bereits geschlüpfte Brut ein sicherer Unterstand, in den sie immer wieder zurückkommt.

Der Erfolg von Z_0 bis zum Z_1 im Teich sollte zwischen 2 und 5% liegen, weil besonders im Larvenstadium hohe Verluste auftreten.

Europäischer Wels (6 Barteln)

In manchen Teichwirtschaften warmer Klimagebiete laichen große Welse in krautreichen Teichen hie und da natürlich ab. Künstliche Vermehrung ist sehr arbeitsaufwendig und kompliziert. Sie wird nur in wenigen Großanlagen Europas durchgeführt. Wenn nötig, kaufen Sie Ihre W_1 am besten zu.

Amerikanischer Wels, Zwerg- oder Katzenwels (8 Barteln)

Er vermehrt sich ebenfalls natürlich in wärmeren Gewässern mit Pflanzenbestand.

Maräne

Die Maräne wird in den Karpfenteichwirtschaften kälterer Regionen gewöhnlich zum einsömmrigen Fisch herangezogen, um als Besatz für die Voralpen- und Alpenseen zu dienen. Der Ertrag solcher M_1 bewegt sich um 150 kg pro Hektar.

In großen, kühlen, nährstoffarmen Teichen können solche M_1 auch im zweisömmrigen Umtrieb zu dreisömmrigen Speisefischen herangezogen werden.

AUFZUCHT

Nun noch einige Grundsätze, die Sie tunlichst einhalten sollten:

Alle Hantierungen erfolgen in einem Salzbad von 1%. Damit schädigen Sie viele Parasiten und stärken Ihre Fische. Brütlinge, die Sie in futterreiche Teiche ausgesetzt haben, sollten als Vorgestreckte nach 3 (Hechte) bis 6 Wochen abgefischt, gebadet, gezählt und danach gezielt in Streckteiche gesetzt werden.

ANFÜTTERN IN BELEUCHTETEN NETZKÄFIGEN

Die Krebsartigen und deren Jugendformen streben dem Licht zu (positive Fototaxie). Leider tun dies die Rädertierchen *(Rotatorien)* nicht.

Um diesen Drang des Zooplanktons zum Licht für die Aufzucht von Fischlarven auszunutzen, wird das Einhängen von Netzkäfigen in möglichst wenig getrübte Seen oder große Teiche empfohlen. Die Käfige sollten am besten eine zylindrische Form haben und mit einem konischen Boden mit eingearbeitetem Auslaß zum späteren Entnehmen der vorgestreckten Fische versehen sein. Die Wände bestehen aus Müllergaze mit einer Maschenweite von 0,6 mm. Die Lichtquelle besteht gewöhnlich aus 2 x 100-Watt-Birnen, die in entgegengesetzte Richtungen weisen.

Die Netze sollten gegen Algenbewuchs nicht imprägniert sein, weil die Imprägniermittel auch die Fischlarven schädigen können. Bei höheren Temperaturen veralgen sie jedoch. Dadurch wird der Durchgang von Licht und Zooplankton behindert. Um Reinigungen durchführen zu können, wird empfohlen, alle Vorstreckgehege in doppelter Ausfertigung zur Verfügung zu haben.

Das Licht wird normalerweise vom Eintritt der Nacht bis Mitternacht oder kurz danach eingeschaltet. Es hat sich nämlich gezeigt, daß eine stark erhöhte Zooplanktondichte auch Stunden nach Abschalten noch im Käfig vorhanden ist.

Maränen, aber auch Hechte können auf diese Art sehr gut vorgestreckt werden.

Zander müßten wegen ihrer Winzigkeit auf ca. 1 cm Länge angefüttert werden, bevor sie eingesetzt werden können.

Mit dieser Methode, die wirklich wenig kostet, kann man die riesigen Verluste, die gerade bei frisch geschlüpften Fischlarven auftreten, zum Großteil verhindern. Nachahmung wird empfohlen!

VORSTRECKTEICHE

In diesen mit Karpfen (Pflanzenfressern) besetzten Teichen werden die Fischchen zusätzlich zur hohen Nahrungsproduktion mit Kunstfutter ernährt. Das Kunstfutter wird über Automaten des Scharflinger Systems ausgebracht. Es besteht entweder aus Forellenstarterfutter, das für unsere Cypriniden jedoch feiner gemahlen werden muß, oder aus dem bereits in richtiger Körnung angebotenen Karpfenstartfutter, welches von einigen Firmen bereits in bester Qualität angeboten wird. Entscheidend bei diesen Futtermitteln ist, daß sie nicht schnell zerfallen oder zusätzlich schwimmfähig sind.

Da uns eine ständige Planktonüberprüfung vom Zustand des Hauptfutters auf dem laufenden hält, können wir ganz gezielt unsere K_V (P_V) abfischen, wenn das Zooplankton in richtiger Größe zur Neige geht.

Eine Weiterfütterung mit Kunstfutter allein nach Erschöpfen der Naturnahrung führt kaum zum Ziel. Sie können sogar 4 oder 5 Futterautomaten pro 1000 m² Vorstreckteichfläche einsetzen. Genügende Mengen von Nahrung, um die Fischlein gesund zu erhalten, werden Sie auch damit kaum in den Teich bringen können.

Die Abfischung der vorgestreckten Fischlein erfolgt nun entweder bei Tagesanbruch, also zur kältesten Zeit des Tages, oder, bei kühler Witterung, auch gegen Abend, weil zu dieser Zeit im Teich der höchste Sauerstoffgehalt besteht.

Da sich in den Vorstreckteichen gewöhnlich eine Unmenge von Wasserwanzen (Rückenschwimmern) befindet, hat sich eine Behandlung mit Neguvon oder Dipterex vor dem Abfischen bestens bewährt. Obwohl Rückenschwimmer (Wasserbienen) normalerweise ein Gewässer verlassen, das ihnen unbequem wird – sie fliegen recht gut –, schockt sie die Neguvonbehandlung so stark, daß sie ihren Rettungsflug meist nicht mehr durchführen können und im Teich absterben.

Die Neguvonbehandlung führen Sie (ca. 1 g / 5 m³ Wasser) 12 bis 16 Stunden vor dem Abfischtermin durch.

Beim langsamen Absenken des Teiches empfiehlt es sich, in der gesamten Höhe der vorderen Stauwand im Mönch anstatt der Staubretter ein grobes Fliegengitter einzuschieben.

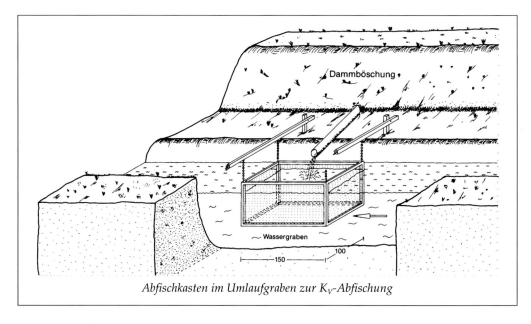

Abfischkasten im Umlaufgraben zur K_V-Abfischung

Damit sichern Sie einen störungsfreien Abfluß ohne hohen Wasserdruck und damit weniger leicht verlegte Gitter.

Ein harter Reisbesen dient zur Reinigung dieses Gitters.

Die Abfischung der vorgestreckten Fischlein muß sehr vorsichtig erfolgen. Am besten ist auch hier natürlich die Abfischung hinter dem Damm. Dies kann ebenso in fix eingeplanten Abfischvorrichtungen wie auch in eingesetzten Abfischkästen erfolgen.

Im Transportgefäß befindet sich Wasser derselben Temperatur wie im Teich, in dem je hundert Liter $^1/_2$ kg **Kochsalz** gelöst ist.

Verwenden Sie überhaupt bei allen Fischbewegungen mit Kochsalz versetztes Transportwasser. Je nach Größe der Fische werden $^1/_2$- bis $1^1/_2$%ige Lösungen verwendet. Kochsalz wirkt auf die Fische wie ein Anregungsmittel und schädigt obendrein eine große Anzahl verschiedener Haut- und Kiemenparasiten.

Recht störend machen sich bei der Abfischung der vorgestreckten Fische die Quappen der verschiedenen Froschlurche bemerkbar. Trotz der Nützlichkeit einiger davon ärgern sie uns. Im Vorstreckteich, weil sie nicht nur das teure Karpfenfutter zu schätzen wissen, sondern auch beim Abfischen ständig das Gitter verlegen. Auch kann das Zählen der abgefischten Fischchen mittels Litermaß kaum durchgeführt werden, weil ein Großteil der Füllung des Meßgefäßes eben aus Quappen besteht.

Eine Trennung von Fischchen und Kaulquappen durch Ausklauben mit der Hand wird nur dann möglich sein, wenn wenig Quappen vorhanden sind. Normalerweise wimmelt es jedoch von ihnen, und eine Trennung muß nun aufgrund der unterschiedlichen Lebensbedingungen von Fisch und Lurchlarve erfolgen.

Diese sind: 1. unterschiedliche Schwimmfähigkeit und 2. unterschiedliche Atmung. Die weniger günstige Trennmöglichkeit besteht darin, Fische und Quappen zusammen in einen Behälter mit stehendem Wasser ohne Zulauf oder Sauerstoffanreicherung zu geben. Sehr bald wird in diesem Behälter Sauerstoffmangel eintreten. Die Fische reagieren durch Notatmung. Sie sind also alle an der Oberfläche, um ständig Luft zu schöpfen. Die Kaulquappen befinden sich unten im Becken und kommen nur zu kurzem Luftschnappen an die Oberfläche, um sofort wieder abzutauchen. Mit einem kleinen Handkescher können also die Fische abgeschöpft und in besseres Wasser gebracht werden. Die gesamte Prozedur stellt natürlich eine nicht sehr empfehlenswerte Belastung der in diesem Alter doch sehr empfindlichen Fische dar.

Weit besser bewährt sich die Ausnützung der besseren Schwimmfähigkeit von Fischen gegenüber Kaulquappen. Jener Behälter, in dem Fische und Quappen zusammen eingebracht werden, steht mit einem angebauten ähnlichen Behälter über eine verengte Passage in Verbindung. Nun wird über Zulauf in den angeschlossenen Behälter ein so starker Wasserstrom durch die Zwangspassage erzeugt, daß die Fische die Kraft dieses Gegenstroms gerade noch überwinden können, während dies den Kaulquappen nicht gelingt. Innerhalb einiger Stunden haben alle Fische, die ja den Drang haben, gegen die Strömung zu schwimmen, die Zwangspassage überwunden und befinden sich im vorgeschalteten Behälter. Die Quappen sind im dahinterliegenden geblieben. Sollte die erforderliche Strömungskraft wegen Wassermangels nicht erreicht werden können, bewährt es sich auch, einen so engen Durchschlupf zu lassen, daß die Fische noch passieren können, die großen Wasserfrosch- und Krötenquappen jedoch nicht mehr. Gerade die Knoblauchkrötenquappen sind ja von der vorhandenen Quap-

117

pengesellschaft die kräftigsten Schwimmer und würden am ehesten mit den Fischen in das vorgeschaltete Becken einschwimmen können.

Sollten Sie keine Möglichkeit zur Abfischung hinter dem Damm haben, empfiehlt es sich, im Vorstreckteich einen gut ausgebildeten Graben vom Zulauf zum Mönch zu errichten. In diesem Graben kann nun das Blockstromverfahren ähnlich wie bei den beiden Becken angewendet werden. Nach dem Absenken des Teiches wird der Zulauf wieder geöffnet und in diesen Graben ein kleiner Stau eingebaut, der ganz knapp über das Unterwasser hinausragt. Die gegen den Strom schwimmenden Fischchen können den Stau überspringen, die Kaulquappen jedoch nicht. In einiger Entfernung oberhalb dieses Staus wird noch ein Gitter eingebaut, so daß die Fischchen aus diesem Zwischenraum vorsichtig entnommen werden können. Hier kann sogar eine Vorsortierung durchgeführt werden, weil erfahrungsgemäß die kräftigsten und größten K_V als erste in diesen Abfischraum einspringen.

Zur Zeit des Abfischens der vorgestreckten Pflanzenfresser (P_V) sind die bei der K_V-Abfischung erwähnten Kaulquappen bereits zu winzigen Kröten oder Fröschen geworden und haben den Teich verlassen. Nun bevölkern unsere Vorstreckteiche die Larven der Wasserfrösche, vermischt mit einigen Spätlingen der Erdkröte und den kleinen, schwarzen Quappen des so liebenswerten Laubfrosches.

STRECKTEICHE

Nach dem Zählen der vorgestreckten Fischchen bringen wir diese nun in die Streckteiche. Die Menge des Besatzes hängt von den verschiedenen Gegebenheiten ab, weshalb ich Ihnen kein allgemein gültiges Rezept geben kann.

Die wichtigsten Überlegungen für die Festsetzung der Besatzmenge sind:
a) Je kleiner im allgemeinen die eingesetzten Vorgestreckten, desto höher die eintretenden Verluste.
b) Je nährstoffreicher der Teich, desto höher wird der erreichbare Gesamtzuwachs sein.
c) Der mögliche Gesamtzuwachs dividiert durch das von Ihnen angestrebte Gewicht der Einsömmrer ergäbe theoretisch die Besatzzahl zuzüglich der Verluste.
d) Da weder die Verluste noch der vom Jahresklima abhängende Zuwachs kalkulierbar sind, können nur bewährte Erfahrungszahlen herangezogen werden.

Nehmen wir als Beispiel einen erwarteten Zuwachs von 500 kg pro Hektar und ein erstrebtes K_1-Gewicht von 50 Gramm, müßte eine Menge von 500 : 0,05 = 10.000 K_1 abgefischt werden.

Bei einem kalkulierten Verlust von 50% hätte dieser Teich also mit 20.000 K_V besetzt werden müssen. Tatsächlich jedoch bewegt sich die Ausbeute von K_V auf K_1 manchmal bei weniger als 10%. Deshalb werden auch in der Praxis bis zu 40.000 K_V und mehr pro Hektar eingesetzt.

Als Vorstreckteiche eignen sich besonders gut Teiche, die bis vor dem Einsetzen der K_V trocken gelegen sind. Sie sollten wegen einer guten Nährtierproduktion möglichst flach ausgebildet sein. Andererseits müssen sie unbedingt tiefe Stellen zur Überwinterung der darin gezogenen Einsömmrer besitzen, falls darin gewintert werden soll. Vor dem Besatz mit K_V werden sie nur zum Teil angestaut. Es hat sich dabei in ein bis zwei Wochen ein sehr starker Nährtierbestand gebildet.

Nach dem Besetzen mit den vorgestreckten Fischen – selbstverständlich wurde zwischen mit 1% Salz versetztem Transportwasser und Teichwasser eine Temperaturangleichung vorgenommen – wird der Teich langsam bis zur völligen Füllung weiter bespannt. Damit werden immer neue Teichregionen für die Nährtierproduktion herangezogen. Daß dem so ist, beweisen die großen Mengen an Fischchen, die gerade in den seichten Uferregionen zu sehen sind. In solch nahrungsreichen Teichen, die am besten auch mit Stallmisthäufchen besetzt sind, brauchen die Fische während der ersten Wochen nicht zugefüttert werden. Aufgrund der großen Nahrungsmenge im Teich kann man von Tag zu Tag das Wachstum der Fische verfolgen. Wo Reiher und Störche leben, kann diese Methode nicht angewandt werden, weil zu große Verluste auftreten würden.

Nach einigen Wochen – meist Mitte bis Ende Juli – wird nun die Zufütterung beginnen. Anfänglich eignen sich hierzu Maisschrot oder Ölkuchenlaibe vorzüglich. Erst mit einem starken Abnehmen der Naturnahrung werden Sie wieder zum Fertigfutter mit stärkerem Anteil tierischen Eiweißes greifen.

Solch teure Futtermittel können jedoch in nährstoffreichen Teichen wärmerer Klimazonen unter Umständen überhaupt eingespart werden. In solchen Regionen wird die Verabreichung von energiereichen Futtermitteln wie Getreide, besonders Mais, die beste Sicherung für eine verlustarme Überwinterung der K_1 sein. Die Entscheidung über die Art der Futtermittel, die Sie verwenden, muß Ihnen aber immer die Untersuchung der Naturnahrung geben. Da zur Naturnahrung aber auch die Bodentiere zählen, muß auch deren Bestand beachtet werden. Am besten geschieht dies mit Großmutters Mehlsieb, in das Sie eine immer gleich große Fläche 5 cm tiefen Teichschlammes einbringen und wie ein Goldwäscher auswaschen. Statt Goldkörner wer-

Abfischen im Umlaufgraben   *Gut überwinterte K_1*

den Sie Würmer und Insektenlarven vorfinden, deren vergleichbare Menge Ihnen einen Eindruck von dem gerade vorhandenen Nährtierbestand gibt. (Die Bodentiernahrung spielt aber erst im 2. Lebenssommer unserer Karpfen eine größere Rolle.)

Da erfahrungsgemäß gerade vor, während und nach der Überwinterung von K_1 verhängnisvolle Fehler geschehen, verweise ich nochmals auf die Ausführungen im Kapitel über Fütterung.

Je weniger oft wir die Fische in die Hand nehmen, desto besser ist dies für sie. Aus diesem Grund werden wir also versuchen, die K_1 erst dann abzufischen, wenn wir sie für den Besatz der Streck- und Abwachsteiche benötigen. Dies ist im nächsten Frühjahr der Fall.

Nur wenn Ihre Brutstreckteiche nicht wintersicher sind oder Sie überhaupt zu wenig Teiche haben, müssen die K_1 im Herbst abgefischt und in Winterteiche übersetzt werden. Sie durchbrechen damit aber eine der wichtigsten Regeln, nämlich die, daß der Besatz eines Streck- oder Abwachsteiches aus **einem** Teich stammen sollte. Diese Grundweisheit zur Verhütung von Krankheitsübertragungen kann jedoch nur jener Teichwirt durchführen, der genügend viele Teiche besitzt. Auch er muß ja im Winter einen Großteil seiner Teichflächen zur Gesunderhaltung trockenlegen. Die Notwendigkeit von Desinfektion und Teichwechsel verlangt eben für den Vollbetrieb eine gewisse Größe und Teichmenge. Steht Ihnen diese Grundlage nicht zur Verfügung, lassen Sie bitte, ich betone dies nochmals, die Finger von Vermehrung und Aufzucht einsömmriger Fische.

Für die Aufzucht der Pflanzenfresser im ersten Jahr gilt ganz ähnliches. Der Unterschied besteht lediglich darin, daß Silber- und Marmoramur bei Normalbesatz kein Kraftfutter brauchen, während der Amur mit Grünfutter aus Wiesenschnitten versorgt werden muß, falls im Streckteich keine Pflanzen vorhanden sein sollten. (Dies gilt nicht für die Vorstreckperiode, in der alle Pflanzenfresser Karpfenbrutfutter aufnehmen.)

Raubfische, wie Hechte, Zander und Welse, sollten nicht zusammen mit anderen wertvollen Cypriniden überwintert werden. Sie beunruhigen dadurch, daß sie nicht in eine Winterruhe verfallen, die winternden Karpfen so stark, daß meist stärkere Ausfälle entstehen. Anscheinend tut dies leider auch der Amur. Ob durch Amur Winter-

| *Trockengelegter Teichboden vor Frostbeginn;* *Luftzutritt* | *Krümelstruktur eines ausgefrorenen* *Teichbodens* |

verluste bei K_1 entstehen, ist aber noch nicht gesichert. Einige Zeichen deuten jedoch darauf hin, daß dem so sein könnte. Es ist aber als fast sicher anzunehmen, daß schädigende Unruhe nur durch größere und ältere Graskarpfen hervorgerufen werden kann und nicht durch A_1 oder kleine A_2.

ZWEITES ZUCHTJAHR

Im zweiten Zuchtjahr werden gewöhnlich Strecker oder kleine Speisefische erzeugt. Die Erzeugung von Speisefischen gelingt nur in wärmeren Klimaten mit Karpfen und einigen Schleienzüchtungen. Normalerweise ist jedoch ein großer Speisefisch beider Arten in unserem Klimagebiet dreijährig. Von den Ostasiaten kann im 2. Jahr bestenfalls der Marmoramur zum Speisefisch heranwachsen. Von den anderen Arten ist mir dies nicht bekannt.

Die Vorbereitung des Streck- oder Abwachsteiches für K_2 ist nicht besonders problematisch. Nach der Abfischung des vorigen Herbstes wurde eine Desinfektionskalkung auf den nassen Boden aufgebracht. Danach wurde der Teich gewintert und konnte anständig ausfrieren. Gewöhnlich haben Sie im Frühjahr den Teich mit Schmelzwasser bespannt. In Teichen, die wegen zu dicker Schlammschichten nach dem Abfischen nicht gekalkt werden konnten, erfolgt eine Kalkung mit Brannt- oder Hydratkalk nun aufs Wasser. Selbstverständlich wird erst mit Fischen besetzt, wenn der durch die Kalkung herbeigeführte hohe pH-Wert auf unter pH 9,0 abgeklungen ist. Dies dauert je nach Qualität des Wassers einen Tag bis zu zwei Wochen. Eine pH-Wertmessung wird nötig sein! Auch die Phosphatdüngung, falls überhaupt notwendig, wird erst 2–3 Wochen nach der Kalkung vorgenommen.

Die für den Besatz vorgesehenen Fische wurden in 1%igem Salzwasser (1 kg Salz auf 100 l Wasser) transportiert. Vor dem Besetzen wurden die Temperatur und der Säurezustand des Transportwassers langsam an das Teichwasser angeglichen! Die Menge des Besatzes richtet sich nach dem Zuwachs, der erfahrungsgemäß in einem Teich erzielt wird. Normalerweise bringt Ihnen die Produktion zum Strecker den größten Zuwachs in der Karpfenteichwirtschaft. Wir wollen in diesem Abschnitt deshalb vor allem die Streckerproduktion besprechen. Die Speisefischerzeugung des 2. Jahres unterscheidet sich ja kaum von der des 3. Jahres, weshalb wir diese dort behandeln wollen.

Um Ihrem Besatzlieferanten die Möglichkeit der Konditionsstärkung seiner Fische zu geben, sollten Sie ihn auch nicht zu sehr zum frühen Abfischen drängen. Vor Mitte April brauchen Sie nicht zu besetzen.

Bei einer Besatzdichte von 800 bis 1000 Stück K_1/ha wird man in warmen, nährstoffreichen Teichen einen kleinen Speisefisch von rund 1,5 kg heranziehen können. Wollen Sie jedoch einen Besatzfisch von 250 bis 400 Gramm erzeugen, können Sie zwischen 3000 und 6000 K_1, bei sehr fruchtbaren Teichen noch größere Mengen je Hektar einsetzen.

Die Produktion von K_1 zu Streckern ist überhaupt eine recht rentable Angelegenheit. In dieser Größenklasse nützen die Karpfen Naturnahrung am allerbesten, womit Sie einen hohen und billigen Zuwachs erzielen können.

Zusätzlich können Sie die gleiche Menge Silberamur und höchstens 10% Marmoramur (Nahrungskonkurrent) heranziehen. Verwenden Sie immer dieselbe Altersklasse! Die Höhe des Besatzes von Grasamur hängt gänzlich von der Menge der vorhandenen Wasserpflanzen- bzw. der von Ihnen zur Verfügung gestellten Landpflanzen ab.

Aber auch die Erzeugung geringer Mengen von einsömmrigen Hechten oder Welsen bzw. zweisömmrigen Zandern ist in solchen Teichen möglich. Die Besatzdichte all dieser Räuber hängt, wie schon mehrfach erwähnt, ganz und gar von der Menge des Nahrungsangebotes im Teich in Form von Insekten bzw. Futterfischen ab.

Obwohl dem kräftigen Strecker Bandwürmer nicht mehr so gefährlich werden können wie dem schwächeren K_1, ist eine nochmalige Behandlung gegen Bandwürmer angebracht. Wir werden also eine Medizinalfütterung gegen Bandwürmer noch zu einer Zeit durchführen, in der wir im Herbst sicher sind, daß alle Fische noch fressen. Dies wird je nach Temperatur irgendwann im September sein.

Falls Sie genügend Teiche zur Verfügung haben, werden Sie solche, in denen Besatzfische herangezogen wurden, am besten über den Winter stehen lassen, um sie erst im Frühjahr abzufischen. Nicht zu empfehlen ist dies nur dann, wenn Sie Raubfische ebenfalls mitproduzierten. In solchen Fällen müssen Sie dann im Herbst abfischen.

Je nachdem, ob Sie nun hinter dem Damm oder mit Zugnetz vor dem Damm fischen, wird die Entnahme der einzelnen Fischarten je nach ihrer Empfindlichkeit vor sich gehen müssen. Als erste werden also Zander und Hechte, bei starker Trübung auch Silberamur entnommen werden müssen. Danach der Marmoramur und ganz zum Schluß erst Karpfen, Schleien und Welse.

DRITTES ZUCHTJAHR

Die Besatzmenge im Abwachsteich hängt wieder stark von dessen Qualität ab. In schlechten Teichen werden manchmal 500 K_2/ha schon zu viel sein, während in guten Teichen ohne weiteres bis zu 1000 Stück besetzt werden können und noch immer ein respektabler Speisefisch entsteht. Sollten Sie einen Teich noch nicht kennen, besetzen Sie am besten mit 600 bis 700 Stück. Erst am Ende dieser Wachstumsperiode werden Sie sehen, welche Produktionsleistung der besagte Teich hat. Danach können dann die zukünftigen Besatzmengen bestimmt werden. Vereinfacht kann gesagt werden, daß im Prinzip die Besatzdichte eines Teiches davon abhängt, welche Mengen an Zuwachs dieser erfahrungsgemäß bringt und zu welchem Gewicht Sie die Fische bringen wollen.

Wenn Sie Absatz für Pflanzenfresser gefunden haben, sollten Sie noch zusätzlich von 30 bis 100% des K_2-Besatzes Si_2, besser Si_3 beisetzen, dazu 10 bis 15% Ma_2 und, je nach Pflanzenbestand im Teich, bis zu 20% A_2. Durch den Beibesatz der Silber-, Marmor- und Graskarpfen erzeugen Sie nicht nur auf billige Art und Weise gutes Fischfleisch, sondern Sie regen auch ein vermehrtes Karpfenwachstum an. Dies nicht nur deshalb, weil die Beifische durch ihre Ausscheidungen eine verstärkte Düngung hervorrufen, sondern auch weil die Silberkarpfen durch ihre Filtertätigkeit die Schwebealgen stark verjüngen und damit höhere Sauerstoffwerte im Teich vorherrschen. Obendrein kann der Karpfen den nur mangelhaft verdauten Amurkot direkt verwerten.

Falls im Abwachsteich Futterfische vorhanden sind, kann selbstverständlich entsprechend der Art dieser Futterfische der Beibesatz von Zandern, Hechten oder Welsen in Erwägung gezogen werden. In kalten, tiefen Teichen paßt auch der Beibesatz von Regenbogenforellen sehr gut, die einen zufriedenstellenden Zuwachs allein über die Naturnahrung erbringen.

Feststellen der Tagesfuttermenge

Um die richtige Tagesfuttermenge bestimmen zu können, sind aber möglichst häufige **Probefischungen** durchzuführen. Da anläßlich solcher Probefischungen nicht nur das Durchschnittsgewicht der Fische festgestellt, sondern auch deren Gesundheitszustand überprüft wird, werden wöchentliche Probefischungen optimal sein. Aber wer hat schon soviel Zeit? Jedoch auch 14tägige werden noch ein recht gutes Bild ergeben.

Hierzu dient wieder entweder das mit Ölkuchen beköderte Grundnetz oder ein Wurfnetz.

Sämtliche gefangenen Fische einer Art werden daraufhin gemeinsam gewogen und das Gewicht durch die Anzahl der Fische dividiert, womit das Durchschnittsgewicht der einzelnen Fische erhoben ist.

Danach untersuchen Sie die schwächsten Exemplare auf

- Zustand der Kiemen
- Zustand der Haut
- Fischegel- und Karpfenlausbefall
- Art des Darminhaltes.

Auch hierbei wird Ihnen Ihre Planktonlupe ein unentbehrliches Hilfsmittel sein.

Sehr starker Egel- oder Lausbefall (mehr als zwei bis vier Egel oder Läuse) deuten auf schlechten Körperzustand des untersuchten Fisches hin. Dies kann ein Zeichen mangelhafter Ernährung und/oder Krankheit sein. Milchige Trübung der Haut im Stirn-, Kiemendeckel und Genickbereich weist auf Hauttrüber, Geschwüre auf Erythrodermatitis hin (Geschwürform der Bauchwassersucht). Geschwollene und/oder verfärbte Kiemen sind bedenkliche Anzeichen für beginnende Kiemenfäule oder Kiemennekrose. Nur im Anfangsstadium können Sie aber erfolgreiche Bekämpfungsmaßnahmen durchführen!

Ist der ausgedrückte Darminhalt nicht dunkel-cremig, sondern hell und grob, weist dies auf Überfütterung mit Getreide hin.

Wenn Sie also vor unliebsamen Überraschungen gefeit sein wollen, führen Sie bitte laufend Probefischungen während der gesamten Wachstumsperiode durch!

Bei der **Abfischung** sind wiederum die empfindlichen Fische zuerst zu entnehmen.

An dieser Stelle muß ich auch erwähnen, daß sich immer mehr Leute den Kopf zerbrechen, wie man Abfischungen mechanisieren kann.

Abfischen mit Zugnetz

Händisch betätigter Schrägaufzug

Kescherkran

Schrägaufzug

Bügelgeschützte Kescher

Bottich, Tragnetz und Sortiertisch eines kleineren Teichwirtes

124

Verdichten der Fische im Seitengraben

Doppelstiege mit Absetzpodest zur Arbeitserleichterung

Transportwagen mit schwenkbarem Ablaßrohr

Abladen über Rutsche

Transportwagen hydraulisch entleert

Haben Sie Ihre Teichwirtschaft in einem Gebiet, in dem genügend billige Arbeitskräfte zur Verfügung stehen, brauchen Sie sich darüber nicht den Kopf zu zerbrechen. Anders jedoch in Stadtnähe, wo man oft kaum noch Begeisterte findet und für jeden Handgriff hohe Summen bezahlen muß. Es gibt die verschiedensten Mechanisierungsansätze, wie Förderbänder, Schrägaufzüge, Kräne usw.

TRANSPORT INNERHALB DES BETRIEBES

Beim Transport der Fische vom Teich zur Sortierung und weiter zum Hälter sollten Sie sich als oberstes Leitthema immer wieder vor Augen halten: „Schonung der Fische so weit als möglich". Dann kann nicht viel schiefgehen. Die Abfischung ist für alle Fische eine schwere Strapaze. Der Streß veranlaßt zu schnellerer Atemfrequenz, damit zu einem höheren Sauerstoffverbrauch. Zur Erleichterung des Gasaustausches werden wir also möglichst sauberes und sauerstoffreiches Wasser zur Verfügung stellen müssen. Auf jeden Fall aber Teichwasser mit gleicher Temperatur und ähnlichem chemischem Zustand.

Natürlich in sämtlichen Gefäßen Sauerstoffversorgung und, wenn möglich, Salzbad.

Müssen wir nun die Fische der verschlammten Abfischgrube vor dem Zapfen oder Mönch entnehmen, werden wir sie noch vor dem Sortiertisch bzw. der vorübergehenden Aufbewahrung in Bottichen reinigen müssen. Sehr gut bewährt sich hierfür das Aufstellen eines wassergefüllten Schweinehaartroges. In darin eingehängten Tragnetzen kann die Spülung der Fische gut erfolgen. Erst danach kommt der Fisch entweder auf den Sortiertisch oder eben in am Damm aufgestellte wassergefüllte Bottiche, in die Sauerstoff möglichst fein verteilt eingeblasen wird. Sobald Fische in einem Bottich notatmen, beweist dies nur, daß zu wenig Sauerstoff vorhanden ist; meist als Folge von Überbesatz dieses Bottichs. Sie werden also trachten müssen, genügend Gefäße aufzustellen, um die Produktion des gesamten Teiches ohne Notatmung vorübergehend unterbringen zu können.

Bei großen Teichwirtschaften mit zentraler Sortieranlage wird der Transport dorthin mit sauerstoffversorgten Transportbehältern, die die Entnahme möglichst schonend garantieren, durchgeführt.

Nach der Sortierung werden die Besatzfische in die Winterung überführt, während die Verkaufsware in Hälter gebracht wird. Nur auf dem Sortiertisch und auf der Waage sind die Fische nicht im Wasser. Sogar die Wannen, in die hinein sortiert wird, enthalten selbstverständlich Wasser.

HÄLTERUNG

Hälter (Österreich: auch Kalter) sind wassergefüllte Becken von der Größe eines Brunnentroges bis zu der eines kleinen Teiches, die gut mit Fließwasser versorgt sind. Aber auch Netzgehege können hierfür Verwendung finden, falls keine Diebstahlsgefahr besteht.

Sie dienen der Aufbewahrung von Fischen von der Abfischung bis zum Verkauf. Wenn irgend möglich, sollten Sie die Hältergröße so auswählen, daß die gesamte Produktion Ihrer Teichwirtschaft darin untergebracht werden kann. Dies ist deshalb so wichtig, weil mit dem Abnehmer nur dann ein verbindlicher Kaufvertrag abgeschlossen werden kann, wenn Sie genau Menge und Art Ihrer Fische anbieten können.

Ohne Hälterung sind Sie dem Käufer wehrlos ausgeliefert! Wenn die Fische einmal im Dreck des abgelaufenen Teiches liegen, kann man keine Forderungen mehr stellen. Dann kann der Käufer mit Ihnen verfahren, wie es ihm beliebt! Ohne Hälterung kann er Ihnen – falls so veranlagt – immer den Nerv ziehen. Der Aufwand für Ihre Hälterung macht sich deshalb ganz sicher innerhalb kürzester Zeit bezahlt!

Wie soll nun eine gute Hälterung beschaffen sein? Auch hier wollen wir in erster Linie aus dem Gesichtswinkel des Fisches und erst in zweiter Linie aus jenem des Teichwirtes die Betrachtungen anstellen:

- Genügend gutes Wasser und
- keine so starke Durchströmung, daß die Fische kräftig dagegen anschwimmen müssen.
- Wände und Boden müssen so gestaltet sein, daß keine Schleimhautverletzungen eintreten.
- Es sollen keine „toten Winkel" ohne Durchströmung vorhanden sein.
- Form und Größe sollten so gewählt werden, daß Beschickung und Entnahme leicht und problemlos durchgeführt werden können.
- Der Weg zu den Hältern und zur Manipulationsfläche (Arbeitsplatz) muß so angelegt sein, daß schwere Lastkraftwagen darauf fahren können.
- Ausreichende Beleuchtungsmöglichkeiten, um bei Nacht arbeiten zu können und um Diebstähle zu erschweren.
- Eine diebstahlsichere Umzäunung, in der eventuell ein scharfer Hund frei läuft, wird kaum von Schaden sein.
- Bei ungenügendem Frischwasserangebot Einbau einer Belüftungsanlage.

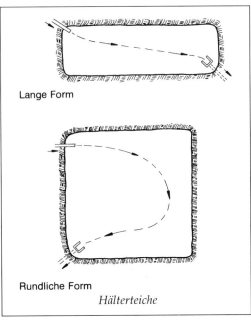

Lange Form

Rundliche Form

Hälterteiche

127

Wirklich brauchbares Wasser für die Hälterung sollte chemisch und organisch möglichst wenig belastet sein. Sie wollen ja einen eventuell im Teich auftretenden Mißgeschmack der Fische im Hälter vertreiben. Auch brauchen wir – vor allem am Beginn der Hälterungszeit – sehr viel an sauerstoffreichem Wasser, welches nicht allzu sauer sein soll, und/oder eine leistungsfähige Belüftung.

Gleich nach dem Einbringen in die Hälterung stehen die Fische unter starkem Streß. Sie schwimmen irritiert herum, atmen sehr schnell und brauchen viel Sauerstoff. Sie werden also sehr viel Wasser durchströmen lassen. Schon nach drei bis fünf Tagen jedoch haben sich die Fische beruhigt, haben sich „ausgeschleimt" und, bei frühen Abfischungen, ihren Darm entleert. Sie können den Zulauf zu drosseln beginnen.

Hierbei verfahren Sie so, daß Sie während rund einer Woche täglich eine Verringerung des Zulaufes vornehmen. Zum Schluß rinnt nur so viel Wasser durch, daß die Fische genug Sauerstoff haben, um ruhig am Boden zu stehen. Beim Auslauf wären das rund 3 mg Sauerstoff/l. Wenn Sie Ihre Hälterfische so behandeln, werden Sie
1. wenig Gewichtsverluste haben und
2. wird Ihr Abnehmer mit Ihnen zufrieden sein, weil so gehälterte Fische auch lange Transporte gut überstehen und in den meist sehr schlechten Hälterungen der Großhändler lange am Leben bleiben.

Hälter für den Detailverkauf

Nur für den Detailverkauf im Betrieb oder für eine sehr kurze Hälterdauer sollten Sie betonierte Becken verwenden. Trotz glatter Plastik oder Bitumenanstriche ziehen sich die Fische in solchen Becken früher oder später Hautverletzungen zu, die beim Verkauf wegen der Unansehnlichkeit der Ware Schwierigkeiten bereiten. Übrigens sei erwähnt, daß nahezu alle Anstriche giftig sind und deshalb nach dem Anbringen lange Zeit Frischwasser durch solche Becken strömen muß, bevor Fische hineingegeben werden können.

Länger können Sie Ihre Fische in Becken halten, die mit Holz ausgeschlagen sind. Dieses Holz wird sehr bald glitschig, weshalb die Hautschäden bedeutend später auftreten.

Recht gut haben sich auch Netzgehege bewährt, wenn Sie diese an einem diebstahlsicheren Ort einsetzen können. Gerade für den Kleinverkauf sind sie gut zu verwenden.

Am besten sind jedoch Erdbehälter. In diesen können Sie Ihre Fische bis in den Spätwinter halten, ohne daß sie – ständige Kontrollen auf Hautparasiten vorausgesetzt – der Gefahr des Auftretens von Hautschäden ausgesetzt sind.

Am günstigsten haben sich als Hälterteiche langgestreckte „handtuchförmige" kleine Teiche bewährt. Die Breite solcher Teiche ist die ganze Länge hindurch gleichbleibend. Die Tiefe beträgt zwischen 0,8 und 2,0 Meter. Der Durchfluß sollte in Längsrichtung verlaufen, also Zulauf und Ablauf an den gegenüberliegenden Schmalseiten. Bei eher quadratischen Hälterteichen bewährt es sich, den Zulauf im schrägen Winkel zum Teich und nicht senkrecht zur Uferlinie anzubringen. Damit erzeugen Sie einen Kreisstrom und vermeiden tote Winkel, die nicht vom Frischwasser bespült werden. Die lange schmale Form der handtuchförmigen Hälterteiche eignet sich besonders gut zur Entnahme eines Teiles der darin gehälterten Fische mit Hilfe eines kurzen Zugnetzes.

Sortiert wird in Wannen, die in die gelochte Wiegewanne geschüttet werden. Nur auf dem Tisch und auf der Waage sind die Fische nicht im Wasser

Sortiertisch

Erdhälter

Netzgehege als Hälter, wenn keine Diebstahlgefahr besteht

Hälter in einer Großteichanlage für verschiedene Fischarten

129

Die Befestigung eines soliden Zufahrtsweges und eines Arbeitsplatzes im Hälterbereich erscheint mir besonders wichtig; desgleichen eine ausreichende Beleuchtung. Sie ersparen sich auf diese Art viele Arbeitskräfte, die sonst lange Strecken schwer tragen müssen. Auch können Sie nun – was sehr oft notwendig ist – während der Nachtstunden den Transportwagen beladen. Daß auch ein Kraftstromstecker vorhanden sein sollte, ergibt sich aus der Notwendigkeit von Pumpvorgängen. Ist dies nicht möglich, müßte ein stationärer Verbrennungsmotor oder ein Traktor als Antrieb zur Verfügung stehen. Die ausreichende Elektroversorgung ist aber auch zur Benützung von Luftgebläsen nötig. Sollten Sie nämlich gezwungen sein, Ihre Hälter übermäßig stark zu besetzen, wird dies oft nicht ohne zusätzliche Belüftung möglich sein.

Damit kommen wir auch zur Belegungsdichte in Hälterungen: Diese hängt ganz entscheidend von der zur Verfügung stehenden Wassermenge und der geplanten Hälterdauer ab. Normalerweise werden Sie Speisefische in Erdhältern in einer Dichte von 1:100 bis ungefähr 1:60 halten können, also 1 kg Fische auf 100–60 Liter Wasser. So können Karpfen, Schleien, Welse und alle ostasiatischen Pflanzenfresser gehältert werden. Für kürzere Zeit und wenn Ihnen zusätzliche Belüftung möglich ist, können Sie sogar bis zu einem Verhältnis von 1:10 arbeiten. Also 1 kg Fisch auf 10 Liter Wasser.

Empfindlichere Fischarten dürfen natürlich nicht so dicht gehalten werden.

Sauerstoffanreicherung bei Hälterzuläufen

Im Herbst sind gehälterte Fische sehr widerstandsfähig. Nicht mehr jedoch im Spätwinter oder gar ins Frühjahr hinein!

Osterkarpfen können nur im Abwachsteich oder großen Winterungen, schwer jedoch in Hältern gesund und ansehnlich bis zum Verkauf gebracht werden.

Die einzigen Fische, die solch unnatürliches Hälterleben, aber auch nur in Erdhältern, bis in den Sommer hinein auszuhalten scheinen, sind der Silber- und Marmoramur. Diese Fähigkeit bringt für den laufenden Frischfischverkauf bisher kaum genutzte Vorteile.

Ich möchte nicht unerwähnt lassen, daß sich Erdhälter sehr oft gut dazu eignen, Vorstreckbrut zu erzeugen. Solch kleine Teiche, die ja seit dem Abverkauf der Fische im Winter trockenliegen, bilden im Frühjahr einen kräftigen Pflanzenwuchs. Durch das langsame Absterben solcher Pflanzen nach dem Unterwassersetzen erfolgt eine starke Produktion von Nährtierchen, die von der Vorstreckbrut bestens genutzt werden kann.

WINTERUNG

Zum Unterschied von der Hälterung ist der Fisch in der Winterung nicht für den Kochtopf und damit für schnellen Gebrauch gedacht. Die Fische der Winterung sollen uns einen gesunden, kräftigen Besatz für das Folgejahr bringen! Vieles wurde bereits bei der Behandlung der Hälterungen gesagt. Manche Grundlagen der Winterung müssen jedoch noch separat behandelt werden:

Voraussetzungen einer guten Winterung wären:

- Sicheren Zufluß guten Wassers auch bei strengem Frost.
- Ausreichende Tiefe in den Mittelzonen des Teiches. Überwinternde Fische stehen nicht am tiefsten Punkt in der Hauptströmung vor dem Mönch, sondern in den Mittelzonen des Teichbeckens. Diese sollten daher schon an die 1 Meter Wassertiefe aufweisen.
- Keine toten Zonen, die vom Frischwasser nicht bespült werden können (Buchten). Aus diesem Grund sollten Zu- und Ablauf möglichst weit voneinander entfernt sein.
- Weiters wählen wir Teiche, die keinen allzu starken Pflanzenbestand haben. Dieser würde unter einer Eis- und Schneedecke atmen und ebenfalls Sauerstoff verbrauchen. Weniger Beachtung brauchen wir diesem Punkt nur dann zu schenken, wenn ein sicherer Zufluß vorhanden ist, der auch bei starkem Frost nicht einfriert und ausreichend gutes Wasser gibt.

Am besten würden wir unseren Besatzfischen dienen, indem wir sie in ihrem Teich – falls dieser überhaupt winterungsfähig ist – belassen. Damit würden sie dem Streß der Abfischung entgehen und hätten im Teich eine sehr geringe Besatzdichte für den Winter. Dem steht aber entgegen, daß Teiche, die jahrein, jahraus unter Wasser stehen, von Jahr zu Jahr schlechter werden. Die Produktion sinkt bedenklich. Es ist einfach notwendig, daß der Schlamm der Luft und damit dem Luftsauerstoff ausgesetzt wird. Nur so können die Mineralisation der organischen Bestandteile und damit die Fruchtbarkeit des Teiches erhalten bleiben. Ideal, wenn auch kaum jemals erreichbar, würde es sein, wenn jeder Streckteich seine eigene kleine Winterung hätte. Damit könnte man jegliche Infektion von Krankheiten und Übertragung von Parasiten von einem Bestand zum anderen verhindern. Da das aber fast nirgends möglich ist, werden wir die abgefischten Besatzfische von mehreren Teichen, selbstverständlich nach Salzbad, in eine Winterung setzen müssen.

Für eine solche Winterung haben wir nun vorgesehen, daß genügend gutes Wasser zuläuft. Zwei Liter pro Sekunde und Hektar wären der Idealzustand.

Das zufließende Wasser sollte möglichst wenig sauer sein, also einen pH-Wert von nicht weniger als pH 6 aufweisen. Quellwässer in unmittelbarer Nähe oder gar im Teich sind unbedingt abzulehnen. Quellen haben oft wenig Sauerstoff und sind für eine Winterung zu warm. Sie haben meist eine Temperatur von 6–9 Grad Celsius. Solche Temperaturen veranlassen nun die Fische, bereits zu schwimmen und nicht ruhig in der Winterung zu stehen. Damit wird viel Energie vergeudet, und es müßte ständig mit hochwertigen Futtermitteln gefüttert werden, damit keine Schädigungen eintreten.

Wichtig wäre auch, daß Schmelzwässer, die immer sauer sind, besonders wenn sie aus Nadelwäldern kommen, nicht in größerer Menge in den Teich gelangen können. Es wird also ein wirklich aufnahmefähiger Umlaufgraben vonnöten sein.

Sollten Sie nun kein kalkreiches, gut gepuffertes, nicht allzu saures Wasser zur Verfügung haben, wäre es gut, im Zulaufgraben die Kalkarmut Ihres Zulaufwassers aufzubessern. Am einfachsten geschieht dies, in dem Sie den Boden Ihres Zulaufs auf einer möglichst langen Strecke mit Kalkschotter bedecken. Obwohl man damit normalerweise den pH-Wert nur um 0,2 bis 0,5 Punkte anheben kann, reicht dies meist aus, um den Fischen die ihnen zusagende Wasserqualität zu bieten.

Der Zulauf der Winterung sollte am besten in einem dicken Strahl in den Teich einfließen. Wenn Sie ein Prallgitter oder ein Prallbrett vorschalten, kühlt das Wasser im Winter zu stark ab. Wenn irgend möglich, sollten Sie ja die tieferen Schichten Ihres Teichwassers auf plus 2–4 Grad Celsius halten können.

Aus diesem Grund wird man auch eine Belüftungseinrichtung, die unbedingt zu empfehlen ist, erst dann in Aktion setzen, wenn durch extreme Trockenheit der Sauerstoffgehalt beim Ablauf unter 1,5–2,0 mg/l absinkt.

Wie wir bereits wissen, sind sämtliche Lebensvorgänge der Fische in der Winterung so stark herabgesetzt, daß das Sauerstoffbedürfnis unglaublich gering ist. Bei sehr langsamem Absinken des Sauerstoffgehaltes stehen die Fische auch bei 0,6 bis 0,7 mg/l noch nicht auf. Dies gilt aber nur für Karpfen, Schleien und Welse. Alle anderen Fischarten, vor allem Räuber, benötigen weit höheren Sauerstoffgehalt.

Bei jeder Belüftung, ob mit Mammutpumpe, mit hängenden Ausströmern, Belüftungswalzen oder Güllepumpe, wird eine vertikale Wasserbewegung hervorgerufen. Damit wird das warme Tiefenwasser hochgerissen, und das kalte Höhenwasser sinkt zur Tiefe ab. Solche Teiche können bei sehr langer Belüftungsdauer sosehr abkühlen, daß die Besatzfische Schäden davontragen. Theoretisch wäre bei extremer Kälte sogar ein Frieren des gesamten Wasserkörpers möglich.

An und auf Winterungsteichen hat Ruhe zu herrschen. Sportliche Betätigungen, wie Eislaufen, Eishockeyspielen oder gar Eisstockschießen, werden nur auf Teichen ausgeübt, in denen keine Fische sind.

Sollte während des Winters ein Warmwettereinbruch eintreten, der das Eis am Teichrand zum Schmelzen bringt oder gar bei starken Regenfällen wärmeres Wasser zuführt, stehen die Fische aus der Winterung auf. Sie beginnen zu schwimmen. Aufgestandene Fische sind immer stark gefährdet, weil sie viel mehr Energie verbrauchen als in der winterschlafähnlichen Winterruhe. Durch diesen Energieverbrauch, der ja vom Körperfett stammt, magern die Fische schnell ab und sind damit so geschwächt, daß meist eine explosionsartige Parasitenvermehrung stattfindet, die zum Tod führen kann.

Verhindern können wir solche Ausfälle dadurch, daß wir sofort mit der Fütterung hochwertiger Fertigfuttermittel beginnen. Also entweder Karpfen-Konditionsfutter oder Forellenfuttermittel. Seien Sie aber bitte bei der Verfütterung solcher Futtermittel vorsichtig, denn sie enthalten ja alle einen großen Anteil tierisches Eiweiß. Dieses, meist Fischmehl, verfault im Wasser nun sehr schnell und verdirbt damit die Futterstelle. Es empfiehlt sich also, am ersten und zweiten Tag nur reinen Maisschrot zu geben. Dieser wird zum einen von den Karpfen sehr gern gefressen und zum anderen

Ringgebläse zur Versorgung mehrerer Ausströmer

Ringgebläseausströmer in einer Winterung

Wintertauglicher Turbolüfter, der Luft ins Wasser bläst (hinten)

Pilzbelüfter in senkrecht stehendem Rohr zum Verbessern des Tiefenwassers; nicht wintertauglich

Paddelbelüfter. Nicht wintertauglich, erzeugt aber Strömung

Notbelüftung durch Traktorpumpe

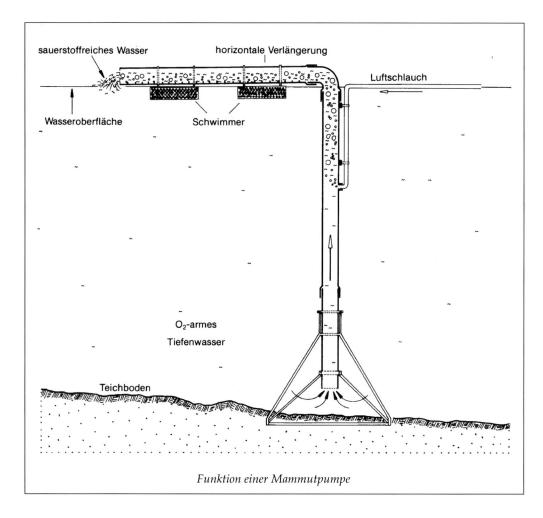

Funktion einer Mammutpumpe

vom Teichwirt leicht gesehen. Sobald die Fische das Futter annehmen, können Sie zum Fertigfuttermittel greifen. Am sinnvollsten natürlich über den Futterautomaten oder die Verwendung schwimmfähigen oder wasserstabilen Futters. Der höhere Preis wird sich in diesem Fall sicher auszahlen.

BELÜFTERSYSTEME

• **Ringgebläse**
  Es handelt sich um ein Luftdruck erzeugendes Gebläse in unterschiedlichen Größen. Die im Gebläse verdichtete Luft wird mit Hilfe von Schlauchleitungen zu den einzelnen Teichen geführt. Für jeden einzelnen Ausströmer muß ein eigener Ausströmhahn an der Leitung angebracht sein. 3 bis 4 schwimmende Ausströmer/ha können mit ca. 0,5 kW ausreichend versorgt werden. Aber nur zwei Mammutpumpen, da diese mehr Luft brauchen. Sehr günstig können Mammutpumpen, die ja keine allzu starke Strömung erzeugen, in Mönchen eingebaut werden, um das schlechte Tiefenwasser zu verbessern. Die Luft von Ringgebläsen kann nur in ca. 60 cm Tiefe gelangen. Damit ist keine allzu starke Abkühlung im Winter zu befürchten.

• **Schaufelradbelüfter**
  Geräte existieren von 0,5 bis 3 kW. Mit 1 kW können Teiche bis zu 3 bis 4 ha belüftet werden. Es wird eine starke Strömung erzeugt, die aber nicht sehr tief ins Wasser reicht. Im Winter wegen Eisbildung am Gerät nicht einsetzbar.

• **Schwimmende Oberflächenbelüfter mit oder ohne Tauchmotor**
  Sie werfen Teichwasser in Pilzform nach oben und belüften somit. Es gibt auch Geräte, die nur in einer Richtung auswerfen und damit eine Strömung erzeugen. Eine Tiefenwirkung ist erreichbar, wenn die Geräte in einem senkrechtstehenden Rohr schwimmen, das etwas über die Oberfläche reicht und ca. 20 cm über einer tiefen Stelle des Teichbodens beginnt.
  Es gibt Geräte jeder Größe, von 0,04 bis 1 kW; Wurfkreisdurchmesser von einigen cm bis 5 m. Ein gut plazierter Belüfter entsprechender Kraft reicht für mehrere ha. Im Winter einsetzbar sind nur Geräte mit Tauchmotor! Leider ist die Wasserabkühlung stark.

• Geräte, die neben Wasserverwirbelung Luft ansaugen und mit Wasser mischen (z.B. Aqua Turbo), oder solche, die als Injektorbelüfter (0,6 bis 0,9 kW) Luft unter großem Druck gerichtet ins Wasser blasen.

• Nicht vergessen werden soll aber die Möglichkeit, bei großer Not einen Traktor mit Güllewerfer einzusetzen, der das Teichwasser in die Luft spritzt und so mit Sauerstoff angereichert zurückgibt. Aber das ist eben keine Dauerlösung!

TRANSPORT LEBENDER FISCHE

Dazu einige Grundsätze, ohne deren Beachtung Sie weder als Verkäufer noch als Käufer Lorbeeren sammeln dürften.

1. Je kühler das Wasser, desto ruhiger die Fische.
2. Je länger der Transport, desto besser muß die Sauerstoffanreicherung funktionieren.
3. Belastung der Fische so gering als möglich halten.
4. Transportgefäße müssen vorerwähnte Anforderungen erlauben.

Wenn Sie im Spätherbst oder Winter transportieren, wird Ihnen der erste Punkt kaum große Schwierigkeiten bereiten. Anders jedoch, wenn die zu transportierenden Fische aus wärmeren Gewässern stammen, wie dies zu anderen Jahreszeiten gewöhnlich der Fall ist. Das einfachste wäre nun: Wasserleitung aufdrehen, Transportbehälter damit füllen, Fische hineinwerfen und dann losbrausen. In einem solchen Fall dürften Ihre Erwartungen enttäuscht werden!

Wir werden sicherlich anders vorgehen müssen, um den Fischen eine lebensgerechte Umwelt zu bieten und damit zugleich unseren Geldbeutel zu schonen. Tun wir dies, werden wir auch mit den Tierschutzgesetzen nicht in Konflikt kommen!

Wir wollen also systematisch vorgehen und bei der Vorbereitung der Fische beginnen:

- Vor Transporten Darm entleeren, weil Verdauung viel Sauerstoff verbraucht und Ausscheidungen durch Kot und Ammoniak das Transportwasser verschlechtern. Also ein (Kleinfische) bis vier Tage im Hälter und bis 14 Tage im Teich nicht füttern!
- Da im Teich wegen des Naturfutters der Darm nicht leer wird, am besten nach Abfischung 1 bis 3 Tage zwischenhältern und damit „Ausschleimen" der Fische.
- Verletzte oder kranke Fische bleiben im Betrieb und werden verarbeitet!
- Transportwasser ist 3–5 Grad Celsius kälter als im Teich- oder Hälterwasser. Abkühlen des Transportwassers nicht mehr als 3 Grad Celsius/Std. Nur bei sehr robusten Fischen bis 5 Grad Celsius/Std. mit Kaltwasser oder Eis (kein Kohlensäureeis). 25 kg Eis kühlen 1000 l Wasser um 2 Grad Celsius. Erwärmung beim Abladen kann etwas schneller vor sich gehen. 5–6 Grad Celsius/Std. und bei robusten Fischen auch mehr.
- Das Verhältnis von Fisch zu Wasser sollte betragen:
  1:2 (1 Teil Fisch zu 2 Teilen Wasser) bei Speisekarpfen, Schleien und großen Pflanzenfressern. Auf kürzere Strecken bis auf 1:1.
  1:2 bis 1:5 bei allen Besatzfischen je nach Größe und Art. (Je kleiner der Fisch, desto weiter das Verhältnis.) 1:3 bei Speiseforellen.
  Bei kurzen Transporten (unter zwei Stunden) wird man bei guter Sauerstoffversorgung auch ohne Abkühlung durchkommen.
  Und nun zur Sauerstoffversorgung während des Transports.
  Halten wir uns vorerst nochmals vor Augen, daß
  a) kaltes Wasser mehr Sauerstoff binden kann als warmes,
  b) der Sauerstoffbedarf von der Fischart abhängt und
  c) nur ca. 20% des ins Wasser geblasenen Sauerstoffs für die Fische verfügbar sind.

In der Praxis bewährt sich eine Sauerstoffzufuhr, die fünfmal so hoch ist, als die Fische verbrauchen. Große Berechnungen können Sie aber vergessen, denn allein das unterschiedliche Fisch-Wasser-Verhältnis der einzelnen Arten garantiert eine ausreichende Sauerstoffdarbietung. Daß während eines Transportes ständig das Ausströmmanometer an der Sauerstoffflasche und alle 1 bis 2 Stunden auch das Transportgefäß kontrolliert werden, ist wohl selbstverständlich.

Entscheidend bei der gesamten Sauerstoffversorgung ist, daß aus Ihren Ausströmern möglichst feine Bläschen austreten. Je kleiner die Bläschen, desto größer deren Gesamtoberfläche, und desto mehr O_2 kann ins Wasser übertreten. Eine „milchige" Verteilung wäre ideal.

Folgende Tabelle zeigt, wie sehr der Sauerstoffbedarf mit steigender Temperatur bei Forellen und Karpfen, den am öftesten transportierten Fischen, steigt.

Sauerstoffbedarf von Forellen und Karpfen bei verschiedenen Temperaturen:

Temperatur	Forellen	Karpfen
0° C	etwa 0,1	etwa 0,03 Liter O_2/kg und Stunde
10° C	etwa 0,25	etwa 0,08 Liter O_2/kg und Stunde
18° C	etwa 0,7	etwa 0,25 Liter O_2/kg und Stunde

Zur Frage des Sauerstoffs in der Flasche folgendes: Die Anzahl Liter Sauerstoff, welche sich in einer Stahlflasche befindet, ergibt sich, indem man den Flascheninhalt mit dem in der Flasche herrschenden Druck multipliziert. Für jede Atmosphäre, um die der Druck in der Flasche abnimmt, entströmen ihr soviel Liter Sauerstoff, wie der Flascheninhalt beträgt.

Beispiele:

a) Sinkt der Druck in einer 40-Liter-Flasche um fünf Atmosphären, so sind aus der Flasche 200 Liter ausgetreten.

b) Verliert eine 5-Liter-Flasche 10 Atmosphären, so sind 50 Liter Sauerstoff ausgeströmt.

Zur guten Sauerstoffanreicherung haben sich am besten Flächenausströmer bewährt. Diese liegen am Boden und sollten mit einem Sauerstoffausströmerschlauch versehen sein, der porös ist, wodurch sehr feine Sauerstoffbläschen entstehen.

In diesem Zusammenhang sei erwähnt, daß die Ausströmer am Ende des Transports aus dem Wasser genommen werden, bevor Sie die Sauerstoffflasche zudrehen. Außerdem waschen und bürsten Sie die Schläuche sofort mit sauberem Wasser ab. Tun Sie dies nicht, verhärtet der Schleim des Transportwassers am Schlauch, und Sie können diesen nur mit großer Mühe oder überhaupt nicht mehr funktionsfähig machen.

Sollten Sie bisher Gesagtes befolgt haben, wird sich die Belastung der Fische in Grenzen halten. Allerdings soll noch auf einen sehr starken Streßfaktor hingewiesen werden. Dieser besteht im Ausscheiden von chemischen Schreckstoffen aus der Haut von Schwarmfischen, welche die anderen Fische in Angst und Schrecken versetzen. Durch diese Aufregung werden vor allem die Aktivität und damit der Sauerstoffverbrauch erhöht.

Tote Fische sollten folglich aus den Transportbehältern laufend entfernt werden. Die Schreckstoffausscheidung beginnt nämlich bereits 10 Minuten nach Eintritt des Todes.

TRANSPORTGEFÄSSE

Die früher allgemein üblichen Holzgefäße werden heute kaum mehr verwendet, allenfalls kommen sie noch bei kurzen Traktorfahrten zum Einsatz.

Davon abgesehen, finden Sie heute fast überall Gefäße, die aus glasfaserverstärktem Polyester produziert wurden. Dieses Material bewährt sich sehr gut. Lediglich die Formen sollen hier besprochen werden.

Im Prinzip sind alle Fischtransportbehälter heute ähnlich gebaut: ob riesige Becken auf LKW oder kleine Kofferraumbehältnisse, ob hoch oder weniger hoch. Alle haben eine nach innen gezogene Oberkante und damit eine kleinere Öffnung als die Fläche des Bodens. Die eingezogene Oberkante verhindert zum ersten das Überschwappen des Wassers und erlaubt bei größeren Behältern das Stehen auf dieser Kante, wenn die Fische herausgekeschert werden. Die Deckel sind je nach System mit verschiedenen ingeniösen Vorrichtungen versehen, die ein Verschütten des Wassers während des Transports verhindern sollen.

Bei großen Behältern hat sich heute als Auslaß fast überall der Einbau einer Schleuse durchgesetzt. Durch diese Schleuse kann man, nachdem der Großteil des Transportwassers über einen eigenen Wasserablauf abgelassen wurde, die Fische relativ schonend über einen in der Schleuse eingebauten Schlauch entnehmen. Weit besser als über die Schleuse gelingt die Entnahme der Fische über ein schwenkbares Standrohr oder, noch besser, das einseitige Heben des Transportbehälters und damit langsames Ausgießen des Wassers mit den Fischen über einen fallbremsenden Schlauch.

Transportgefäße dürfen natürlich nicht luftdicht geschlossen sein, damit der einströmende Sauerstoff ohne Druckaufbau im Gefäß entweichen kann.

Zwei Fischarten sind etwas schwieriger zu transportieren, weshalb deren Transport separat besprochen werden muß. Es handelt sich um Aal und Zander.

Aaltransport

Der Aal ist an und für sich problemlos zu transportieren, weil er einen sehr geringen Sauerstoffbedarf hat. Er versucht aber, sich am Boden zu verkriechen. Es bleibt Ihnen also nicht erspart, Ihren Ausströmer am Boden so zu befestigen, daß die Aale nicht darunterschlüpfen können. Tun Sie dies nicht, so werden Sie am Ende eines Aaltransportes einen wunderbar Sauerstoff von sich gebenden Ausströmer finden, unter dem die toten Aale in einem dichten Knäuel liegen.

Zandertransport

Hier ist ebenfalls nicht die Sauerstoffversorgung das Problem, sondern die Tatsache, daß Zander Kammschupper sind und dadurch eine äußerst rauhe Oberfläche besitzen. Sie beschädigen sich nun beim Transport gegenseitig die Schleimhaut, falls sie nicht ganz ruhig im Transportwasser stehen können. Dieses Ruhigstehen können Sie dadurch erreichen, daß das Transportgefäß zur Gänze mit Wasser gefüllt ist, so daß die Wasserbewegungen zum Großteil unterbunden sind. Auch mit genau eingepaßten Styroporplatten können Sie die Wasserbewegung im Becken bremsen.

Weiters sei erwähnt, daß Zander gegen übermäßig starke Sauerstoffversorgung empfindlich sind, weshalb nur sehr sparsam Sauerstoff einströmen sollte.

Eine Methode, die gut funktioniert, besteht darin, daß mittels einer Umlaufpumpe eine über Wasser im Transportgefäß rundumlaufende, mit Düsen versehene Rohrleitung ständig Wasser auf die Oberfläche spritzt. Hierbei entsteht eine dichte Schaumdecke, welche ebenfalls ein zu starkes Herumschwappen des Wassers verhindert. Obendrein kann dadurch eine Sauerstoffzugabe erspart werden.

Transport in Plastikbeuteln

Für kleine Fische, vor allem Brütlinge, Vorgestreckte, eventuell auch Ein- und Zweisömmrige, hat sich der Transport in Plastiksäcken gut bewährt und in der Praxis durchgesetzt. Dabei wird in einem Plastiksack mit rund $1/_3$ Wasser die entsprechende Menge Fisch untergebracht, nach Entfernen der Luft reiner Sauerstoff eingeblasen und der Sack danach fest verschlossen. Durch die Bewegung des Wassers beim Transport wird aus der darüberliegenden Sauerstoffblase immer wieder genügend Sauerstoff aufgenommen. Eine Isolierung wegen allzu starker Temperaturschwankungen ist mit Hilfe einer Styroporschachtel, in die der Plastiksack verpackt ist, möglich. Auch die Temperaturanpassung im Gewässer, in welches die Fischlein gebracht werden sollen, ist sehr einfach. Man legt den Plastiksack in das entsprechende Gewässer. Nach Beendigung der Temperaturangleichung schneidet man ihn auf und entläßt den lebenden Inhalt in seinen zukünftigen Lebensraum.

SONSTIGE FORMEN DER KARPFENHALTUNG

Bisher haben wir die klassische Methode der Karpfenerzeugung besprochen. Ihr Erfolg hängt von den „natürlichen Bedingungen" ab, also von der Fläche, der Wasserqualität, dem Klima und dem Boden. Sie war weder extensiv (mit keinem oder sehr geringem Kapital und Arbeitseinsatz) noch sehr intensiv (mit hohem Kapital- und Arbeitseinsatz). Im folgenden seien extensive und intensive Bewirtschaftungsformen kurz dargestellt.

EXTENSIVE BEWIRTSCHAFTUNG

Diese Form der Bewirtschaftung ist heute nur mehr sehr selten anzutreffen. Meist handelt es sich dabei um Wasserflächen, die anderen Nutzungen dienen sollen, wie z.B. Löschteiche, Mühlteiche, Dorfteiche, die noch der Eisgewinnung dienten, oder um Hochwasserrückhaltebecken. Auch Baggerseen gehören hierher.

Solche Flächen werden kaum jemals gedüngt. Fütterung erfolgt gar nicht oder recht sporadisch. Die darin gehaltenen Fische dienen meist zum Angeln.

Weil nun solche Teiche oft jahrelang unter Wasser stehen, entwickelt sich der berüchtigte Femelbetrieb. Viele Altersklassen einer einzigen Fischart bevölkern den Wasserraum. Durch die Übervölkerung wird das Nahrungsangebot allzu stark verringert. Die Fische wachsen kaum noch, und manche Arten verbutten vollständig. Sie laichen schon mit Größen ab, die weit unter der normalen Speisefischgröße liegen. Um diese Entwicklung zu bremsen, empfiehlt es sich, entsprechende Räuber einzusetzen, und zwar gezielt. Barsche oder Bodenfische werden z.B. vom Hecht nicht genügend bekämpft. Barsche werden aber gerne von Zandern, Bodenfische gerne von Welsen und Aalen gefressen. Eine wirklich spürbare Verringerung kann durch Räuber allein kaum erreicht werden. Man müßte bereits die Vermehrung behindern. Hierzu eignet sich ein kräftiger Amurbesatz. Er ist ein Laich- und Bruträuber, besonders wirksam gegen Krautlaicher. Aber auch Aale betätigen sich in dieser Richtung.

INTENSIVE BEWIRTSCHAFTUNG

Wir müssen an dieser Stelle über das immer öfter gebrauchte Wort „Aqua-Kultur" (lat.: *aqua* = Wasser, franz.: *cultiver* = bearbeiten, Pflegen landwirtschaftlicher Flächen) sprechen. Aqua-Kultur bedeutet also die Bearbeitung und Pflege von Wasser. Damit wird jegliche von Menschen gesteuerte Wasserbewirtschaftung zur Aqua-Kultur.

Die „marine Aqua-Kultur" befaßt sich mit der Produktion von Meereslebewesen, wie Fischen, Krebsen, Muscheln und Tang. Die Aqua-Kultur im Brackwasser befaßt sich entsprechend mit ähnlichen Lebewesen, aber auch mit der Produktion von Süßwasserfischen, die ein gewisses Maß an Salzhaltigkeit des Wassers vertragen, wie Lachse und Forellen.

In der Aqua-Kultur des Süßwassers werden hauptsächlich Fische, Krebse und, in neuester Zeit, Phytoplankton erzeugt.

Die erste und billigste Intensivierungsstufe ist eindeutig die Einführung der **Polykultur** in Ihre Teichwirtschaft, also das Ausnützen der verschiedenen Lebensräume (biologischen Nischen) Ihres Teiches durch verschiedene Fischarten.

Fertigfutter-Intensivwirtschaft

Hierbei wird die Fischbesatzmenge so stark erhöht, daß der übermäßige Fraßdruck auf die Naturnahrung dazu führt, daß nach dem Massenauftreten im Frühjahr irgendwann im frühen Sommer die Erneuerungsfähigkeit dieser Naturnahrung aufhört, weil einfach zu wenig Elterntiere vorhanden sind. Zu diesem Zeitpunkt wird dann das bis dahin gegebene Getreide als Beifutter durch physiologisch (griech.: *physis* = Natur, *logos* = Lehre) hochwertigere Futtermittel – Preßlinge oder Pellets – ersetzt. Diese Form der Teichbewirtschaftung führt einerseits zu sehr hohen Erträgen, ist aber andererseits mit hohen Risiken belastet. Aus diesem Grund und weil diese Methode letztendlich von jedem Teichwirt durchgeführt werden kann, wollen wir sie genauer besprechen.

Zuvor wollen wir uns nochmals in Erinnerung rufen:
a) Im Frühjahr lebt im Teich die größte Masse der Naturnahrung.
b) Je mehr Fischmäuler im Teich, desto schneller wird die Naturnahrung aufgebraucht.
c) Je mehr Fische im Teich, desto höher der Kotanfall und damit die Menge an Kleinstlebewesen, welche diesen Kot verarbeiten (verrotten).
d) Je mehr Verrottungsbakterien (vereinfacht ausgedrückt), desto mehr organische Substanz wird mineralisiert – wird zu Pflanzennährstoffen.
e) Durch das hohe Angebot an Pflanzennährstoffen entsteht eine große Menge von Schwebealgen.
f) Diese Masse von Phytoplankton und Verrottungsbakterien zehrt während der Dunkelheit einen Großteil des im Wasser befindlichen Sauerstoffs auf. Es kommt zu sehr starken Sauerstoffschwankungen zwischen Tag und Nacht.

Ohne Belüftung

Hierbei werden die Teiche je Hektar mit 2500 bis 3000 K_2 oder 8000 bis 10.000 K_1 besetzt. Ideal wäre der Beibesatz der gleichen Menge von Silberkarpfen, und zwar im K_1-Teich Si_1 oder Si_2 und im K_2-Teich Si_3 (wegen des starken Größenunterschiedes von

K_2 zu Si_2). Da jedoch manchmal diese Mengen an Silberkarpfenbesatz schwer greifbar sind, wird unter Umständen auch ein Drittel davon eine halbwegs zufriedenstellende Verdünnung der Phytoplanktonmasse hervorbringen.

Ständige Zooplanktonkontrollen sind Voraussetzung des Gelingens dieser Methode. Meist bis Mitte oder Ende Juni, manchmal Juli, reicht der Bestand an großem Zooplankton aus, um als Beifutter reines Getreide verwenden zu können. Erst beim Nachlassen der großen Zooplankter – sehr kleines Zooplankton kann von größeren Karpfen nicht mehr entnommen werden – müssen Sie damit beginnen, hochwertige Futtermittel einzusetzen. Diese sollten einen Rohproteinanteil von rund 37% haben. Ein Großteil dieses Rohproteins sollte in Form tierischen Eiweißes – also hauptsächlich Fischmehl – enthalten sein. Wenn ohne Automaten gefüttert wird, bitte stabile Futtermittel verwenden!

Ohne laufende Sauerstoffkontrolle am Ende der Nacht wird die Anwendung dieser Methode nicht gut möglich sein.

Es ist eine bekannte Tatsache, daß die Probefischgewichte, die Sie in Normaljahren ab Mitte September feststellen, letztendlich jenes Gewicht darstellen, das sie bei der Abfischung im Oktober oder November haben. Aus diesem Grund können Sie nun ab dieser Zeit die Fütterung stark verringern, falls Sie Speisefische produzieren.

Als Zuwachs müßten rund 3000 kg Karpfen pro Hektar und zumindest 1000 kg Silberkarpfen erreicht worden sein.

Der Kotanfall war nicht so groß, daß er nicht im Teich abgebaut worden wäre.

Sie müssen rund zwei Drittel Ihres Gesamtfutteraufwandes in Form von teuren Fertigfuttermitteln zur Verfügung stellen. Je dichter der Fischbesatz, desto höher werden umweltbedingte Verluste sein.

Bei den derzeitigen Speisekarpfenpreisen scheinen dieser Methode jedenfalls Grenzen gesetzt. Die Preise von K_2 werden schon eher dazu verlocken, eine Produktionssteigerung mit Hilfe von Fertigfuttermitteln durchzuführen. Ganz sicher zahlt sich der Einsatz jedenfalls bei der K_1-Produktion aus, deren Anwendung wir ja schon in einem früheren Kapitel empfohlen haben.

Mit Belüftung

Noch problematischer wird die Rentabilität, wenn Sie so große Fischmengen einsetzen, daß der natürliche Sauerstoffgehalt im Teich nicht mehr ausreicht.

Immer mehr setzt sich auch bei kleinen Teichwirtschaften die ganzjährige Fütterung mit hochwertigen Fertigfuttermitteln durch, obwohl die Methode im Frühjahr bei starkem Naturnahrungsangebot reine Verschwendung bedeutet. Dabei werden bis zu 8000 kg und mehr an Zuwachs pro ha erreicht. Dem Erlös dieses Zuwachses darf aber nicht nur der Preis des Fertigfutters gegenübergestellt werden, sondern auch die Kosten der Belüftung.

Damit tanzen Sie ständig auf des Messers Schneide, weil immer irgend etwas Unvorhergesehenes passieren kann. Zusätzlich ist die Anfälligkeit der Fische gegen Krankheiten und Parasiten natürlich bedeutend höher als bei normalen Haltungsmethoden. Eine ständige Beaufsichtigung wird unbedingt nötig sein.

Die Belüftung läuft normalerweise von Mitternacht bis 8.00 Uhr früh, wird aber bei trübem Wetter ständig laufen müssen.

Der Besatz mit rund 50.000 K_1 bzw. 10.000 K_2 pro Hektar verbraucht die im Frühjahr gebildete Naturnahrung natürlich noch bedeutend schneller. Die Fütterung mit teuren Fertigfuttermitteln muß also früher beginnen.

Es sei daran erinnert, daß der absolute FQ von hochwertigem Fertigfutter bei 0,8–1,8 liegt. Somit kann der hohe Preis mit dem hohen Zuwachs der Fische ausgeglichen werden.

Mit diesen und den folgenden Ausführungen sollen Sie nicht angeregt werden, unbedingt solche Methoden anzuwenden; ich will Ihnen lediglich zeigen, in welche Richtung die Süßwasserfischproduktion bereits schreitet.

Netzgehege

Viele Seen, auch Baggerseen, sind nährstoffarm und haben damit einen sehr geringen Naturzuwachs, der oft nur 20 bis 30 kg pro Hektar erreicht. Sehr oft haben solche Wasserkörper eine erstklassige Wasserumwälzung und damit gleichmäßige und gute Sauerstoffversorgung. Dies gilt ganz besonders für Stauseen. Die Überlegung, solche guten Gewässer zu nutzen, führte nun dazu, einen Weg zu suchen, die Fische intensiv zu füttern, ohne sie im gesamten See suchen zu müssen. Der Weg zum schwimmenden Netzgehege war gefunden.

Aus statischen Gründen ist die Größe dieser Netzgehege begrenzt. Meist verwendet man quadratische Netzbeutel mit Seitenlängen von rund drei Metern und einer Tiefe von zweieinhalb Metern. Diese sind so an einem schwimmenden Rohrgestänge befestigt, daß sie ungefähr 50 cm über den Wasserspiegel hinausragen, um springenden Fischen das Entkommen unmöglich zu machen. Oft sind mehrere solcher Käfige zu Batterien vereinigt. Die Fütterung von physiologisch hochwertigen Futtermitteln erfolgt über Automaten. Die Maschengröße solcher Netze wird so gewählt, daß sie höchstens ein Zehntel der Fischlänge ausmacht. Um die Netze vor Veralgung zu schützen, die die Wasserzirkulation behindern würde, werden sie imprägniert.

Durch die intensive Fütterung in den Käfigen erfolgt eine starke Kotbildung. Also eine – sehr oft unerwünschte – Nährstoffanreicherung (Eutrophierung) des Sees (griech.: *eutroph* = nährstoffreich).

Wegen der organischen Belastung wird die Errichtung von Netzkäfiganlagen von der Behörde sehr oft untersagt, bei Gewährung jedoch mit Auflagen belegt, wie Besatzdichte und jährlichem Versetzen der Anlage.

Interessant an Netzgehegen ist der geringe finanzielle Aufwand. Nachteilig ist die Anfälligkeit gegen Sturmschäden und die Beschädigung der Netze durch Bisam- oder Wasserratten. Diese Tiere beißen oft Löcher in die Netze. Als Schutz bewährt sich ein Streifen von 50 cm ins Wasser reichendem plastikbeschichtetem Hühnerdraht, der um die Anlage gespannt ist. Schäden werden auch durch Segler, Surfer und Schwimmer angerichtet. Manchmal ungewollt, sehr oft gewollt!

Warmwasseranlagen

Die ständige Nachfragesteigerung nach Fischen hat, vor allem in Japan, die Suche nach verstärkten Produktionsmöglichkeiten angeregt. Man fand, daß so manche Industrieunternehmen warmes Kühlwasser ohne weitere Ausnützung in die nächsten Fließgewässer ableiten, in denen die Erwärmung zusätzlich recht unerwünscht war.

Warmwasseranlagen werden heute in drei verschiedenen Formen betrieben:

a) Im Durchlaufverfahren

Dabei wird das verwendete Warmwasser vor dem Eintritt in die Anlage optimal mit Sauerstoff angereichert und nach dem Verlassen derselben in den Vorfluter oder vorgeschaltete Klärteiche abgegeben. In solchen Klärteichen werden Karpfen und deren Nebenfische nach der klassischen Methode gehalten. Das Durchlaufverfahren benötigt jedoch relativ viel gleichmäßig angebotenes Warmwasser bester Qualität. Reicht die Qualität nicht, wird es in Wärmetauschern zur Erwärmung guten Wassers verwendet, falls solches vorhanden ist.

b) Im Teilkreislaufsystem

Bei dieser Form steht zu wenig ständig zufließendes Wasser für die produzierten Fische zur Verfügung. Man versucht also, nach jedem Durchlauf eine Klärung des verbrauchten Wassers mit Sauerstoffanreicherung durchzuführen. Nur jener Teil, der ständig erneuert wird, kann in den Vorfluter (Klärteiche) abgegeben werden.

c) Im Kreislaufverfahren

Hier werden die höchsten finanziellen Aufwendungen, aber auch das größte Wissen gebraucht. Meist handelt es sich um teuer aufgewärmtes Wasser, welches möglichst oft verwendet werden soll. Die Erfolge in diesen Anlagen sind bisher nicht sehr ermutigend. Der Hauptgrund ist wohl der, daß alle derzeit im Gebrauch befindlichen Klärformen aus den städtischen Kläranlagen stammen. Diese arbeiten zwar ausreichend, um Einleitung städtischer Abwässer in Flüsse und Bäche so weit zu reinigen, daß kein oder wenig Schaden am natürlichen Fluß entsteht. Nicht jedoch reichen sie zur ausreichenden Klärung der Kreislaufwässer. Damit gibt es immer wieder Unfälle in solchen Anlagen, bei denen die Fische erkranken oder eingehen. Auch die häufig angebotenen neuen Klärvorrichtungen, die schon besser arbeiten, sind noch nicht der Weisheit letzter Schluß.

Die meisten Warmwasseranlagen befinden sich unter Dach, damit keine allzu starke Abkühlung durch die Außentemperatur erfolgen kann.

Als Becken dienen die verschiedensten Behältnisse, von Beton bis glasfiberverstärktem Polyester. Als Hauptformen werden lange Tröge oder siloähnliche Hochbehälter verwendet.

Die Klärung bei den Kreislauf- und Teilkreislaufanlagen erfolgt mechanisch und biologisch. Chemische Klärsysteme wurden zwar immer wieder versucht, haben sich aber bisher noch nicht zufriedenstellend bewährt.

Die hohen Kosten und die Anfälligkeit der Kreislaufanlagen führen dazu, daß eine Kostendeckung derzeit noch nicht gefunden werden konnte.

Die Erfahrungen bisher weisen jedenfalls darauf hin, daß nur im Durchlaufverfahren erfolgreich gearbeitet werden kann. Dies gilt sogar für Bruthäuser, die doch aufgrund des hohen Preises ihrer Produkte hohe Kosten am ehesten abdecken könnten.

Ich persönlich glaube, daß die technisierte Warmwasserfischhaltung, in Europa zumindest, in eine Sackgasse führt. Durch die Verteuerung sämtlicher Energieträger wird nämlich warmes Wasser für die Beheizung von Wohnanlagen, Fabriken oder Glashäusern immer interessanter; jedenfalls für Abnehmer, die bereit sind, für die gelieferte Energie höhere Preise zu zahlen, als dies den Fischproduzenten möglich sein dürfte.

HINWEISE FÜR DEN SPORTFISCHER

Es ist erstaunlich, welch unerwartete Fehler manchmal bei der Leitung von Sportgewässern gemacht werden. Aus diesem Grund wollen wir uns zuerst mit einigen allgemeinen Grundlagen der Sportfischerei befassen, um uns in der Folge speziellen Fragen zu widmen.

Die bisher behandelten Kapitel gelten bis auf die künstliche Vermehrung selbstverständlich auch für Sie als Sportfischer. Das Wissen um diese Dinge bildet auch für Sie die Grundlage zur richtigen Bewirtschaftung Ihres Gewässers!

Im Prinzip unterscheiden wir als Sportfischer zwei Gewässertypen:
a) Jene, die an das Flußsystem gebunden sind, wie alle Reviere am fließenden Wasser einschließlich jener an Stauseen. Andererseits natürliche Seen.
b) Solche Systeme, die durch menschliche Einwirkung nicht mehr dem Fließsystem angehören. Diese Trennung kann mehr oder weniger stark ausgebildet sein, weshalb die Übergänge fließend sind.

Zum zweiten System gehören nun entweder nicht ablaßbare Wasserkörper, wie dies zum Beispiel Baggerseen darstellen, oder ablaßbare Wasserkörper, die wir dann Teiche nennen.

Wir werden auf die Behandlung der ans Fließwasser gebundenen Systeme zum Großteil verzichten und uns der zweiten Gruppe zuwenden. Wir wollen dabei zwei typische Beispiele für Sportgewässer der Gruppe Seen und der Gruppe Teiche, nämlich den Baggersee und den Karpfenteich, besprechen.

Baggersee

Der Baggersee entstand durch das Entnehmen von Schotter oder Sand in extrem leichten, durchlüfteten Böden. Die Wasserversorgung geschieht fast ausschließlich über den Grundwasserstrom, in dessen Bereich menschliche Arbeit einen Einbruch vollzogen hatte. Dieses Wasser ist kühl und nährstoffarm. Erst im Verlauf vieler Jahre altern solche Wasserkörper. Es bilden sich Schlammschichten, welche den Durchgang des Grundwassers verlangsamen. Damit sind eine Erwärmung des Wassers, eine langsame Anreicherung mit Nährstoffen und eine allmähliche Angleichung an die Bedingungen eines wenig produktiven Teiches verbunden.

Karpfenteich

Der von Anfang an geplante Karpfenteich liegt häufig in einem Gebiet mit schwerem Boden. Die Wasserversorgung stammt entweder von Niederschlägen oder von einem Fließgewässer, aus dem das Wasser über ein Entnahmebauwerk abgeleitet wird. In so einem Teich gibt es kaum Wasserdurchfluß, und damit kommt es zu einer stärkeren Erwärmung. Die Nährstoffversorgung ist weit besser. Nicht nur, weil der schwere Boden nährstoffreicher ist, sondern auch, weil die Versorgungswässer meist von gut gedüngten landwirtschaftlichen Flächen kommen.

Wie wir bereits wissen, ist die Temperatur des Wassers nicht nur verantwortlich für die Nährstoff-Freisetzung und damit für die Fruchtbarkeit des Wassers – wovon der Naturzuwachs der Fische ganz entscheidend abhängt –, sondern gibt uns auch die Grundlage für die Art des darin gehaltenen Hauptfisches. Grundsätzlich können wir in Teichen, die während der Sommerzeit 20 Grad Celsius nicht erreichen, von vornherein Forellen als Leitfische vorsehen, während Teiche mit einer Temperatur, die 20 Grad Celsius für längere Zeit überschreitet, den Karpfen vorbehalten bleiben.

Auch hier gibt es natürlich Ausnahmen, denn in Teichen mit sehr starker Durchflußmöglichkeit werden auch bei Temperaturen, die knapp über 20 Grad Celsius liegen, noch Regenbogenforellen gehalten werden können.

Dasselbe gilt für sehr tiefe Teiche, in denen die Temperatur am Grund des Wasserkörpers kühler bleibt. Dorthin können die Fische an sehr heißen Tagen ausweichen, ohne Schäden davonzutragen.

Halten wir uns bitte weiter vor Augen, daß die produktive Wasserschichte die oberste Wasserschichte umfaßt. Dort ist genügend Licht zur Ausbildung eines kräftigen Phytoplanktonbestandes, von dem die Nährtiere unserer Fische zum Großteil leben.

In flacheren und damit warmen Teichen kann der Naturzuwachs an Fischen allein schon bis zu 400 kg pro Hektar und Jahr ausmachen. Jener in einem neu ausgebaggerten Baggersee dürfte bei rund 15 kg pro Hektar liegen!

In den fünfziger Jahren unseres Jahrhunderts wäre es wahrscheinlich noch niemandem eingefallen, über die hier behandelten Fragen zu sprechen. Damals war die Gilde der Fischer ein exklusiver Verein, dessen Mitglieder an den vielen sauberen Fischgewässern noch genügend Platz hatten, um ihrem Vergnügen zu frönen. Seither hat sich das Bild kräftig gewandelt. Jedes Jahr beginnen Hunderte, wenn nicht Tausende von Menschen, dieser Freizeitbeschäftigung nachzugehen. Andererseits wird aber der Raum für sie durch Wasserverschmutzung und Regulierungen immer geringer. Dieser Mangel an befischbaren Fließgewässern führte ganz automatisch dazu, andere Sportgewässer zu suchen. Teiche und Baggerseen boten sich an.

Nun ist es recht einfach, ein Salmonidengewässer von der Barbenregion eines Flusses zu unterscheiden und damit für dieses Fließgewässer den entsprechenden Besatz zu finden. Nicht ganz so einfach war es, in Stillgewässern zu erkennen, um welche Art von Teichen es sich handelte und welche Art von Leitfisch mit den entsprechenden Nebenfischen man einsetzen sollte.

In einem Sportfischgewässer werden Sie normalerweise nicht unbedingt die höchstmögliche Produktion anstreben, sondern versuchen, möglichst naturnah zu bleiben. Damit schließen Sie Düngungen der Teiche bereits aus. Eine Düngung von Schotterteichen wird voraussichtlich schon aus Gründen der Grundwasserreinhaltung gar nicht möglich sein. Der einzige Düngestoff, der auch in Sportfischerteichen angewendet werden sollte, ist der Kalk. Dessen Anwendung bringt Ihnen jene Vorteile, die im

Kapitel über den Kalk bereits behandelt wurden. Der wichtigste Effekt für Sie ist jener der Aktivierung des Abbaus organischer Substanzen, womit die Alterung solcher Teiche verlangsamt werden kann.

Natürlich sage ich Ihnen jetzt Binsenweisheiten. Trotzdem müssen sie erwähnt werden. Also z.B.:

Je kleiner der Besatzfisch, desto höher sind die Verluste. Wenn fast fangfähige Fische eingesetzt werden, werden die Verluste folglich am geringsten sein.

Versuchen Sie, die Mitglieder Ihres Vereins dahin zu bringen, auf möglichst viele verschiedene Fischarten zu fischen. Die meisten unserer Angler sind ja leider nur auf ganz wenige eingeschossen. Am liebsten wäre ihnen der Hecht. Gerade dieser ist aber aufgrund seiner kannibalischen Gelüste nicht dicht zu halten. Ersetzen Sie ihn also in Teichen, in denen Zander gedeihen können, durch diese und durch Welse.

Aufzeichnungen

Zur zielführenden Verwaltung eines Teiches gehören auch Aufzeichnungen. Damit können Sie die spezifischen Eigenschaften jedes Teiches erkennen. Solche Aufzeichnungen, die Jahr für Jahr geführt werden sollten, enthalten zweckmäßigerweise folgende Angaben:

Name und Größe des Teiches
Erhaltungsarbeiten: Art, Datum
Kalkung: Kalkart und Menge, Datum
Fütterung: Art und Menge, Datum
Besatz: Fischart, Alter, Stückzahl, Gewicht, Datum
Verluste: Fischart, Anzahl, Datum, Grund (wenn bekannt)
Angelfrequenz: wie viele Fischer, wie viele Stunden, Datum
Gefangene Fischarten: Gewicht, Länge, Datum

Sollten Sie aus den Ergebnissen solcher Aufzeichnungen ungenügende Schlußfolgerungen der Bewirtschaftung ziehen können, wenden Sie sich an den nächsten Fischereiberater. Mit ihm können Sie nun die optimale Bewirtschaftungsform Ihres Teiches besprechen. Aber nicht nur mit diesem. Auch mit Ihrem Satzfischlieferanten sollten Sie über Fragen, die Sie bewegen, offen sprechen.

Der Angelteichbesatz

Ich hoffe doch, daß Sie mit einem schlagkräftigen Satzfischlieferanten Ihre Geschäfte tätigen? Sollten Sie hingegen einer jener Sportfischerzentrenbewirtschafter sein, die von möglichst vielen rundum liegenden Teichwirtschaften möglichst billige Fische kaufen, lesen Sie bitte meine folgenden Anregungen besonders genau:

Wie soll nun Ihr Satzfischlieferant aussehen?

148

Vor allem sollte er ein Teichwirt und kein Händler sein! Händler sind naturgegeben damit konfrontiert, daß sie aus allen Himmelsrichtungen und Weltgegenden verschiedene Fische in ihren Betrieb bringen. Damit schleppen sie aber auch die verschiedensten Krankheitserregerstämme und die unmöglichsten Parasiten ein. Diese ganze „Pracht" verteilt sich nun auf alle in den Betrieb kommenden Fische. Sie werden also ebenfalls bestens damit versorgt!

Nun ist aber das „seuchenbiologische Gleichgewicht" eine der wichtigsten Grundlagen zur Gesunderhaltung Ihres Fischbestandes. Einfach gesagt, soll das vorhandene seuchenbiologische Gleichgewicht verhindern, daß sich Ihre Fische immer wieder mit neuen Krankheitserregern oder Parasiten auseinandersetzen müssen.

Warum ist dies so schädlich? Krankheitserreger in Form von Bakterien oder Viren sind überall vorhanden. In einer einzigen Teichwirtschaft jedoch sind die Fische im Laufe von Generationen gegen die dort lebenden Stämme solcher Krankheitserreger immun geworden (lat.: *immunis* = unempfindlich, geschützt). Das heißt, sie haben in ihrem Körper genügend Abwehrstoffe, um solche „bekannten" Krankheitserreger bekämpfen zu können. Bringen Sie nun aus einer anderen Teichwirtschaft einen „fremden" Stamm, können sich Ihre Fische dagegen nicht wehren. Sie werden erkranken.

Die nun folgenden Ausführungen beziehen sich ausschließlich auf „Zufallsbrutverkäufer". Nicht gemeint sind selbstverständlich Teichwirte – ob groß, ob klein –, die ständig K_1 erzeugen und den nicht selbst verwendeten Überfluß anbieten. Auch treffen die meisten Feststellungen nur für K_1, nicht aber für K_2 oder K_3 zu.

Das Suchen und Kaufen billigen Besatzes hat neben der Frage des seuchenbiologischen Gleichgewichts aber noch einen anderen Aspekt: Welcher Teichwirt kann billige Fische anbieten? Am ehesten doch wohl jener, dem der liebe Gott geholfen hat, seine unerwartete Zufallsbrut über den Winter zu bringen. Er wird wohl kaum eine Bandwurmfütterung im Herbst, eine Konditions- und eventuell Medizinalfütterung im Frühjahr durchgeführt haben, bevor er Ihnen seine Fische anbietet. Aber gerade seine Fische hätten dies dringend gebraucht. Sie sind ja zusammen mit Laichfischen und Speisefischen in einem Teich großgeworden. Gerade in der Herbstzeit, wenn die K_1 ihre Winterreserven anlegen sollen, wurde durch die Konkurrenz der größeren Fische das Nahrungsangebot übermäßig stark verringert. Dazu kommt noch die Belastung der Abfischung zwischen den großen Fischen, die durch ihr Herumschlagen so manch kleinen Fisch innerlich verletzen.

Sonderbarerweise wird diese Art des Femelbetriebes immer wieder durchgeführt. Demselben Bauern, der dies in seinem Teich macht, würde es nicht im Traum einfallen, in einem einzigen Stallraum zur selben Zeit Zuchtsauen, Zuchteber, Mastschweine und Ferkel herumlaufen zu lassen und zu füttern. Selbstverständlich nicht, denn hier würde er das Martyrium der jungen Tiere sehen. Im Teich sieht er es nicht!

Sie werden also eine Teichwirtschaft suchen, die eine möglichst große Palette von Fischen anbietet, die Sie in Ihrem Teich verwenden können. Sollte nun diese Teichwirtschaft einige Arten von Fischen nicht führen (z.B. einen oder einige Räuber, Pflanzenfresser usw.), werden Sie sich eine, aber wirklich nur eine, andere Teichwirtschaft suchen müssen. Und bei diesen beiden Teichwirtschaften bleiben Sie dann für immer! Das seuchenbiologische Gleichgewicht wird sich auf solche Art langsam in Ihrem Teich ausbilden.

Das seuchenbiologische Gleichgewicht ist aber nur einer der Vorteile, den Sie durch die Wahl eines ständigen Lieferanten besitzen. Durch die laufende Abnahme fühlt er sich auch verpflichtet, Sie bestens zu behandeln. Er wird Ihnen also nicht nur Ihre Hauptfische wie Karpfen oder Regenbogenforellen liefern, sondern sich ganz besonders anstrengen, Ihnen auch „Zuckerln" geben zu können; jene Fischarten also, die sehr schwer zu bekommen sind. Ich denke hierbei nicht nur an Hecht, Wels, Zander in halbwegs brauchbaren Größen, sondern auch an die immer seltener werdende Schleie.

Bei jedem, auch beim besten Besatz, kann irgend etwas schiefgehen. Der ständige Lieferant wird Ihnen so gut als möglich Ersatz leisten, auch wenn dies unter Umständen erst im darauffolgenden Jahr möglich sein wird. Er ist ja an einer Geschäftsverbindung mit einem vertrauenswürdigen Partner genauso interessiert wie Sie!

Ich möchte überhaupt empfehlen, zwischen Teichwirten und Sportfischern ein viel engeres Verhältnis auszubilden, als dies derzeit der Fall ist. Warum besuchen Sie in arbeitsarmen Zeiten nicht Ihren Besatzfischlieferanten, um bei einem Glas Wein im gemütlichen Gespräch Ihre und wohl auch seine Sorgen besprechen zu können? Warum besuchen Sie Ihren Lieferanten nicht während der großen Zeit der Abfischungen im Herbst? Sie werden ihm, ausgerüstet mit Arbeitskleidung und Stiefeln, ein willkommener Gast sein! Aber auch wenn Sie nicht arbeitswütig sein sollten, werden Ihnen Teichabfischungen manch Neues und Interessantes bieten können.

Nahezu alle Satzfischproduzenten sind Mitglieder der jeweiligen Zusammenschlüsse von Teichwirten. Solche Verbände, Genossenschaften usw. haben ein meist recht intensives Weiterbildungsprogramm. Sie organisieren Vorträge, Kurse und Lehrfahrten. Nehmen Sie doch an diesen Veranstaltungen teil. Sie werden auch Ihnen viel Neues bringen!

Die jährliche Abfischmenge eines Sportfischerteiches (Sees) wird bei normaler Bewirtschaftung so hoch sein wie der natürliche Zuwachs, also irgendwo zwischen 50 und 400 kg! Hätten Sie also z.B. einen armseligen Baggersee mit einem Hektarzuwachs von 50 kg pro Jahr, und Sie wollen den natürlichen Zuwachs an Karpfen in Höhe von 50 kg fischen, ergäbe dies: Im 4. oder 5. Jahr nach Besatz mit K_V oder eventuell mit K_1 25 Karpfen à 2 kg. Dies ist schon hochgegriffen, weil ja ein Teil des Zuwachses auch auf die jüngeren Jahrgänge entfällt. Die Mitglieder Ihres Vereins würden dahinschmelzen wie Schnee an der Sonne, wenn Sie auf diese Art wirtschaften würden.

Es wird Ihnen also nicht erspart bleiben, Ihr Gewässer mit nahezu fangfähigen oder bereits fangfähigen Fischen zu besetzen. Lassen Sie auch bitte erwachsene Fische, die gefangen wurden, nicht wieder zurücksetzen. Sie sind Nahrungskonkurrenten für jüngere Fische, die je Kilogramm aufgenommener Nahrung einen weit besseren Zuwachs zeigen. Studieren Sie bitte den Aufbau der Futterkette am Anfang dieses Buches. Halten Sie sich daran, werden Sie Ihren Teich optimal bewirtschaften können. Dazu gehört auch das Überdenken der Größe und Aufnahmefähigkeit verschiedener biologischer Nischen in Ihrem Wasser. Tun Sie das, werden Sie in weiterer Folge herausfinden, daß manche Fischarten nicht die gesamte Seefläche bewohnen. Zur Berechnung der Menge des Besatzes werden Sie also nur die Größe der jeweiligen Nische zugrunde legen dürfen.

In einem großen alten Baggersee z.B., dessen Tiefe kaum über 5 m hinausgeht, kann als Berechnung für den Karpfenbesatz die gesamte Wasserfläche zugrunde gelegt werden. So ein gealterter See hat meist auch einen guten Pflanzenbewuchs entlang des Ufers. In einem stark verwachsenen Karpfenteich würde man nun bis zu 20% Amur einsetzen. Eine solche Menge wäre aber für den Uferbewuchs des Baggersees viel zu hoch. Nur ein kleiner Prozentsatz der Gesamtwasserfläche ist ja hier verwachsen. Die Amurnische ist also weit kleiner als die ganze Seefläche.

Für den Besatz von Silberkarpfen würde man selbstverständlich die gesamte Wasserfläche berechnen, denn dieser Fisch lebt ja in der phytoplanktonreichsten Zone des Gewässers, und diese ist die gesamte Oberflächenschicht.

Die gute Verwaltung eines Sportfischerwassers verlangt von Ihnen aber nicht nur das richtige Besetzen desselben, sondern auch das richtige Befischen! Die Entfernung mäßiger Fische habe ich bereits erwähnt. Auch die entsprechend scharfe Befischung der Räuber, vor allem des Hechtes, ist dann Voraussetzung, wenn Sie aufgrund der natürlichen Gegebenheiten einen Mischbestand mit Regenbogenforellen erhalten wollen.

Ein von allen Mitgliedern unbedingt eingehaltenes Gebot muß heißen: Nur die gewählte Leitung entscheidet, welche Besatzmaßnahmen vorgenommen werden! Es muß strengstens verboten sein, irgendwelches Wassergetier ohne Ihr Wissen und Ihre Zustimmung in den Teich zu bringen. Übriggebliebene Köderfische dürfen auf keinen Fall ins Wasser geworfen werden! Viele von ihnen degenerieren (verbutten) und vermehren sich in Massen. Sie sind kaum noch ohne Totalabfischung zu entfernen. Ganz besonders gilt dies für Flußbarsch, Blaubandbärbling und Karausche. Dazu kommt natürlich die große Gefahr des Einschleppens irgendwelcher Pestilenzen.

Und weil wir gerade bei Fragen des Managements sind, wollen wir auch die Rentabilität eines Sportfischerteiches etwas unter die Lupe nehmen:

Jedes Mitglied wird Ihnen dankbar sein, wenn aus der Bewirtschaftung auch noch ein Reinertrag herausschaut. Dazu gehört nicht nur ein gewisses Maß an Initiative der Verwaltung, sondern auch der Mut, von den eigenen Mitgliedern entsprechende Preise für Fischerkarten und mit nach Hause genommene Fische zu verlangen.

Besonders ertragreich scheinen gut besuchte Veranstaltungen wie Preisfischen und derartige Belustigungen zu sein. Zum Anlocken vieler Teilnehmer ist allerdings ein gut besetzter Teich Voraussetzung. Eines der besten Lockmittel, die ich kenne, sind große Silberkarpfen. Diese Riesenfische schwimmen meist an der Oberfläche und werden von allen Anglern gierig beschaut.

Gestalten Sie Ihre Verkaufspreise zumindest in jener Höhe wie die Detailpreise von Teichwirtschaften ab Hälter.

Lassen Sie uns nun gemeinsam ein Sportfischergewässer des Typs Karpfenteich – also lange Zeit über 20 Grad Celsius – besetzen: Auf Naturnahrungsbasis werden wir zwischen 500 und 2000 kg Fische je Hektar am Leben erhalten können. Diese auf der Basis des Leitfisches – also des Karpfens – und dessen Nahrung im Boden und im Wasser.

Besatz	Gewicht
1500 Stück K_2 oder K_3 à 1 kg = Wenn möglich, werden wir Schuppenkarpfen verwenden, die genausogut wachsen wie Spiegelkarpfen, aber auf jeden Fall sportlicher wirken.	1500 kg
Dazu 200 Stück Speiseschleien à 0,25 kg = 50 Stück Marmoramur à 1,00 kg =	50 kg 50 kg
In tiefen Teichen mit ständigem Durchfluß eventuell 500 Stück Regenbogenforellen à 0,2 kg =	100 kg
Je nach Pflanzenbewuchs 50 bis 100 3sömmrige Amur à rund 1,00 kg =	50–100 kg
Und zur Gesundung des Teiches und dessen Sauerstoffhaushaltes 500 Stück Silberamur, 3sömmrig à 1,00 kg =	500 kg
Falls genügend Deckung: 20 bis 30 Hechte, 10 Welse und, sollte das Gewässer hierfür geeignet sein, 50 Zander. Alle Räuber ungefähr in einer Größe von 1 kg	100 kg
Summe	**2400 kg**

Bei obiger Aufstellung sehen Sie bereits, daß für die Räuber kaum Fischnahrung zur Verfügung steht. Lediglich die zu erwartenden jungen Schleien werden entsprechendes Futter bilden. Aus diesem Grund können Sie mehr Schleien einsetzen. Aber auch nicht gefangene Karpfen und Räuber werden sich nach Erreichen der Geschlechtsreife voraussichtlich vermehren.

Falls Sie mit natürlicher Zandervermehrung rechnen, sollten Sie keine Hechte einsetzen, weil diese Zander als Lieblingsspeise gar nicht hochkommen lassen.

Sollten Ihnen Blut- und/oder Fischegel Probleme bereiten, könnten Sie mit einem starken Barschbesatz Abhilfe schaffen. Die übermäßige Barschvermehrung kann wiederum am besten der Zander in Grenzen halten.

Hier sei auch erwähnt, daß in Anglerteichen mit starkem Raubfischbestand eine Vermehrung der Futterfische – mit Ausnahme des Rotauges *(Rutilus rutilus)* – kaum stattfinden kann. Sie werden Futterfische also ständig nachbesetzen müssen. Setzen Sie Grasfische nur in geschlossene Gewässer. Sie stammen aus Flußsystemen und wandern sofort ab, wenn sie eine Strömung verspüren, die nicht versperrt ist.

Mit oben beschriebenem Besatz haben wir sämtliche Nischen unseres Wassersystems genützt. Der Zuwachs bzw. die Ernährungsmöglichkeit für so viele Fischarten hat sich damit vergrößert.

Ich habe den Aal bewußt ausgelassen. Er ist für Krebsbestände tödlich und auch sonst ein destruktiver Brut- und Laichräuber.

Der Besatz mit **Krebsen** wäre in solchen Gewässern, die ja viele Jahre nicht entleert werden, eine enorme Bereicherung. Krebse sind Allesfresser. Nur der Amur wäre für sie ein Nahrungskonkurrent. Deshalb schwächeren oder keinen Amurbesatz geben.

Eigentlich stehen uns für den Besatz nur zwei Krebsarten zur Verfügung: der einheimische Edelkrebs *(Astacus astacus)* und der aus Amerika importierte Signalkrebs *(Pacifastacus leniusculus),* der auch etwas schlechtere Gewässer verträgt, widerstandsfähiger gegen Krebspest ist und schneller wächst als unser Edelkrebs. Der Besatz mit Edelkrebs erfolgt am besten mit ausgewachsenen Tieren, die sich recht gut vermehren, falls keine Krebspestinvasion erfolgt.

Setzen Sie auf keinen Fall kleinscherige Krebsarten, wie Stein- oder Sumpfkrebse, ein! Ziehen Sie unbedingt den einheimischen Edelkrebs dem Signalkrebs vor, der häufig die Krebspest überträgt, ohne unbedingt selbst daran zu erkranken.

Bei einem Durchschnittszuwachs von 100 kg/ha und Jahr und dem derzeitigen Preis keine schlechte Zubuße, trotz der hohen Besatzkosten. Ganz abgesehen vom Hochgenuß eines Krebsschmauses.

Hechte sind recht schwierig zu bekommen. Ein guter Ersatz vom sportlichen Standpunkt aus und weit besser zu essen wäre der Amur. Er ist ein erstklassiger Kämpfer und schmeckt sehr gut. Falls viele kleine Futterfische vorhanden sind, verwenden Sie doch Zander. Zander sind zwar schwache Kämpfer, schmecken aber weit besser als Hecht.

Sie haben nun Ihren gesamten Besatz – wenn irgend möglich – von einem Betrieb gekauft. Die Fische sind in Ordnung, denn sie stammen aus einer erstklassigen Hälterung, in die sie erst gesetzt wurden, nachdem sie durch Fütterungen und Bäder in beste Kondition versetzt worden sind.

Wenn Sie Schwierigkeiten mit Ihren eigenen Transportmöglichkeiten hatten, hat Ihnen der Lieferant Gefäße und Sauerstoffgeräte geliehen.

Selbstverständlich transportierten Sie nur mit Sauerstoffversorgung. Hierfür wurden keine Sauerstofftabletten verwendet, weil diese in keiner Weise den in sie gesetzten Erwartungen entsprechen.

Schäden der Fische durch mangelhafte Sauerstoffversorgung müssen nicht gleich zu erkennen sein. Sehr oft treten erst Spätschäden auf, und Sie registrieren nach dem Besetzen Ihres Teiches tagelang Todesfälle.

Normalerweise wollen Sie nun solche Ausfälle vom Lieferanten ersetzt erhalten, obwohl er daran unschuldig ist. Seine Schuld bestand lediglich darin, daß er Ihre Transporteinrichtung nicht kontrolliert hatte.

Wenden Sie sich überhaupt bei auftretenden Schwierigkeiten an Ihren Satzfischproduzenten. Er ist normalerweise gut ausgebildet und versteht viel von seinem Fach. Transporte im Plastiksack mit Sauerstoffblase sind für etwas größere Karpfen und Zander nicht mehr möglich. Die harten Rückenflossenstrahlen solcher Fische durchstechen den Sack zu leicht.

Nun noch zur Mindestausrüstung an Geräten, die zur Bewirtschaftung eines Teiches nötig ist: einige Kescher verschiedener Größen. Das Garn der Netze sollte nicht zu fein sein, weil damit leicht Verletzungen verursacht werden. Ein Schutzbügel verhindert vorzeitiges Durchscheuern des Netzes. Auch ein kleines Zugnetz wird sehr oft von großem Nutzen sein. Einige Behälter aus Fiberglas, ein Sauerstoffgerät mit

Flächenausströmern und ein Boot werden wohl nicht zu entbehren sein. Auf größeren Teichflächen benötigen Sie das Boot nicht nur zum Kalken, sondern für die verschiedensten Arbeiten, die anfallen können. Ein Feuerhaken am langen Stiel wird Ihnen ebenfalls viel Nutzen bringen; und das nicht nur zum Hochziehen Ihrer Mönchbretter.

Ein Wasserbestimmungsköfferchen zum Feststellen von pH-Wert, SBV und Sauerstoffgehalt sollte ebenfalls zur Standardausrüstung gehören.

Obwohl ich so oft vom Unter-Wasser-Stehen Ihrer Teiche gesprochen habe, möchte ich darauf hinweisen, daß Sie alle Vorgänge im Teich weit besser in der Hand haben, wenn Sie nach zwei oder drei Jahren abfischen. Sie können damit nicht nur den gebildeten Schlamm behandeln, sondern auch Ihren Besatz gezielter vornehmen.

Um nun bei solchen Abfischungen wertvolle Fische nicht unbedingt verkaufen zu müssen, empfiehlt es sich, Ausweichteiche zur Verfügung zu haben, in denen Überwinterungen solcher Fische vorgenommen werden können.

Pflanzenfresserköder

Alle drei Pflanzenfresserarten wurden nach dem Erreichen einer gewissen Größe mit Köderfischen schon gefangen. Auch der Regenwurm dient als Köder, der vor allem vom Amur gern angenommen wird.

Weiters empfiehlt es sich für Amur, Paradeisherzen oder Salat zu verwenden, selbstverständlich auch alle Karpfenköder und eingeweichten Mais. Letzteren besonders an Stellen, an denen normalerweise gefüttert wird. Wenn allerdings die Wassertemperatur hoch genug ist, fressen Amur fast alles, was ihnen angeboten wird.

Als Silberamurköder hat es sich bewährt, eine Teigkugel in Öl einzuweichen und danach in Mehl zu wälzen. Der Fisch wird durch das im Wasser abschwebende Mehl angelockt und lutscht dann an der Teigkugel. All dies geschieht nahe der Wasseroberfläche, so daß Sie gut beobachten können und der Anschlag im richtigen Augenblick erfolgen kann.

Noch besser wirkt das Anfüttern mit leicht zerfallenden Fertigfutterpreßlingen. Diese bilden eine Futterwolke, die von Silber- und Marmorfischen gerne angenommen wird. Mit kleinen Ködern, z.B. gequollenem Mais, können die Fische in dieser Wolke gefangen werden.

SANIERUNG VON BADESEEN DURCH FISCHE

Seit wenigen Jahren beschweren sich immer wieder Badegäste an Seen und Teichen über unterschiedliche Probleme, die nach dem Baden in Seen, Baggerseen und Teichen auftreten.

Am wenigsten irritierend ist noch das Vorhandensein von Schwebealgen in solchen Massen, daß weiße Badeanzüge grün werden. Fast immer handelt es sich um **Blaualgen,** deren Bekämpfung mit starkem Silberfischbesatz einfach ist. Auch der Aufwuchs von **Fadenalgen** in klaren Teichen kann durch den Besatz mit einsömmrigen Grasfischen in Zaum gehalten werden.

Desgleichen können größere Flächen sonstiger **Wasserpflanzen,** die Schwimmer behindern, mit Grasfischen gut bekämpft werden. Aber auch Rotfedern *(Scardinius exythrophtalmus)* beteiligen sich am Fraß von weichen Unterwasserpflanzen.

Blutegel, aber auch Fischegel werden gerne von Barschen *(Perca fluviatilis)* gefressen. Aber auch Rotaugen *(Rutilus rutilus)* lieben Weichtiere.

Stechmückenlarven werden von allen kleinen Fischen gerne gefressen. Am sichersten wirkt der Blaubandbärbling, weil er sich stark vermehrt.

Andererseits ist eine **Massenentwicklung junger Fische** deshalb bedenklich, weil sie als Lieblingsnahrung die filtrierenden Zooplanktontierchen fressen. Damit kann sich die Nahrung der Filtrierer, die Schwebealgen, ungebremst vermehren (Bekämpfung siehe Blaualgen).

Größere Probleme gibt es seit einigen Jahren durch das Auftreten von Gabelschwanzlarven *(Zerkarien)* eines Saugwurms *(Trematode)*, der in Wasservögeln, vor allem in Enten, lebt. Die Zerkarien rufen während einiger warmer Sommerwochen die **Zerkariendermatitis, Badedermatitis** oder **Entenbilharziose** hervor.

Der Entenpärchenegel *(Trichobilharzia szidati)* lebt als geschlechtsreifes Tier in der Darmwand von Enten. Mit dem Kot der Enten werden seine Eier ausgeschieden. Daraus entwickelt sich eine Wimperlarve, die als Zwischenwirt eine Wasserschnecke sucht. Hier entwickelt sich die Wimperlarve zur Zerkarie, die im Wasser ausschwärmt und einen Schwimmvogel sucht, durch dessen Haut sie eindringt, den Gabelschwanz abwirft und in den Darm gelangt, womit der Entwicklungskreislauf geschlossen ist.

Nun sendet die menschliche Haut ähnliche chemische Stoffe aus wie die Vogelhaut, so daß Zerkarien auch auf Badegäste losgehen. Sie können die menschliche Haut aber nicht durchdringen und sterben ab. Der Entwicklungskreislauf ist unterbrochen. Der Mensch ist ein Fehlwirt! Nach dem ersten Zerkarienangriff, der von ihm gar nicht bemerkt wird, bildet der Körper aber Abwehrstoffe aus, die bei weiterem Zerkarienbefall zu den stark juckenden Wimmerln (Quaddeln) führen. Ihre Badegäste werden nach solchen Erfahrungen nicht wiederkehren!

Bekämpfen können wir nur den Zwischenwirt Wasserschnecke, weil wir ja den Endwirt – meist Stockenten oder Möwen – weder ausrotten können noch wollen.

Eine Verminderung der Wimperlarven *(Miracidien)* und Zerkarien wird bereits ein starker Besatz von planktonfressenden Fischen (Silber- und Marmorfische) hervorrufen.

Eine durchschlagende Befreiung von dieser Pest wird wohl nur eine starke Verminderung der Wasserschnecken bringen. Selbstverständlich können Sie ein molluskentötendes Gift einsetzen. Was Sie alles damit sonst noch umbringen, weiß ich nicht. Sicher aber Ihren Ruf als naturnaher Teichwirt!

Es gibt natürlich eine biologisch einwandfreie Schneckenvertilgung, und zwar den Einsatz molluskenfressender Fische. Diese sind Rotaugen, Schleien und natürlich Karpfen in ausreichender Anzahl. Leider werden von ihnen nur junge und kleine Schnecken gefressen, weil sie ausgewachsene Exemplare nicht verdrücken können. Dies kann nur der ebenfalls aus Ostasien importierte Schwarze Amur. Mit Hilfe seiner Kauplatten ist er imstande, auch große Schnecken zu fressen. Leider gelingt seine Vermehrung nicht so leicht wie bei den anderen Ostasiaten, weshalb er bei uns noch immer Mangelware ist.

Sollten Sie bei Ihrem Badebetrieb Wert auf klares Wasser legen, was zu empfehlen ist, dürfen Sie aber keine Karpfen einsetzen, weil diese das Wasser zu sehr trüben. Ein starker Schleien- und / oder Rotaugenbesatz muß dann ausreichen, bis genügend Schwarze Amur angeboten werden.

Die Aufsichtsorgane unserer Badegewässer möchten am liebsten eine Sichttiefe von 2 m vorfinden. Bei starkem Fischbestand – und der ist nun einmal notwendig, wenn Sie alle Pestilenzen im Griff haben wollen – wird das aber auf keinen Fall möglich sein. Dies sollte Ihnen aber keine Sorgen machen, denn der hygienische Zustand wird sicher in Ordnung sein. Und nur das ist von Bedeutung!

ABSATZ UND VERMARKTUNG

Der Karpfenteichwirt verhält sich in der Vermarktung normalerweise genauso konservativ wie nahezu alle Menschen auf dieser Erde. Es ist nun einmal leichter, auf oft erprobten Geleisen weiterzufahren, als über rumpelnde Weichen andere Linien aufzusuchen. Die Zeiten haben sich aber kräftig geändert, und auch wir werden ihren Forderungen Gehör schenken müssen.

Eingefahren und ohne großen Arbeitsaufwand, das ist die bisher geübte Methode des Verkaufs lebender Fische. Entweder gehen sie in großen Mengen ab Damm oder Hälter an den Großhandel, in kleineren Mengen an Gastwirte und sonstige Kleinabnehmer oder im Detail an den zum Damm oder Hälter kommenden Einzelkunden.

So hat man am wenigsten Scherereien und damit natürlich auch am wenigsten Verdienst beim Verkauf an den Großhandel.

Schon der Verkauf an den Gastwirt verlangt einen etwas höheren Einsatz von Hirn und Zeit. Dieser hat ja meist nur ungenügende Hältermöglichkeiten. Wir müssen also unter Umständen die Hälterung für ihn übernehmen. Von dort liefern wir, oder er holt sich seinen wöchentlichen Bedarf, der nun von einigen Dutzend bis einige hundert Kilogramm schwer sein kann. Für diesen Aufwand und diese Mühe können wir aber dem Großhandelspreis ungefähr 30 bis 50% zuschlagen.

Und 50 bis 100%, eventuell auch mehr, ist üblich als Zuschlag zum Großhandelspreis beim Einzelverkauf ab Betrieb.

Für den Detailverkauf in etwas größerem Ausmaß brauchen Sie aber auch schon einen Raum mit Becken und Verarbeitungstisch mit Waage. Je freundlicher Sie sind und je besser Sie den Fisch küchenfertig zubereiten, desto interessanter werden solche Geschäfte. In Verbindung damit sollten Sie nicht auf die Beratung über die Zubereitung der einzelnen Fischarten verzichten. Die Ausfolgung einer Sammlung praxiserprobter Kochrezepte wird von Nutzen sein. Relativ wichtig ist diese Beratung in einem Land wie Österreich, in dem von Haus aus wenig Fisch gegessen wird. Dauerkunden werden Sie sich aber nur erziehen, wenn den Käufern die von Ihnen empfohlenen Fischgerichte schmecken. Gerade bei fettarmen Fischen wie Amur oder Hecht sollten Sie Ihre Kunden auf die Unmöglichkeit hinweisen, solche Fische zu panieren und im Fett schwimmend zu backen. Dies ist nämlich jene Methode, die die österreichische Hausfrau am liebsten anwendet. Genausogut könnten Sie Zeitungspapier panieren und backen. Es wäre sicher billiger und nicht viel weniger schlecht. Also: trockene Fische grillen, braten, dünsten, nur ja nicht backen!

Eine gefällige Verpackung in Plastiktaschen wird dem Geschäft einen appetitlichen Abschluß geben.

Ein vielversprechender und noch sehr ausbaufähiger Weg ist jener über den Betriebsrat größerer Unternehmungen. Diese Damen und Herren sind meist gerne bereit, für die Arbeiter und Angestellten ihres Unternehmens Weihnachts-, Neujahrs- oder Osteraktionen mit Karpfen durchzuführen.

Den Verkauf über Gaststätten können Sie auch forcieren, indem Sie neuerungswillige Gastwirte dazu motivieren, Fische als Spezialität des Restaurants zu verkochen. Dazu ist es manchmal sogar notwendig, den Gastwirten die erforderlichen Handgriffe und Kochrezepturen beizubringen. Dies scheint mir auch einer jener Wege zu sein, die uns zum vermehrten Verkauf von Silberkarpfen führen können.

Alle von mir hier erwähnten Absatzmöglichkeiten sind in der Praxis erprobt und haben sich bewährt. Ich selbst habe bei Schichtwechsel vor dem Fabrikstor meine gesamte – wenn auch kleine – Speisekarpfenproduktion verkauft, und einer der größten steirischen Teichwirte verkauft heute ebenfalls nahezu seine gesamte Produktion an einen benachbarten Gastbetrieb, dem das Teichwirteehepaar sehr kräftig über die Anfangsschwierigkeiten hinweggeholfen hatte. Jetzt floriert das Geschäft zum Wohle beider Seiten.

Mit demselben fortschrittlichen Teichwirt führten wir einen anderen zukunftsweisenden Versuch durch, und zwar den Verkauf von frischen Karpfenfiletstücken unter Klarsichtfolie; also die gleiche Art, wie Fleischstücke angeboten werden. Dies über eine Lebensmittelhandelskette. Trotz der vielen Arbeit lief dieser Versuch recht günstig. Die notwendigen Preise waren unschwer zu erzielen. Leider gingen uns die Fische schon aus, als eine weitere Verkaufssteigerung vorauszusehen war.

Und hier zeigt es sich nun, daß ein laufendes Karpfengeschäft sehr, sehr schwer durchzuführen ist. Karpfen sind eben Saisonware! Anders könnte die Sache über einen Fisch laufen, der ganzjährig gehältert und damit angeboten werden könnte. Dies wäre wiederum der Silberamur.

Die bisher beschriebenen Vermarktungsmethoden sprechen Hausfrauen an, die als junge Mädchen oder Frauen noch gelernt haben, einen ganzen Fisch zuzubereiten. Leider werden diese für uns idealen Konsumenten von Jahr zu Jahr weniger. Der Großteil der jungen Hausfrauen verabscheut geradezu den Fischgeruch an ihren Fingern, der bei der Zubereitung eines ganzen Fisches auf jeden Fall auftritt. Ihnen ist das tiefgefrorene küchenfertige Fischpaket bedeutend lieber.

Diesem Trend kommt auch das Angebot von geschröpften Filets oder Stückchen entgegen. Beim Schröpfen werden die Zwischenmuskelgräten in einem Abstand von 3–5 mm zerschnitten, womit nach der Zubereitung keine Gräten mehr zu spüren sind. Solcherart vorbereitete Filets finden nicht nur bei Hausfrauen, sondern immer mehr bei Fischrestaurants Zuspruch. Filets werden von der Fleischseite her geschröpft, wobei die Haut unverletzt bleibt. Es gibt hierfür auch schon Maschinen. Wenn Sie ganze Fische auf den Tisch bringen wollen, kann die Schröpfung von außen durch die Haut erfolgen.

Da uns allen diese Entwicklung bekannt ist, wird uns ein möglichst baldiges Umdenken wohl nicht erspart bleiben!

Verluste bei Verarbeitung eines ca. 2 kg schweren Speisekarpfens, schwankend je nach Körperzustand des Fisches und Erfahrung des Verarbeiters (nach FM Helfried Reimoser, Werndorf):

Ganzer Fisch	1,70–2,25 kg	100%
geschuppt und ausgenommen ohne Kiemen	1,30–1,90 kg	76–84%
halbiert oder Stücke (ohne Kopf)	1,10–1,55 kg	64–69%
filetiert (und geschröpft)	0,65–1,10 kg	38–49%

Der Filetanteil kann bei kleinen oder mageren Karpfen bis auf 30% absinken. Zusammen mit dem Wissen über Ihren Arbeitsaufwand wird Ihnen die Tabelle beim Errechnen der Verkaufspreise dienlich sein.

RÄUCHERN

Eine ganz ausgezeichnete Delikatesse sind gut geräucherte Karpfen. Die meisten Verkoster bei Proberäucherungen stuften Karpfen besser als Aal, Coregonen oder Salmoniden ein.

Hierzu einige Bemerkungen:

Es gibt Kalt- und Heißräucherungen.

Die meisten Fische werden heiß geräuchert, weil damit auch die Garung verbunden ist. Karpfen zerfällt sehr leicht, deshalb muß er hängend als Stücke in Netzen, in Schnüre gebunden oder liegend auf Rosten geräuchert werden.

Als Räuchergeräte können sämtliche auf dem Markt angebotenen Öfen Verwendung finden. Am besten hat sich aber noch immer der aus Ziegeln gemauerte Räucherofen bewährt. Am billigsten hingegen ist ein senkrecht gestelltes Drainagebetonrohr ⌀ 30–40 cm, welches mit starkem Draht zusammengebunden ist, weil es beim Heizvorgang leicht birst. Feuchte Jutesäcke als Abdeckung verhindern ein allzu starkes Austrocknen der Fischstücke (oder Fische).

Bevor wir eine Partie Karpfenstücke räuchern, wollen wir uns einige grundlegende Forderungen vor Augen halten:

Bei der Preisbildung bedenken Sie bitte die hohe Arbeitsbelastung und den großen Gewichtsverlust des Produktes. Je mehr Gewicht Sie erhalten können, desto besser ist es für Sie, aber auch für das Produkt, das saftig bleibt und damit besser schmeckt.

Weiters bedenken Sie bitte, daß Sie beim Karpfenräuchern vom ausgeschleimten Fisch aus der Hälterung bis zum geräucherten einen Gewichtsverlust von rund 40% haben; bei Forellen von rund 25%.

Fehlerfrei tiefgefrorene Fische können ohne Geschmacksveränderung ebenfalls zum Räuchern verwendet werden. Voraussetzung hierfür ist, daß Sie am Beginn der Frostung sehr schnell auf 20 bis 30 Grad Celsius heruntergekühlt haben. Je fetter der Fisch, desto kürzer die Tiefkühlperiode. Bei sehr fetten Fischen nur 4 bis 8 Wochen! Da die Geschmacksveränderung durch Oxidation des Fettes erfolgt, ist eine Verpackung in ausgesaugten, fest verschlossenen Plastikbeuteln ohne Luftzutrittmöglichkeit von Vorteil.

In einer Räuchercharge sollten möglichst gleich große Fische (Fischstücke) eingehängt werden. Ist dies nicht möglich, müssen Sie die eher gar gewordenen kleinen Fische vorher herausnehmen, also vorne einhängen. Fische bis etwa 400 Gramm können als ganze geräuchert werden, bis ca. 1 kg in längs gespaltenen Hälften und bei schwereren Fischen in Stücken. Wenn Sie ganze Fische räuchern, erhalten Sie die Beschuppung. Solche Fische wirken nach Räucherung weit ansehnlicher und bleiben saftiger.

159

Falls Sie bei der Räucherung eine schöne goldgelbe Farbe erreichen wollen, ist es günstig, die Fische vorher zu entschleimen. Hiezu tauchen Sie diese nach der Tötung in ein Gemisch von einem Teil Salmiakgeist und 200 Teilen Wasser. 10 Sekunden lang eintauchen genügt. Danach müssen Sie die Fische gut waschen, damit nicht nur der Salmiakgeruch verschwindet, sondern auch sämtliche Schleimreste entfernt werden.

Aus den Kiemen tritt während des Räuchervorgangs ein blutiger Saft aus. Deshalb entfernen Sie diese am besten oder Sie hängen die Fische am Schwanzstiel auf, so daß der Blutsaft nicht am Körper entlangrinnen kann und die Ware unansehnlich macht. Verwenden Sie hierzu eine relativ dicke Hanfschnur. Karpfenstücke werden entweder ebenfalls in Hanfschnur geschnürt oder in ein für manche Fleischarten gebräuchliches Kunststoffnetz gegeben.

Und nun zum **Salzen:** Sie können trocken oder naß salzen.

Beim Trockensalzen werden die sauber geputzten Fische mit Grobsalz (kein Pökelsalz verwenden!) innen und außen eingerieben und in eine flache Pfanne gelegt. Das sich bildende Salzwasser soll ablaufen können. Je dicker die Muskelpartie, desto stärker sollte dort die Salzauflage sein. Vor dem Einhängen in den Ofen nach 1 bis $1^1/_2$ Stunden Salzzeit wird das Salz abgewaschen.

Der Nachteil dieser Methode, wie übrigens aller Kurzzeitmethoden, ist die relativ ungleichmäßige Salzung des Fisches. Dicke Muskelpartien bekommen zu wenig, dünne zu viel.

Beim Naßsalzen können Sie zwei Methoden verwenden, und zwar:
a) gesättigte Salzlösung. Rund 300 g Salz je Liter Wasser. Verweildauer der Fische rund 2 Stunden.
b) Wenn Sie die Fische 12 Stunden und länger in der Lake lassen wollen (am Abend anrichten und in der Früh räuchern), genügt eine Salzkonzentration von 6 bis 8%. Also 60 bis 80 Gramm je Liter Wasser.

Das Verhältnis von Fisch zu Wasser sollte 1:1 bis 1:1,5 betragen, damit die Fische sicher von der Lake bedeckt sind. Viele Fischer würzen ihre Laken zusätzlich. Die meisten geben ihr „Geheimnis" ungern preis. Ich selbst glaube, daß man Fische mit kräftigem Eigengeschmack nicht zu stark würzen sollte, damit dieser Geschmack eben erhalten bleibt. Würzen sollte man langweilig schmeckende Fische ohne starken Eigengeschmack, also z.B. Silberamur, Hecht und manche Weißfische.

Nach der Entnahme aus der Salzlake werden die Fische gewaschen. Es ist günstig, vor dem Einhängen in den Ofen die ganze Ladung nochmals abzuspülen.

Räucherofen und Brennmaterial

Heute werden schon Öfen mit Gas- oder Elektroheizung angeboten. Sie funktionieren alle.

Viele Feinschmecker sind aber der Meinung, daß der feine Geschmack des Räucherfisches vor allem durch Holzheizung hervorgebracht werden kann.

Prinzipiell sollten keine harzreichen Hölzer wie Nadelhölzer oder Birke verwendet werden. Am besten eignen sich Laubweichhölzer, es folgen Laubharthölzer.

160

Einen sehr angenehmen Geschmack verleiht Wacholder. Auch Obstgehölze sind verwendbar.

Neben trockenen Holzstücken zur Erzeugung der anfänglich nötigen Hitze sollten Sie aber auch Sägespäne, zur Auswahl trocken und etwas feucht, zur Verfügung haben, um die anschließende Färbung mit Hilfe des Rauches erreichen zu können.

Räucherung

Die Fische (Stücke) werden so in den Ofen eingebracht, daß sie auf allen Seiten vom Rauch eingehüllt werden können. Wir beginnen nun ganz langsam aufzuheizen, um die Fische am Anfang zu „trocknen". Alle Klappen des Ofens sind offen. Es soll ein langsames Abdunsten vor sich gehen. Nach 20 bis 25 Minuten ist die Haut fest und trocken. Wenn Sie diese anfängliche Trocknung nicht durchführen, fallen Ihnen die Fische zu leicht von den Stangen.

Wenn die Fische ausreichend getrocknet sind, werden alle Klappen im Ofen geschlossen. Nun erfolgt die Erwärmung. Ein eingebautes Thermometer in Ihrem Ofen wird günstig sein. In dieser Zeit der Garung sollte die Temperatur im Fisch während 10 bis 15 Minuten auf ungefähr 110 Grad Celsius steigen. Dies nicht nur zur Garung entlang des Rückgrates, sondern auch aus hygienischen Gründen. Danach sollte eine laufende Verringerung der Temperatur stattfinden, bis der Fisch vollständig gar ist. Zur Probe der Garung wird entweder die Rückenflosse herausgezogen oder mit Holzstäbchen bis an das Rückgrat eingestochen. Das daran haftende Fleisch sollte weiß und kernig, nicht glitschig-glasig sein. Wenn dieses Stadium erreicht ist, wird man das Feuer mit Asche abdämpfen und leicht feuchte Sägespäne darübergeben. Der Luftschieber ist geschlossen.

Der gesamte Räuchervorgang dauert, je nach Größe der Fische, 2 bis 3 Stunden. Je langsamer Sie räuchern, desto geringer sind die Austrocknung und der Gewichtsverlust. Die Fische sollten goldbraun sein. Wenn sie schwärzlich werden, ist der Raum zwischen Feuer und dem darüber angebrachten Rost zu klein. Das Feuer hat zu wenig Platz.

| Räucherware | Verpackung geräucherter Fischstücke |

Wenn die Fische fertig sind, sofort herausnehmen und abkühlen. Am besten schmecken sie warm. Wir können sie so jedoch nicht zum Versand bringen.

Am längsten haltbar wären Räucherfische – abgesehen vom Tieffrieren, was ebenfalls möglich ist – in Vakuumverpackung. In sehr vielen Forellenräuchereien wird dies bereits getan. Sind Sie nicht dafür eingerichtet, sollten Karpfen trotz Kühlhaltetemperatur von 2 bis 4 Grad Celsius unbedingt innerhalb von 7 bis 10 Tagen dem Konsum zugeführt werden! Am besten schmecken Räucherfische angewärmt.

Zur Verwertung der grätenreichen Schwanzstücke gehen manche Teichwirtschaften dazu über, sie, von Rückgrat und Flossen befreit, ein- bis zweimal durch den Fleischwolf zu treiben und diese Paste als Räucherpastete anzubieten. Auf gebuttertem Weißbrot eine Delikatesse!

Kalträuchern

Für Fische von 3 bis 4 kg aufwärts, Pflanzenfresser, Störe und Karpfen, kann diese Methode mit Erfolg angewendet werden. Dabei werden die Fische kernig und fest. Sie können bei ununterbrochener Kühlkette von 2 bis 4 Grad Celsius rund einen Monat lang gelagert werden.

Voraussetzung ist eine weit längere Salzung von ca. 1 Woche für Filetstücke und bis zu 3 Wochen für ganze Fische. Wichtig ist die genaue Temperatureinhaltung bei der Räucherung, weshalb ein Ofen ohne Thermometer kaum brauchbar ist. Je nach Größe dauert der Räuchervorgang 18 bis 48 Stunden bei 28 bis 32 Grad Celsius.

SCHÄDLINGE UND FEINDE DER TEICHWIRTSCHAFT

DER MENSCH

Er ist, wie überall auf der Welt, auch für den Fisch der ärgste Schädling. Abgesehen von den chemischen Verunreinigungen der Gewässer, die er durch seine modernen Technologien hervorruft, ist auch der Bauer mit seinem angrenzenden landwirtschaftlichen Betrieb manchmal unbewußt ein recht arger Fischmörder.

Die meisten Fischsterben erfolgen durch unbedachte Jaucheausbringung. Jauche im Übermaß ist für Fische tödlich! Jauche auf angrenzenden Flächen vor starken Regengüssen oder Tauwetter ausgebracht, kann den gesamten Fischbestand eines Teiches vernichten.

Sehr giftig sind auch Gärfutterabwässer. Silosickersaft, der in einen kleinen Teich ungehindert einfließt, kann zu großer Schädigung führen. Der Sauerstoffbedarf zum Abbau von 1000 Liter Silosickersaft würde den Sauerstoff eines 1 ha großen und 1 m tiefen Teiches aufzehren!

Schäden durch Badebetrieb können recht unterschiedlich sein, je nachdem, welche Art von Badegästen sich bei Ihnen befinden. Handelt es sich um anständige Menschen, sind die Nachteile meist geringer als die Vorteile. Nachteilig wirkt sich das vom Wasser abgewaschene und darauf schwimmende Sonnenschutzöl aus, welches jedoch recht bald von Bakterien verarbeitet wird. Weiters das Abtreten des Ufers beim Aus- und Einstieg. Vorteilhaft aber das Aufwühlen des Schlammes im Bereich der Badenden, wodurch die Karpfen zu zusätzlich aufgewirbelter Bodennahrung kommen. Auch die Düngung durch den ins Wasser abgegebenen Harn wirkt sich günstig aus.

Anders schaut die Sache aus, wenn sich Gesindel am Teich einfindet. Kein Steg, kein Boot, keine Ablauf- oder Zulaufvorrichtung sind vor ihm sicher. Verjagen oder Zahlenlassen ist die einzige Rettung vor solchen Vandalen.

TIERISCHE FEINDE

Alle „Feinde" sind Teil einer belebten und damit liebenswerten Natur. Die Vielgestaltigkeit der Schöpfung ist für gesund denkende Menschen ein ständiger Kraftquell. Aus diesem Grund will ich jene Fischfeinde, deren Bekämpfung – weil erfolglos – sinnlos ist und jene, die in so geringen Mengen vorhanden sind, daß ihre Tötung einem Verbrechen nahekommt, nur ganz kurz anführen.

Insekten

Einige Käfer und deren Larven, dabei vor allem Gelbrand- und Breitrandkäfer; Libellenlarven und vor allem Wasserwanzen. Bei den Wasserwanzen sind es vor allem die in großen Massen auftretenden Rückenschwimmer, deren Bekämpfung bei der K_V-Abfischung bereits beschrieben wurde.

Raubplankton

Auch dieses wurde bereits beschrieben und ist nur für Eier und winzige Fischlarven bedeutsam.

Mollusken (Weichtiere)

Von dieser Art leben im Teich Muscheln und Schnecken.

Muscheln ernähren sich als Filtrierer, indem sie eine Wasserströmung durch sich leiten, aus der sie ihre Nahrung herausseihen. Schnecken hingegen raspeln Algenbeläge mit Hilfe ihrer Zunge von unterschiedlichen Unterlagen (Pflanzen, Steine, usw.).

Unsere Teichschnecken, vor allem die Schlammschnecke *(Lymnaea stagnalis)* und die Posthornschnecke *(Planorbis corneus)*, dienen nicht nur vielen Teichfischen als Nahrung. Leider sind sie auch Zwischenwirte der gefürchteten Zerkarien von Vogelsaugwürmern.

Neben unserer gern gesehenen Teichmuschel *(Anodonta cygnea)*, die den hübschen Bitterlingen als Nest für ihre Eier dient, verbreitet sich langsam in Europa eine Verwandte aus Ostasien. Es handelt sich um die **Amurmuschel** *(Anodonta woodiana woodiana*, L.). Sie stammt aus Südostasien und China und wurde unerkannt in der Schleimhaut ostasiatischer Pflanzenfresser als Larven *(Glochidien)* eingeschleppt. Sie ist in Ostmitteleuropa und Frankreich heimisch geworden und dürfte auch bei uns bald zu finden sein. Laut ungarischen Angaben können 10 bis 15 Stück pro m^2 gefunden werden, die über 1 kg Gewicht haben können. Schaden entsteht durch ihre Vermehrung, da ihre Glochidien parasitisch an Fischen leben und Karpfenbrut in Massen umbringen können.

In Südostasien gelten sie als Delikatesse!

Reptilien und Amphibien

Bereits erwähnt wurden Würfel- und Ringelnatter; desgleichen die wichtigsten Molcharten. Frösche und Kröten sind nicht nur harmlos, sondern zum Großteil sogar nützlich. Lediglich der Grüne Wasserfrosch (Teichfrosch) kann unter Fischbrut großes Unheil anrichten, weil er ein unersättlicher Fresser ist. Er steht aber – wie alle Lurche – unter Naturschutz. Er wird trotzdem manchmal in Brutteichwirtschaften bekämpft, indem man seine Laichballen entfernt. Auch die Jagd mit dem Luftdruckgewehr zum Ergattern eines Froschschenkelschmauses wird da und dort noch geübt.

Vögel

Eisvogel, Fischadler, Große und Kleine Rohrdommel sind schon so selten, daß eine Bekämpfung unverantwortlich wäre.

Enten, Bläß- und Teichhühner werden durch ihren Verzehr von Fischfutter schädlich. Bei Futterautomaten kann man sich jedenfalls – wie bereits beschrieben – gegen diesen Diebstahl schützen. Ganz allgemein ist der Schaden hierdurch meist verkraftbar. Dasselbe gilt auch für alle Taucherarten: hauptsächlich Zwerg-, manchmal Haubentaucher.

Der Fisch- oder Graureiher bildet da bereits ein größeres Problem. Die von den Vogelschützern immer wieder betonte Gefahr des Ausrottens von Fischreihern scheint durch die von Jahr zu Jahr verstärkt auftretenden Mengen dieser Vögel geradezu lächerlich. Besonders nach Ausfliegen der Brut im Juli bevölkern oft große Mengen die Teichwirtschaften. Der Schaden, den sie anrichten, ist leicht zu errechnen, wenn man weiß, daß als Tagesration für einen dieser Vögel zumindest ein halbes Kilogramm Futter – hauptsächlich Fisch – notwendig ist. Zur Vertreibung wurden die verschiedensten Scheuch- und Schreckmethoden angewendet. Alle ohne Dauererfolg, weil Reiher relativ intelligent sind und die Harmlosigkeit all dieser Mittel sehr bald erkennen. Die wirksamste Methode scheint die Bejagung vom Juli bis September zu sein.

Seit kurzem macht den Fischen aber das massenhafte Auftreten eines viel gefährlicheren Fischfeindes, nämlich des Kormorans, weit mehr Sorgen. Kormorane in größerer Menge machen die Heranzucht von Besatzfischen unter einer Größe von 800 bis 900 g unmöglich, falls man jene nicht radikal bekämpfen darf.

Naturschutz liegt im Interesse der gesamten Bevölkerung. Es müßten alle für die Kosten (Schäden) einstehen. Bisher tragen die Teichwirte diese Last aber ganz allein! Daß Reiher und Kormorane heute an den Teichwirtschaften direkt „kleben", müssen wir wieder uns Menschen selbst zuschreiben. Überall regulierte Bäche und Flüsse, in denen Stillwasserfischer, wie Reiher und Kormorane, keinen Platz mehr finden. Wo werden sie schon hingehen als ins Schlaraffenland einer Teichwirtschaft?

Immer stärker dringen – auch im alpinen Bereich – die Möwen vor. Großscharen dieser Zivilisationsfolger können innerhalb weniger Tage einen seichten Brutteich vollständig ausräumen. Auch diese Ratten der Luft werden vom Vogelschutz gehätschelt.

Säugetiere

Fischotter und Wasserspitzmaus brauchen wir hier kaum zu behandeln. Den einen, weil er fast ausgestorben ist, die andere, weil der Schaden, den sie verursacht, aufgrund ihrer geringen Körpergröße in einer Karpfenteichwirtschaft kaum bemerkbar ist. Fischotter können andererseits, falls an einer Teichwirtschaft heimisch geworden, enorme Schäden verursachen und besonders Winterteiche fast komplett ausräumen.

Anders schaut es da mit dem Bisam aus, der mit seinen Grabarbeiten, besonders in Teichen ruhiger Lage, große Zerstörungen an Dämmen hervorrufen kann. Er soll so kräftig als möglich bekämpft werden. Dies geschieht meist mit Fallen während des Winters und Frühjahrs, falls Fallenstellen nicht auch schon verboten wurde; also zu einer Zeit, wo sein Fell einen Wert besitzt.

In Teichen, in denen Bisam wenig Pflanzennahrung vorfinden, werden auch in der Winterung stehende Besatzfische ergriffen und verzehrt. Normalerweise legt er sich jedoch, ähnlich dem Biber, Futterflöße aus abgebissenen Kalmus- und Schilfstengeln an. Auch Muscheln scheint er zu lieben.

KRANKHEITEN

Gesund wie ein Fisch im Wasser – dies ist wohl eines der dümmsten aller dummen Sprichwörter. Wir verlieren jährlich große Mengen von Teichfischen, weil sie eben nicht gesund sind. Trotzdem muß ich an dieser Stelle festhalten, daß Fischkrankheiten vor allem durch unsere Schuld entstehen. Würden wir nämlich Fisch und Teich in „bestmöglichem" Zustand halten, wären kaum kranke Fische zu sehen!

Meist sind wir schuld, daß der Teich als Lebensraum kaum noch tragbar ist. Wir sind gierig und wollen höhere Zuwächse. Wir besetzen zu stark. Wir füttern übermäßig. Wir vernachlässigen die bei solcher Bewirtschaftung nötigen Kontrollen.

Und damit belasten wir den Fisch so stark, daß er den Angriffen von Krankheitserregern und Parasiten wehrlos ausgeliefert ist. Nun erst wird er **krank.** An dieser Stelle will ich nur die wichtigsten und immer wieder auftretenden Schäden behandeln. Ich empfehle jedoch jedem ernsthaften Teichwirt, sich das „Taschenbuch der Fischkrankheiten" von Amlacher im Fischer-Verlag, Stuttgart, anzuschaffen. Wer in die Materie noch tiefer eindringen will, besorge sich das Buch „Fischkrankheiten" von Schäperclaus, das im Akademie-Verlag, Berlin, erschienen ist. Sehr gut auch „Fischkrankheiten und ihre Behandlung" von Dr. Peter Wondrak im Verlag Fritz Ifland, Stuttgart, und das 1988 im Parey-Verlag erschienene Buch „Gesunde Fische" von Baur / Rapp.

UMWELTBEDINGTE KRANKHEITEN

Vergiftungen

Vom Menschen herrührend, meist durch unvorsichtiges Handhaben verschiedener chemischer Mittel, z.B.

- Auswaschen von Gefäßen, die zum Pflanzenschutz auf umliegenden Feldern verwendet wurden;
- Eintrag von phenol- und teerhaltigen Stoffen, vor allem beim Straßenbau;
- Tankwagenunfälle, also verschiedene Brenn- und Treibstoffe, aber auch Chemikalien;
- Jauche bzw. Siloabwässer.

Aber nicht nur der Mensch vergiftet unsere Fischgewässer, sondern die Natur selbst kann uns große Schwierigkeiten bereiten.

Einige Blaualgen scheiden bei ihrem Stoffwechsel oder beim Absterben Gifte ab. In hoher Konzentration können solche Algentoxine auf Fische tödlich wirken. Vor allem wird dies dann der Fall sein, wenn der Wind die Algen in eine Bucht treibt. Die ersten Fische, die hierbei eingehen, sind logischerweise Silberamure, die ja von diesen Algen leben. Aber auch ein Sterben einsömmriger Karpfen aus diesem Grund ist mir bekannt. Solches Sterben tritt meist in jenen Bereichen auf, in die die Algen durch den Wind getrieben werden.

166

Die Bekämpfung erfolgt am besten durch Kupferung: 1 bis 2 kg Kupfersulphat pro Hektar und SBV, noch besser Kupravit.

Aber bitte Vorsicht: Kupfersulphat (Kupfervitriol) wirkt in höheren Konzentrationen nicht nur auf Hechte, sondern auch auf manch andere Fische giftig.

Die Angabe in der Literatur, daß 2 kg Kupfer pro Hektar und SBV ungefährlich seien, scheint bei hohen SBV-Werten nicht zu stimmen. Es ist also unbedingt zu empfehlen, bei hohen SBV-Werten mit Kupfersulphat weit vorsichtiger umzugehen.

Vergiftung durch Blaualgen

Wenn aus unerfindlichen Gründen schlagartig ein Fischsterben – manchmal räumlich begrenzt – einsetzt, können Sie mit einer Vergiftung rechnen. Auf jeden Fall ist unter Polizeiaufsicht eine Wasserprobe zu entnehmen. Allerdings sind gerade Vergiftungen oft sehr schwer nachzuweisen.

Einstellen der Nahrungsaufnahme

Im Hochsommer, meist Juli/August, setzen die Fische eines Teiches plötzlich mit dem Fressen aus. Der Teich zeigt olivbraune Farbe, von den Fischen ist meist nichts zu sehen. Es handelt sich um das Massenauftreten der Alge **Ceratium hirundinella.** Sie besitzt einen Cellulosepanzer und endet in vier haarfeinen Nadelspitzen. Diese Form gab ihr den deutschen Namen Schwalbenschwanzalge.

Anscheinend ist sie den Fischen zwischen den Kiemenblättchen so unangenehm, daß sie das Fressen vollständig einstellen und sich in die tiefen Wasserschichten des Teiches verziehen, wo sich – positive Phototaxie der Alge – keine oder sehr wenige dieser Algen befinden.

Eine sofortige Kupferung des gesamtes Teiches ist notwendig, wenn man nicht allzuviel Zuwachs in der Hauptwachstumszeit verlieren will.

Vom nächsten Morgen an Sauerstoff messen!

Sauerstoffmangel

Sauerstoffmangel muß nicht gleich zum Tod der Fische führen. Allein schon das Unbehagen führt ja zu verringerter Freßlust, schlechter Verdauung und damit zu geringerem Zuwachs. Sauerstoffmangel tritt vor allem dann ein, wenn die sauerstoffzehrenden Vorgänge im Teich durch die Sauerstoffbildung – aus welcher Quelle immer diese stammen mag – nicht ersetzt werden können.

Hohe Temperaturen und lange Dunkelheit begünstigen Sauerstoffmangel. Zusätzliche Einleitung von organisch belasteten Abwässern in den Teich oder der Zusammenbruch des Großteils der Algenmasse kann zur Katastrophe führen. Dann entsteht

Notatmung und bei sehr krassem Sauerstoffmangel und geschädigten Kiemen Tod der Fische in den frühen Morgenstunden. Meist ist dabei eine Ammoniakvergiftung beteiligt, gegebenenfalls auch eine CO_2-Vergiftung.

Abhilfe: genaues Beobachten von Teich und Wetter. Kontrolle des Sauerstoffgehaltes bei Sonnenaufgang und Umpumpen des Wassers bei Gefahr. Wenn möglich Belüftung. Ablassen des Bodenwassers über den Mönch. Fütterung einstellen!

Säure- und Laugenkrankheit

Bei zu hohen oder zu niedrigen pH-Werten erfolgt Verätzung von Kiemen und Haut der Fische. Die Todesgrenze ist je nach Fischart verschieden. Forellen vertragen z.B. mehr Säure, aber weniger Alkalität im Wasser als Karpfen. Das Erscheinungsbild bei der Krankheit ist recht ähnlich. Allerdings tritt Säurekrankheit weit öfter auf als das Gegenteil.

Zuerst wehren sich die Fische gegen die sie reizende Lauge oder Säure durch verstärkte Schleimabsonderung. Dies auch an den Kiemen, die sehr bald Verätzungen erleiden. Letzten Endes gehen die Fische dann durch diese verätzten Kiemen und die darauf liegenden Schleimbeläge an Ersticken zugrunde.

Die Säurekrankheit tritt vor allem in den Winterungen auf. Dies meist dann, wenn bei Tauwetter saure Schmelzwässer eindringen.

Forellen vertragen noch Säurewerte von weniger als pH 4,5, während Karpfen bei pH 5,0 schon in Schwierigkeiten kommen.

Anders im alkalischen Bereich, in dem Forellen sich bei pH 9,0 schon todunglücklich fühlen, während Karpfen es bis zu einem Wert von 10,6 bis 10,8 aushalten.

Eine Bekämpfung der Säurekrankheit kann nur über eine Erhöhung der Alkalität erfolgen. Man verabreicht kleine Mengen Hydrat- oder Branntkalk, weil in solchen Gewässern eine zu starke plötzliche pH-Werterhöhung gefährlich ist. Zu große Gaben bei niedrigen SBV-Werten können zum anderen Extrem, nämlich der Laugenkrankheit, führen. Eine laufende Kalkgabe ins Zuflußwasser wäre ideal. Man kann dies über eine Kalkaufschlämmung und ein ständig tropfendes Faß im Zulauf (im Winter mit Salz zum Verhindern von Eisbildung) oder über einen Automaten des Scharflinger Typs erreichen. Noch besser geeignet ist ein Solarautomat, kombiniert mit einer Kadmiumbatterie, womit auch nachts gestreut werden kann.

Aber auch die Laugenkrankheit, die ja hauptsächlich durch starke Assimilation der Pflanzen entsteht, kann wiederum nur mit einer verstärkten Kalkung und damit erhöhten Carbonathärte im Wasser ausgeglichen werden. (Siehe die Abschnitte über die chemischen Vorgänge im Teichwasser.)

Eisenschäden

In saurem Wasser, ganz besonders bei niedrigen Sauerstoffwerten und hohem Eisengehalt, ist Eisen im Wasser in Form zweiwertiger Eisensalze gelöst. Sobald nun solch gelöstes Eisen auf eine alkalische Oberfläche trifft bzw. mit Sauerstoff in Berührung kommt, fällt es als dreiwertige Verbindung, als Eisen (III)-Hydroxyd, aus. Es bildet damit die uns bekannten rostbraunen oder ockerfarbigen Beläge, die von Eisenbakterien weiterverarbeitet werden. Allein die Ausfällung auf den Kiemen, die alkalisch sind, kann die Atmung so stark behindern, daß die Fische zum Zulauf ziehen. Die Eisenbakterien schädigen das Kiemengewebe zusätzlich. Verluste in Winterungen aufgrund solcher Eisenablagerungen sind gar nicht so selten. Hilfe bringt wiederum Kalken des Zulaufwassers. Zusätzliche Belüftung desselben wäre wegen der O_2-Anreicherung hilfreich. Also lassen Sie Ihr Zulaufwasser in den Teich stürzen.

Kiemennekrose
(Nekrose: Gewebstod, Absterben von Gewebe)

Es handelt sich hier wahrscheinlich um eine Gruppe von Krankheiten, die sich alle ähnlich äußern. Meist tritt die Kiemennekrose jedoch auf, wenn hohe pH-Werte vorherrschen und damit ein Großteil des Ammoniums im Wasser als für Fische giftiges Ammoniak vorliegt. Da nun, wie wir bereits wissen, Fische ihre Stoffwechselprodukte des Eiweißaufbaus über die Kiemen ausscheiden, kommt es bei einem hohen Ammoniakwert im Wasser zu einer Art Gegendruck. Die Ausscheidung über die Kiemen wird gehemmt und in weiterer Folge sogar unterdrückt. Der Ammoniakgehalt im Fischblut steigt, und damit kommt es zu einer Selbstvergiftung; bei noch höheren pH-Werten sogar zu einer Umkehrung des Ammoniakflusses vom Wasser in den Fisch und damit zu einer Vergiftung.

Es gibt nun leider auch Kiemennekrosen zu einer Zeit, in der es im Teich keine hohen pH-Werte gibt. Die Ursachen hierfür sind noch nicht geklärt.

Zur Ammoniakselbstvergiftung und Vergiftung:

Die Zeichen dieser Erkrankungen sind geschwollene Kiemen und anfänglich starke Schleimbildung; ganz ähnlich der Laugenkrankheit. Hand in Hand damit besteht geringe Freßlust, die wiederum zu hoher Krankheitsanfälligkeit führt. In weiterer Folge treten Blutungen und Gewebszerstörungen an den Kiemen auf. Schockartiges Drehen der Fische im Wasser ähnlich jenem der Drehkrankheit bei Forellen ist zu beobachten.

Als **Vorbeugung** wiederum müssen die starken pH-Wertschwankungen verhindert werden. Also Kalken mit kohlensaurem Kalk und Einbringen von Heu, Stroh usw. zur Erhöhung des SBV!

Bei starker Algenblüte ist eine Verdünnung des Algenbestandes durch Kupferung vorzunehmen. Verwenden Sie nur ein halbes bis ein Kilogramm pro Hektar und SBV, damit nicht zu viele Algen umgebracht werden! Sollte Ihnen Frischwasser zur Verfügung stehen, geben Sie Durchfluß. Selbstverständlich ist tägliches pH-Wert-Überprüfen notwendig.

Zur **Bekämpfung** vermindern Sie als erstes Ihre Futtergaben. Verabreichen Sie auf keinen Fall Fertigfuttermittel mit tierischem Eiweiß. Sollten Sie Frischwasser haben, sofort größtmöglichen Durchlauf geben. Bodenwasser ablassen, denn darin befindet sich das meiste Ammonium. Vermindern Sie den Algenbestand durch Kupferung. Keine Kalkgaben mehr, die zu pH-Werterhöhungen führen können! Also höchstens Kalksteinmehl verwenden. Als vorbeugende Behandlung empfiehlt sich die monatliche Gabe von 10 bis 15 kg Chlorkalk pro Hektar, zur Bekämpfung auftretender Kiemennekrose eine Gabe von 10 bis 15 kg dreimal täglich. Diese Behandlung sollte zwei- bis dreimal in wöchentlichem Abstand erfolgen.

Die Schwächung der Fische durch die Kiemennekrose verursacht manchmal den Ausbruch anderer Infektionskrankheiten. Nehmen Sie Medizinalfütterung mit sulfonamidhältigen Futtermitteln vor. Keine Antibiotika verwenden! 200 mg eines Sulfonamidpräparates pro kg Fisch und Tag eine Woche lang anwenden.

Der Ammoniakanteil im Ammonium bei verschiedenen pH-Werten:

pH-Wert	7	8	9	10	11
Ammoniak % (giftig)	1	4	25	78	96
Ammonium % (ungiftig)	99	96	75	22	4

Grenzwerte für Ammoniak mg/Liter (aus Wondrak, Fischkrankheiten, 1980):

0,2 bis 0,4 . . . . tödlich für Fischbrut
0,4 bis 0,6 . . . . tödlich für Jungfische
0,6 bis 1,0 . . . . tödlich für Forellen
über 1,2 . . . . tödlich für alle Fischarten

PARASITEN

Letzten Endes sind sämtliche Krankheitserreger Parasiten (von griechisch *parasitos* = Mitesser, Schmarotzer).

Wir wollen hier aber lediglich Krankheiten, die durch parasitische Krebse, Würmer, Pilze und Urtierchen hervorgerufen werden, behandeln.

Sie kommen überall im Lebensbereich der Fische vor. Kräftige, gesunde Fische können sich ihrer aber so gut erwehren, daß normalerweise keine Massenentwicklung der Parasiten stattfindet. Dies gilt allerdings nur für heimische Parasiten, mit denen sich unsere Fische seit vielen Generationen auseinandersetzen konnten. Gefahr bringen auch für gesunde Fische hingegen eingeschleppte Schmarotzer, deren Bekämpfung unsere einheimischen Fische noch nicht „gelernt" haben (z.B. ostasiatische Bandwürmer).

Außenparasiten
(Ektoparasiten)

Sie leben an der Haut und/oder den Kiemen.

Karpfenlaus (*Argulus*)

Ein krebsartiger, einige Millimeter großer, flacher, schildkrötenförmiger Parasit, der die Haut ansticht und saugt. Fischbrut wird dadurch getötet. Bei größeren Fischen vermutet man durch diesen Stich die Öffnung einer Pforte für das Eindringen bakterieller oder viroser Krankheitskeime in den Fischkörper.

Eine Behandlung ist nur bei Massenbefall zu empfehlen. Bei einem solchen gehen Ihre Fische aber ziemlich sicher mit irgendeiner anderen Pestilenz schwanger, deren Bekämpfung vordringlich ist.

Die Behandlung mit Neguvon (Dipterex) würde zwar die Karpfenläuse, aber natürlich auch alle anderen krebsartigen Nährtiere und Insekten vernichten. Solche Maßnahmen führen vom Regen in die Traufe. Sinnvoll wäre nur die Anwendung dieses Mittels im Restwasser des Teiches vor der Abfischung.

Fischegel (Piscicola geometra)

Diese 1 bis 5 cm langen, hell gefärbten Egel saugen ebenfalls an den Fischen. Bevorzugter Ort des Anheftens im Kopfbereich und an den Flossenansätzen. Auch hier wieder besteht an der Anbißstelle die Gefahr der Übertragung anderer Infektionskrankheiten. Bei starkem Befall kann es wie bei der Karpfenlaus zum größeren Sterben kleiner Fische kommen.

Behandlung wie gegen die Karpfenlaus mit Neguvon (Dipterex) oder pH-10-Bad nach der Abfischung. In Baggerseen und jahrelang bespannten Sportfischerteichen Besatz mit Barschen, welche Fischegel fressen. Vorsicht! Verbuttung der Barsche. Also intensive Befischung derselben!

Kiemenkrebs (Ergasilus)

Er gehört ebenfalls zu den krebsartigen Außenparasiten und befällt nahezu alle Teichfische, besonders aber die Schleie. Bei Massenbefall magern die Fische stark ab, und es kommt zu größerem Sterben. Darüber hinaus bilden die Saugstellen an den Kiemenblättchen Eintrittspforten für andere Infektionskrankheiten.

Erkennbar ist diese Krankheit sogar mit freiem Auge, besser jedoch mit der Lupe, als weißlichgelbe Punkte auf den Kiemenblättern.

Behandlung: Neguvon (Dipterex).

Lernaea

Dieser Parasit dringt in das Muskelgewebe ein und läßt den größten Teil seines Körpers über die Hautoberfläche hinausstehen. Befallene Fische schauen aus, als hätten sie kleine Stroh- oder Heuhälmchen unter die Schuppen geklemmt. Sie magern ab und sind damit allen Krankheitsangriffen ausgesetzt.

Die Behandlung ist recht schwierig, weil ein einziges Neguvonbad nicht ausreicht. Es müßte in wöchentlichem Abstand drei- bis viermal wiederholt werden.

Verpilzungen

Saprolegnia

Merkmale: grauweißliche watteähnliche Beläge an Fischen, deren Schleimhaut geschädigt ist. Solche Schäden entstehen meist durch unsachgemäßes Hantieren, aber auch durch Außenparasiten und aggressive Abwässer.

171

Die Bekämpfung besteht also in Vorbeugung durch schonende Behandlungen und Vermeiden chemisch verursachter Hautschäden. Der Pilz selber ist einfach mit Malachitgrün (1 g auf 10 m^3 Wasser 10 bis 12 Stunden lang) zu behandeln. Kann nach einigen Tagen wiederholt werden. Zum baldigen Verzehr bestimmte Fische dürfen nicht mit Malachitgrün behandelt werden! Die Wartezeit bei Speisefisch beträgt 360 Tage.

Kiemenfäule

Der Befall stammt vom Pilz *Branchiomyces*, der in den Kiemenblättchen von Karpfen, Schleien, Amur, aber auch anderen Fischen lebt und dort große Zerstörungen hervorruft.

Erste Anzeichen können nur bei ständig durchgeführten Probefischungen erkannt werden. Es sind dies Dunkelfärbung der Kiemen in Richtung Violett (venöses Blut) sowie Kiemenschwellung. Weiters Massierung der Fische beim Zulauf. Im Verlauf der Krankheit in Folge grau-braune Verpilzung der Kiemenblättchen und Ausfallen von Teilen derselben (Nekrose). Stark betroffene Tiere gehen an Ersticken ein. Kann bis zu 50% des Bestandes treffen.

Schwaches Kiemenfäuleauftreten ohne Todesfälle wird von den Teichwirten oft erst beim Abfischen im Herbst durch die lückigen Kiemenbögen erkannt.

Diese Krankheit tritt in der wärmsten Zeit und vor allem in stark organisch belasteten Teichen auf. Manche Teiche sind jahrzehntelang als Kiemenfäuleteiche bekannt.

Die Behandlung ist nur im Frühstadium sinnvoll, später aber zur Beruhigung der eigenen Nerven (und des schlechten Gewissens) ebenfalls nicht abzulehnen. *Branchiomyces* ist empfindlich gegen Kupfer und sehr hohe pH-Werte, deshalb also 2 kg Kupfersulphat je ha und SBV (giftig für Hechte). Vorsicht wegen O$_2$-Zusammenbruchs!

Sollte Frischwasserzulauf möglich sein, sofort vollständig öffnen. Erkrankte Fische ziehen zum Einlauf. Dann nur in diesem Bereich kupfern. Bei SBV über 3 bis 4 besser nur 1 kg Kupfer/SBV anwenden.

Eine weitere Möglichkeit ist die Anwendung eines pH-10-Bades im Bereich der erkrankten Fische. Effektvoll kann dies aber nur in kleineren Teichen durchgeführt werden. Siehe unter „Bäder".

Eingegangene Fische sofort entfernen. Ansteckungsgefahr! Als Vorbeugung organische Belastung abbauen, also wenig düngen, gegebenenfalls leicht kupfern ($^1/_2$ kg/SBV/ha).

Eventuell alle zwei Wochen 100 kg Brannt- oder Hydratkalk/ha zur pH-Werterhöhung geben. Vorsicht wegen Kiemennekrose!

Wurmkrankheiten

Kiemenwurm

Der **Kiemenwurm** *(Dactylogyrus)* ist der gefährlichste Außenparasit dieser Gruppe.

Die Kiemenwürmer der verschiedensten Arten schädigen vor allem Jungfische und sind den Brütlingen gefährlich. Bei kühlem Wetter kann es zu starken Verlusten kommen, weil die Kiemenblättchen zerstört werden und die Fische ersticken.

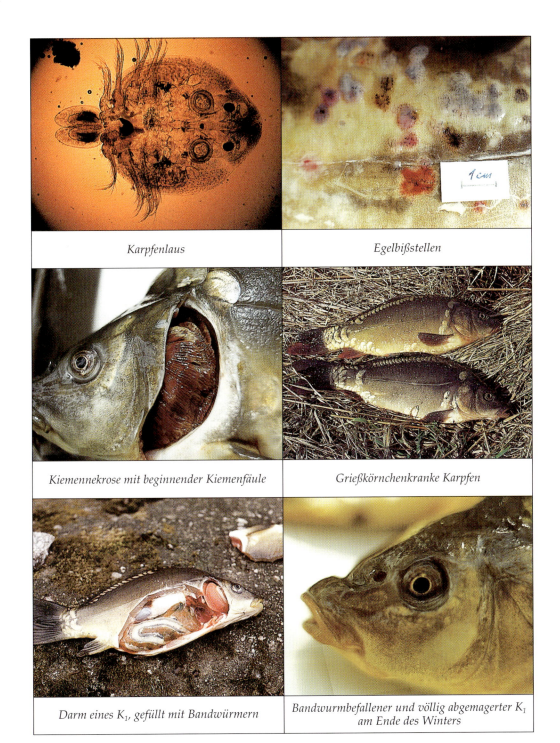

Karpfenlaus

Egelbißstellen

Kiemennekrose mit beginnender Kiemenfäule

Grießkörnchenkranke Karpfen

Darm eines K_1, gefüllt mit Bandwürmern

Bandwurmbefallener und völlig abgemagerter K_1 am Ende des Winters

Die bei uns am häufigsten auftretende Art ist *Dactylogyrus vastator*.

Zur Behandlung ist die Abfischung empfehlenswert. Danach können folgende Heilbäder vorgenommen werden:

Kochsalz: 1 bis $1\frac{1}{2}$ kg NaCl / 100 l Wasser – 20 Minuten Badedauer.

Formalin: 20 bis 25 ml (1 / 1000 l = 1 ml) 33%iges Formalin auf 100 l Wasser – 30 Minuten Badedauer.

Neguvon: 2 g / 100 l Wasser – $\frac{1}{2}$–1 Stunde Badedauer.

Urtierchen

oder **Protozoen** (griech.: *protos* = erster und *zòon* = Tier, also Erst- oder Urtiere)

Es handelt sich um einzellige Schmarotzer, die hauptsächlich dann auftreten, wenn die Fische aus irgendwelchen Gründen geschwächt sind (Schwächeparasiten). Gefährdet sind Jungfische und Fische in den Winterungen. Durch das enge Zusammenstehen der Fische in beiden Fällen ist eine explosionsartige Vermehrung solcher Urtierchen möglich. Beim Befall wehren sich die Fische durch starke Schleimbildung, welche für das freie Auge eine milchig grautrübe Schicht bildet. Aus diesem Grund werden diese Parasiten auch Hauttrüber genannt.

Grießkörnchenkrankheit *(Ichthyophthirius)*

Am Beginn eines Massenbefalls Hauttrübung und anschließend Bildung kleiner gelber Pünktchen, die wie Grießkörner aussehen. Es handelt sich um eine gefürchtete Hälter- und Winterungskrankheit. Befallen werden Haut und Kiemen.

Eine Bekämpfung ist mit Malachitgrün möglich. Allerdings werden dabei nur die Schwärmer und kaum die in der Haut vom Schleim geschützten Elterntiere getroffen. Aus diesem Grund muß die Behandlung alle drei Tage so lange wiederholt werden, bis die Krankheit abgeklungen ist.

Behandlungsmenge: 2 g Malachitgrün je 10 m^3 Wasser. Dauer der Einwirkung: 24 bis 36 Stunden. Während dieser Zeit keinen Durchfluß geben. Bei Speisefisch ist eine Wartezeit von 360 Tagen einzuhalten!

In stark durchströmten Hälterungen tritt diese Krankheit weit weniger auf, weil die Schwärmer eben abgeschwemmt werden.

Hauttrüber

Diese sind als ausgesprochene Schwächeparasiten anzusehen.

Zu ihnen zählen **Chilodonella, Costia, Trichodina** und **Oodinum.** Erkennbar sind sie an der milchigen Trübung der Haut, besonders auf Stirn und Nacken. Als Behandlung im Teich oder Hälter ist Malachitgrün anzuwenden, wie bei der Grießkörnchenkrankheit beschrieben. Meist genügt eine einmalige Anwendung zur Heilung. Nach der Abfischung erfolgt ein Salzbad von $1\frac{1}{2}$% für 20 bis 30 Minuten. Befallene Fische schmecken schlecht.

Innenparasiten
(Endoparasiten, griech.: *éndon* = innen)

Darmentzündung oder Coccidiose

Die Sporentierchen der Gattung *Eimeria* kommen über den Teichschlamm in die jungen Karpfen. Coccidiose ist eine Krankheit der vorgestreckten und einsömmrigen Fische. Sie tritt während der wärmeren Zeit der Wachstumsperiode auf. Die Darmschleimhaut ist entzündet und der Darm oft mit gelblicher Flüssigkeit gefüllt. Bei einer Abart auch mit weißen Knötchen besetzte Darmwand. Die Karpfen magern stark ab und sterben. Eine Behandlung im Teich ist nicht möglich, da die Fische nicht fressen. Die einzig mögliche Bekämpfung ist die gründliche Desinfektion der Teiche nach dem Abfischen mit Chlorkalk oder Kalkstickstoff.

Bandwürmer

Es handelt sich vor allem um zwei Arten, und zwar die
Nelkenkopfbandwürmer (*Cariofilleus laticeps* und *Khawia sinensis*).
Letzterer wurde genauso mit den ostasiatischen Pflanzenfressern eingeschleppt wie der berüchtigte **Ostasiatische Grubenkopfbandwurm** (*Bothriocephalus gowkongensis*).
Alle Arten leben im Darm der Cypriniden und können vor allem bei Jungfischen Verheerungen anrichten. Dies gilt vor allem für den Grubenkopfbandwurm, gegen den sich junge Karpfen kaum wehren können. Unbehandelt kann es zu Totalausfällen bei K_V, aber auch bei K_1 in der Winterung führen. Die Fische magern so stark ab, daß sie gegen andere Krankheitserreger nicht mehr widerstandsfähig genug sind und in Zusammenarbeit mit der Auszehrung durch den Bandwurm und jener durch Hauttrüber eingehen.
Bei Befall mit Bandwürmern ist unbedingt der Tierarzt zu befragen.
Da der Zwischenwirt der Wurmlarven im Zooplankton zu suchen ist, ist eine sorgfältige Desinfektion des Teichbodens zu empfehlen. Dazu verwenden Sie je nach Schlammauflage 1000 kg (Sandböden) bis 4000 kg Branntkalk pro Hektar auf den nassen Boden bzw. geringen Wasserstand oder 600 kg Chlorkalk pro Hektar oder ungeölten Kalkstickstoff. (Langanhaltende Giftwirkung. Vorsicht beim Ausbringen, Handschuhe, Brille und Schutzsalbe verwenden. Keinen Alkohol!)

INFEKTIONSKRANKHEITEN

Es handelt sich um jene Krankheiten, die durch Bakterien oder Viren hervorgerufen werden.

Infektiöse Bauchwassersucht (IBW)

Diese Krankheit wird seit Jahrzehnten intensiv erforscht. Die neuesten Erkenntnisse deuten darauf hin, daß es sich um drei verschiedene Krankheiten handelt, und zwar

175

*Oberer Fisch – verwachsene Innereien mit
eigenartig süßlichem Geruch.
Unterer Fisch ist noch gesund*

Frühjahrsvirämie mit Glotzaugen

Schwimmblasenentzündung

Verheilendes Geschwür der Erythrodermatitis

Pockenkranker Karpfen

Fähnchenkranke K_V

um zwei virusbedingte und eine bakterienbedingte. Von Praktikern wird häufig auf manche Ungereimtheiten der wissenschaftlichen Erkenntnisse hingewiesen, etwa auf jene, daß die Viruserkrankung Frühjahrsvirämie durch Antibiotikagaben unterdrückt werden könne. Da jedoch Viren durch Antibiotika normalerweise nicht geschädigt werden, scheint es sich doch um kompliziertere Zusammenhänge zu handeln.

Fassen wir also die gewonnenen Erkenntnisse zusammen:

Frühjahrsvirämie

Wie schon der Name besagt, handelt es sich um eine Virusinfektion, die hauptsächlich im Frühjahr auftritt. Früher nannten wir diese Krankheit die „Akute Bauchwassersucht". Der Leib der Fische ist kugelförmig aufgetrieben, die Augen stehen weit hervor. Im ganzen Körper hat sich eine klare, leicht gelbliche Flüssigkeit gebildet, die nun innen auf Augen und Körperwand drückt. Auch Afterentzündungen sind festzustellen, und die Fische haben die Futteraufnahme eingestellt. Sie stehen oft in Schwärmen nahe der Wasseroberfläche. Beim Aufschneiden der Bauchhöhle ergießt sich eine große Menge der zuvor erwähnten Flüssigkeit nach außen. Die Organe weisen häufig Blutergüsse auf. Der unangenehm süßliche Geruch ist typisch für diese Krankheit.

Schwimmblasenentzündung (SBE)

Es handelt sich dabei anscheinend um eine Verschärfung der Frühjahrsvirämie, die häufig in kühleren Gegenden auftritt. Sie kann aber auch selbständig, ohne Frühjahrsvirämie, vorkommen.

Meist beginnt die Krankheit mit einer Entzündung der vorderen Schwimmblasenkammer. Daraufhin füllen sich beide Kammern mit einer eitrigen, schmierigen Flüssigkeit. Die Schwimmblasenwände sind verdickt und undurchsichtig. Die Funktion der Schwimmblase kann nicht mehr aufrechterhalten werden, weshalb solche Fische recht sonderbare Haltungen im Wasser einnehmen. Sie schwimmen schräg im Kreis, und zum Schluß stehen sie knapp unter der Wasseroberfläche kopf und versuchen vergeblich, tiefer zu tauchen.

Medikamente zur Bekämpfung der Viren sind nicht bekannt. Da jedoch eine Behandlung mit Antibiotika meist Erfolg bringt, ist anzunehmen, daß es sich bei diesen Krankheiten um eine „Mischinfektion" mit Bakterien handelt, und die Bakterien können nun mit Antibiotika sehr wohl bekämpft werden. Voraussetzung ist aber ein sehr frühzeitiges Erkennen, damit noch ein Großteil der Fische das verabreichte Medizinalfutter aufnehmen kann.

Um Erfolg zu haben, müßte also ein **Antibiogramm** von einem dazu befähigten Institut ausgearbeitet werden. Dazu wäre es allerdings notwendig, Wochen vor der Abfischung Probefischungen vorzunehmen, weil die Erstellung solcher Programme längere Zeit dauert. Meist jedoch haben Sie die Fische nach der Abfischung nur einige Stunden in der Hand, und in dieser Zeit muß eben die Behandlung durchgeführt werden. Vorhergehende Probefischungen sind schwer durchführbar, solange sich die Fische noch nicht zu einem Futterplatz begeben. Am ehesten werden Sie mit Reusen zwischen Ufer und Eisplatte beim Auftauen Erfolg haben.

Die meisten Bakterienstämme sprechen auf die ständig verwendeten Antibiotika nicht mehr an. Sie sind resistent (widerstandsfähig) geworden. Deshalb ist folgender Weg zu beschreiten: Mit dem angefertigen Antibiogramm zum Tierarzt, der Ihnen ein Rezept für den Futtermittelhersteller schreibt, welcher Ihnen das entsprechende Medizinalfutter herstellt. Und dann bitte so intensiv füttern, daß nicht wieder Resistenzen entstehen!

Bei Futterbehandlungen nach Krankheitsausbruch gehen Ihnen aber auf jeden Fall noch jene Fische ein, die nicht mehr fressen. Auch Fische, die – weil sie gerade noch fressen – gerettet werden können, sind auf jeden Fall geschädigt und wachsen nicht mehr optimal.

Wir müssen also versuchen, die Infektionen von vornherein zu verhindern. Wie wäre das möglich?

1. Völliges Freihalten der Teichwirtschaft von jeglicher Infektionsmöglichkeit, also keine fremden Fische, keine fremden Geräte, keine fremden Teichwirte.

Ich kenne mehrere Teichwirte, die diese Methode konsequent durchführten. Über die meisten brach dennoch früher oder später die Katastrophe herein. Warum? Niemand kann seine Teichwirtschaft hermetisch gegen Vögel, Bisamratten, aber auch Jäger und spielende Lausbuben abschließen. Irgendwoher kommt also doch eine Infektion. Und nun besitzen Sie einen Fischbestand, dem der infizierende Virus unbekannt ist. Er kann sich nicht dagegen wehren. Er hat keine Abwehrstoffe gegen diesen Angriff im Blut.

2. Die bewußt herbeigeführte Infektion der Fische zu einer Zeit, in der sie sich gegen den Angriff der Viren erwehren können. Laut Dr. Kölbl, Institut für Virusseuchenbekämpfung in Wien, der viele Jahre auf diesem Gebiet arbeitete, verhält es sich – man verzeihe mir die Vereinfachung – ungefähr so: Die Viren beginnen ihren Angriff auf den Fisch im Frühjahr bei sehr niedrigen Wassertemperaturen. Sie können sich in diesem Temperaturbereich bereits bestens vermehren. Jeder lebende Körper verteidigt sich nun gegen Massenangriffe von Viren mit Hilfe von Abwehrkörpern, die er selbst bilden kann. Auf dieser Fähigkeit des Körpers beruht ja der Erfolg jeder Impfung. Bei unserem Karpfen setzt nun aber die Bildung solcher Abwehrkörper in ausreichendem Maße erst bei einer Temperatur von mehr als 16 Grad Celsius ein. In Jahren, in denen es ein langes kühles Frühjahr gibt, wird es also öfter zum Ausbruch der Frühjahrsvirämie kommen als in solchen, in denen es sehr bald warm wird. Daß dem so ist, ist unbestritten. Bisher haben wir nach Blutuntersuchungen von Karpfen verschiedenster Teichwirtschaften gefunden, daß jene, deren Fische eine große Menge von Abwehrkörpern im Blut haben, keine verheerenden Frühjahrsvirämieausbrüche erdulden mußten. Wenn jedoch ein Massensterben durch diese Krankheit auftrat, handelte es sich fast immer um einen Bestand, der – gewollt oder ungewollt – wenig oder keine Abwehrkörper im Blut hatte.

In logischer Fortsetzung dieser Überlegungen müßte also die Impfung der Fische übers Futter zum Erfolg führen. Zur Impfung braucht man aber einen Virusstamm, der so stark abgeschwächt ist, daß er zwar die Bildung der Abwehrkörper, nicht jedoch eine Krankheit hervorrufen kann. Bisher scheint das noch nicht gelungen zu sein. Obendrein müßten solche Impfungen in einer Jahreszeit erfolgen, die aufgrund der hohen Wassertemperaturen den Fischen eine sichere Abwehrkörperbildung erlaubt.

Erythrodermatitis

Diese Form wurde früher „Chronische oder Geschwürform der Bauchwassersucht" genannt (Erythrismus = Rotfärbung, Dermatitis = Hautentzündung).

Hierbei handelt es sich ziemlich eindeutig um eine bakterielle Erkrankung, die sehr oft zugleich mit der Frühjahrsvirämie auftritt. Dies ist jedoch nicht Voraussetzung, denn die Geschwürform kann während des ganzen Jahres, recht häufig auch am Ende der Winterung, festgestellt werden. Der Beginn dieser Krankheit manifestiert sich meist in Hautentzündungen, Bibberbeulen (flüssigkeitsgefüllte Blasen an der Haut), später in tiefreichenden Geschwüren. Die Freßlust ist stark gemindert. Die Karpfen stehen vielfach in Rudeln nahe der Oberfläche.

Bei rechtzeitigem Erkennen, also zu einer Zeit, in der die Fische noch fressen, ist die Heilung über antibiotikahältige Medizinalfuttermittel ohne weiteres möglich.

Wie bei allen Hautkrankheiten, sollte beim Einsatz von Medizinalfutter Vitamin A beigegeben werden.

Untersuchungen in Rußland scheinen zu beweisen, daß eine Weiterverbreitung der Krankheit über tote Fische nicht möglich ist.

An den Geschwüren können Sie recht gut erkennen, ob die Heilung bereits eingetreten ist oder nicht. Geschwüre mit hellem oder entzündetem Rand sind meist noch in Ausbreitung begriffen. Sobald eine Heilung anfängt, bildet sich ein schwarzer Rand (Narbengewebe).

Pockenkrankheit

Eine Viruserkrankung, verbunden mit Vitamin A-Mangel, bei der Karpfen schleimig-milchige Beläge, häufig am Schwanzstiel oder an den Rückenflossen, zeigen. Die Körper sind biegsam und weich, weil anscheinend Kalk aus dem Skelett entzogen wurde. Es ist dies kein großes Problem, weil meist nur wenige Fische eines Bestandes ergriffen werden. Mir scheint diese Krankheit von Jahr zu Jahr weniger häufig aufzutreten. Vielleicht ist dies doch auf die verstärkten Kalkungen zurückzuführen, denn in Praktikerkreisen wird behauptet, daß lediglich Kalkung schon für eine Verminderung dieser Krankheit sorgt.

Bei pockenkranken Fischen sowie bei Fischen mit Geschwüren der Chronischen Bauchwassersucht genügt oft das Übersetzen in ein anderes Wasser, um in kürzester Zeit eine vollständige Heilung zu erreichen. Am besten bewährt sich aber der Einsatz hochvitaminisierten Fertigfutters.

Fähnchenkrankheit

Immer stärker verbreitet sich in K_V-Beständen – also in der warmen Jahreszeit – eine Krankheit, die am Anfang sehr ähnlich aussieht wie die Erythrodermatitis. Nur sind bei diesen kleinen Fischchen große Körperpartien, meist eine oder beide Flanken, so stark entzündet, daß sich die Haut in großen Partien bis zum Muskelgewebe ablöst. Diese Hautstücke sehen bei den schwimmenden Fischchen wie nachgeschleppte Fahnen aus. Deshalb wohl auch der Name.

Auch hier handelt es sich laut mündlicher Mitteilung von Dr. Franz Pichler-Semmelrock offensichtlich um eine bakterielle Erkrankung. Die Verluste ziehen sich über viele Wochen hin und betragen nur in Ausnahmefällen mehr als 10 bis 50%. Eine Bekämpfung mit antibiotikahältigem Futter nach eingeholtem Biogramm verspricht Erfolg.

Bleichsucht bei Silberkarpfen

Im Spätherbst und Frühwinter – meist erst nach der Abfischung – tritt bei Silberkarpfen eine Krankheit auf, die höchstwahrscheinlich auf das Bakterium *Pseudomonas putida* zurückzuführen ist. Durch den Befall wird offensichtlich die innerste Blutgefäßwandung zerstört, und der Fisch verblutet langsam. Dabei bewegen sich die Fische immer langsamer, in den Augen und unter der Haut sind Blutergüsse erkennbar, desgleichen in den Innereien. Die Kiemen werden von Tag zu Tag heller, bis sie beim Eintritt des Todes fast weiß sind. Die Leber hat eine schmutzigbraungelbe Farbe. Eine wirksame Behandlung ist nicht bekannt. Medizinalfütterung ist nicht möglich, weil ja der Silberamur, nicht nur im Winter, keine Kunstnahrung aufnimmt. Silberkarpfen scheinen bisher überhaupt nicht wertvoll genug zu sein, um teure Behandlungen (Antibiotikainjektionen oder Bäder) durchzuführen.

HÄLTERTOD

Bei überlanger Hälterungsdauer passiert es immer wieder, daß ein Teil der Fische im Hälter eingeht. Es handelt sich dabei um ein langsames Auslöschen. Die Fische sterben in natürlicher Stellung am Ufer entlang.

Eine Behandlung kann nur vorbeugend in Form von guter Kondition der Fische, bestmöglichen Hälterungsbedingungen und Fütterung bestehen.

Bevor ich nun zur Beschreibung einiger wichtiger Heilbäder komme, möchte ich doch darauf hinweisen, daß der Großteil der hier erwähnten Medikamente tierarzt- bzw. verordnungspflichtig ist. Auch sollten Sie die Behandlung durch den Tierarzt oder zumindest unter dessen Aufsicht vornehmen.

HEILBÄDER

Eine der wichtigsten Methoden zur Vorbeugung und Bekämpfung der verschiedensten Schmarotzer ist die Durchführung von Heilbädern. Einige der wichtigsten wollen wir hier kurz behandeln.

Sie können als   a) Tauchbäder,
                   b) Kurzbäder oder
                   c) Dauerbäder
durchgeführt werden.

Bei Tauchbädern werden die Fische in Keschern die vorgeschriebene Sekundenanzahl lang in das Bad gehalten, um danach sofort im frischen Wasser durchgespült zu werden.

Bei Kurzbädern verbleiben die Fische für mehrere Minuten bis zu einer Stunde im Bad.

Dauerbäder können tage- und wochenlang dauern und werden meist in den Teichen selbst durchgeführt.

Am gefährlichsten für unsere Patienten sind Tauchbäder, am schonendsten Dauerbäder.

Je kleiner die Fische sind, desto empfindlicher sind sie. Sie werden also bei Jungfischen die niedrigstmögliche Konzentration wählen. Bitte verwenden Sie zur Durchführung von Bädern keine Metallgefäße.

Zusammenstellung der wichtigsten Fischheilbäder und deren Anwendung

Medikament	Anwendung	gegen
Kochsalz $\frac{1}{2}$–1% (0,5–1 kg/100 l Wasser)	Dauerbad, mehrere Stunden, auch während des Transports	Streß, verschiedene Haut- und Kiemenparasiten
Kochsalz 1,5% ($1\frac{1}{2}$ kg/100 l Wasser) Mit $\frac{3}{4}$% beginnen und erst nach Gewöhnung der Fische verdoppeln.	Kurzbad 15–30 Minuten. Keine verzinkten Behälter verwenden.	Wie oben, Chilodonella, Costia, Trichodina (Urtierchen als Hauttrüber), Dactylogyrus und Gyrodactylus (Würmer als Kiemen- und Hautparasiten), Saprolegnia (Verpilzung).
Neguvon (Rezeptpflicht) (Dipterex) 1 g/1 m³ Wasser	Kurzbad 30–60 Minuten	krebsartige Außenparasiten, Fischegel, Haut- und Kiemenwürmer.
1 g/5 m³ Wasser	Dauerbad im Teich (bei Hecht und Zander höchstens 2 kg/ha), wobei mit 1 m Wassertiefe gerechnet wurde.	wie oben
0,5 kg /ha	Vertragen Edelkrebse/ Krebsartige	

Medikament	Anwendung	gegen
Fütterungsarzneimittel (Rezeptpflicht)		Bakterielle Erkrankungen
Malachitgrün 3 x 0,5 g/10 m^3 Wasser in 3tägigem Abstand (insgesamt 1,5 kg/ha bei 1 m Wassertiefe)	Dauerbad in Forellenteichen und Karpfenhältern.	Grießkörnchenkrankheit (Ichthyophthirius), Hauttrüber (Chilodonella, Costia)
1 g/m^3	1 Stunde	Trichodina, Chilodonella, Costia, Ichthyophthirius, Verpilzungen

Malachitgrün darf wegen Rückstandsgefahr bei Speisefischen nicht verwendet werden! Die Wartezeit beträgt 360 Tage. In Karpfenhältern werden auch die Futtertierchen geschädigt, weshalb ein vollwertiges Futter angeboten werden sollte! Zander sind besonders empfindlich!

Methylenblau 20 g/100 l Wasser	2–4 Stunden	Verschiedene Hauttrüber und Kiemenparasiten. Wirkt nicht sehr gut.
Formalin 33%ig 20 cm^3/100 l Wasser	$^1/_2$–2 Stunden	Hauttrüber, Gyrodactylus (Hautwürmer)
Lysol 200 cm^3/100 l Wasser	Tauchbad 3–5 Sekunden	Fischegel, Karpfenlaus

Danach sofort in frischem Wasser spülen! Nicht vor Speisefischverkauf!

Kaliumpermanganat 10 g/100 l Wasser	Kurzbad 5–10 Minuten	Karpfenlaus; auch Costia, Chilodonella und Trichodina
pH 10-Bad 40 g Hydratkalk je SBV-Einheit und m^3. Nicht anwendbar bei SBV unter 0,5.	bis zu 1 Stunde und Wiederholungen in den Folgetagen.	Gegen die meisten Haut- und Kiemenparasiten

In den meisten Anleitungen zum Einsatz von Chemikalien als Fischbäder erfolgt die Mengenangabe in ppm (part per Million = Teil einer Million). Nun entspricht 1 ppm = 1 g oder 1 ml (1 cm^3) pro m^3 Wasser oder 10 kg bzw. 10 l/ha Teich mit 1 m Tiefe. Um sicherzugehen, daß keine falsche Konzentration bereitet wurde, ist es empfehlenswert, zuerst mit wenigen Fischen ein Probebad vorzunehmen. Vor durchzuführenden Heilbädern sollten die Fische 1–2 Tage nicht gefüttert werden, damit nicht zu viele Exkremente ins Badewasser gelangen.

Die beste Parasitenbekämpfung ist aber gute Teichpflege. Jährliche Trockenlegung und Desinfektion mit Kalk!

Die Regulative der EU für Mittelanwendung in der Aquakultur (1997) konnten in dieser Auflage noch nicht berücksichtigt werden.

WASSERANALYSEN

Zum ständigen Gebrauch haben einige Firmen praktische Bestimmungskoffer für Wasseruntersuchungen herausgebracht, die von ihnen und dem Fachhandel bezogen werden können. Sie werden mit Anleitungen geliefert, die es jedem Laien erlauben, die notwendigen chemischen Parameter seiner Teiche zu untersuchen.

Es gibt auch – allerdings bedeutend teurere – elektronische Geräte. Für Sie wichtig ist das Wissen um Temperatur, pH-Wert, SBV und Sauerstoffgehalt (O_2). Weiterhin nützlich: CO_2, Ammonium, Nitrit und Nitrat, eventuell Eisen.

Unbedenkliche Analysenwerte

(Aus den Merkblättern für Fischkrankheiten des FSGD-Hannover)

Temperatur	für Karpfen	bis 30° C
	für Forellen	bis 20° C
Sauerstoffgehalt	für Karpfen	über 4 mg/l
	für Forellen	über 8 mg/l
pH-Wert		über 5,5/ unter 8,5
Alkalität (SBV) [2]		über 1,5 val/m^3
Ammoniumgehalt [1]	(bei pH-Werten unter 8,5)	bis 1,0 g/m^3
Eisen, gesamt		bis 1,0 g/m^3
Nitritgehalt [1]		bis 0,2 g /m^3
Nitratgehalt [1]		bis 10 g/m^3

[1] Sind diese Werte erhöht, deutet dies auf eine organische Belastung des Wassers hin (bei hohen Werten besteht die Gefahr eines Fischsterbens).

[2] Diese Stoffe sind im allgemeinen nicht tödlich, beeinträchtigen jedoch den Stoffhaushalt des Gewässers in unerwünschtem Maße.

Obergrenzen des Kohlendioxydgehalts	
Für Fischbrut	Über 20 mg CO_2/l giftig
Für Forellen	Über 25 mg CO_2/l giftig
für Karpfen	Über 30 mg CO_2/l giftig

Wo können Sie Fische und/oder Wasser untersuchen lassen?

Bei allen veterinärmedizinischen Untersuchungsanstalten oder Hochschulen, bei Fischgesundheitsdiensten, Fischereiräten, Anstalten für Gewässerschutz und Seenforschung sowie den Hygieneinstituten und ökologischen Stationen.

Nehmen Sie mit der von Ihnen ausgesuchten Untersuchungsanstalt telefonisch Verbindung auf, bevor Sie etwas unternehmen. Der zuständige Fischereiberater wird Ihnen ebenfalls gerne behilflich sein.

Einsenden von Untersuchungsmaterial

Beim Einsenden von Fischen an Untersuchungsanstalten nur frisch gestorbene oder getötete Exemplare verwenden! Vorher anrufen!

Schon längere Zeit tote oder gar bereits in Verwesung befindliche Fische nicht einschicken! Die Untersuchung eines solch stinkenden Kadavers ist für den Betreffenden unzumutbar und führt selbstverständlich zu keinen Ergebnissen.

Kranke Fische nach Möglichkeit lebend zur Anstalt bringen. Am besten in Behältnissen oder Plastiksäcken, in denen Sauerstoff ins Wasser aufgenommen werden kann.

Ganz frisch gestorbene Fische stecken Sie sofort in einen Plastikbeutel, der in einen mit Eis gefüllten zweiten Beutel kommt. Der Versand erfolgt in einer mit Sägespänen oder Styropor isolierten Schachtel.

Senden Sie Untersuchungsmaterial immer am Anfang der Woche per bahnexpreß. Freitags eintreffende Fische bleiben während des Wochenendes gewöhnlich liegen und können so verderben. Je mehr Angaben Sie beilegen, desto leichter ist die Diagnose. Also bitte Beobachtungen, die beim Teich gemacht werden, mitteilen, wie z.B. Verlauf der Krankheit, Größe des Teiches und Besatzzahl der Fischarten. Günstig ist es auch, in einer sauberen Flasche Wasser miteinzusenden. Darauf die Angabe der Temperatur bei der Entnahme und den Zeitpunkt. Geben Sie auch verändertes Verhalten der Fische bekannt. Bei Fischsterben berichten Sie, ob langsames Sterben über mehrere Tage oder plötzliches Massensterben eintrat, usw.

GESETZLICHE BESTIMMUNGEN

Teichwirte sind hauptsächlich von drei Gesetzen betroffen:

Wasserrechts- und Wasserhaushaltsgesetz

Für uns Teichwirte sind aus diesen Gesetzen folgende Bestimmungen wichtig, die sinngemäß lauten: Teichanlagen benötigen eine wasserrechtliche Bewilligung, wenn eine Wasserentnahme aus einem öffentlichen Gewässer erfolgt. Bei privaten Gewässern ist eine wasserrechtliche Bewilligung nur dann erforderlich, wenn hierdurch auf fremde Rechte, Grundbesitze, andere Wasserbenutzungsrechte, Vernässung usw. Einfluß geübt wird.

Dies wird in den meisten Fällen der Fall sein, weshalb eine wasserrechtliche Bewilligung beantragt werden muß.

Private Gewässer sind solche, die nicht als öffentliches Gut in den Katastermappen ausgewiesen sind, also meist Quelläufe und sonstige kleine Bächlein.

Vor der rechtskräftigen Erteilung einer wasserrechtlichen Bewilligung dürfen Teichanlagen nicht errichtet werden. Anläßlich der Bewilligungsverfahren wird meist verlangt, daß im Speisgerinne stets eine gewisse Mindestwasserführung verbleibt und daß beim Abstauen keine gröberen Verunreinigungen (Schlamm) aus dem Teich in das Abflußgerinne gelangen.

Fischereigesetze

Es handelt sich hierbei um Gesetze der einzelnen Bundesländer, weshalb auf verschiedenen Gebieten unterschiedliche Bestimmungen herrschen. Für uns Teichwirte entscheidend ist lediglich jene Bestimmung, die wohl in allen Bundesländergesetzen – wahrscheinlich auch in Deutschland – gleich gehandhabt wird, und zwar:

Normalerweise finden die Fischereigesetze auf Teichwirtschaften und Fischzuchtanlagen keine Anwendung. Voraussetzung ist lediglich die Abtrennung der Teichanlage durch Gitter vom Zu- bzw. Abfluß. Würde keine Trennung erfolgen, würde sich das Fischereirecht des Hauptgerinnes auch auf die Teichanlage erstrecken. Dies bedeutet, daß der Fischereirechtinhaber jenes Gerinnes Besitzanspruch auf Ihre Fische hätte.

Nachdem die Fließgewässer und Seen durch den Zivilisationsrausch unseres Jahrhunderts zerstört wurden, mußte weiteren Verschlechterungen Einhalt geboten werden. Es entstanden **Wasserabgabegesetze,** die verhindern sollen, daß schädliche Abwässer ungeklärt in Flüsse und Seen eingeleitet werden. Obwohl nun in einem herkömmlich bewirtschafteten Karpfenteich weit mehr eingeschwemmte organische und chemische Stoffe abgebaut als ausgetragen und schädliche Bakterien (Coli) vernichtet werden, der Teich also als biologische Kläranlage fungiert, werden auch Karpfenteichwirten oft fast unerfüllbare Auflagen erteilt. Denn der Schlamm, der in den letzten Stunden der Abfischung entsteht, soll auf gar keinen Fall in den Bach gelangen!?!

Dieses Problem und die überspannten Forderungen vieler Naturschützer werden den Teichwirten noch viele schlaflose Nächte bescheren.

Zusammenfassend sei erwähnt, daß in allen Staaten dem Teichwirt und Fischzüchter ein Recht auf Wasser zum Betreiben seines Gewerbes zusteht. Auch bei Einsprüchen gegen den Bau oder Betrieb einer Teichanlage oder Fischzucht wird die Genehmigungsbehörde sehr genau zu prüfen haben, ob die Ablehnung oder übermäßige Beschränkung eines Antragstellers ohne schwere Benachteiligung desselben vertretbar ist.

ZUBEREITUNG

Bevor wir uns ans Verspeisen eines delikaten Fischgerichtes machen, müssen wir wissen, wie ein lebender Fisch behandelt wird, bevor wir ihn zubereiten können.

Als erstes müssen wir ihn mittels Schlages auf den Schädel vom Leben zum Tod befördern. Den Erfolg dieses Schlages sehen wir sofort am Starrwerden des Auges. Danach setzen wir zum Ausbluten einen Stich ins oder knapp vor das Herz.

Nun erfolgt das Schuppen mittels Messers oder eines im Handel käuflichen Schuppgerätes. Nicht entschuppt werden Forelle und eventuell Schleie.

Bei Fischen, die „blau" zubereitet werden sollen, muß die Schleimhaut möglichst erhalten bleiben, weil diese beim Kochen die Blaufärbung hervorruft.

Nun erst erfolgen das vorsichtige Öffnen der Leibeshöhle (nicht so tief schneiden, daß die Gallenblase zerstört wird) und Herausnehmen der Innereien. Die Nierenreste links und rechts des Rückgrates sind besonders sauber zu entfernen.

Es empfiehlt sich, bei Fischen, bei denen der Kopf am Körper bleibt, die Kiemen zu entfernen.

Soll eine Fischbeuschelsuppe gekocht werden, was sehr zu empfehlen ist, werden Rogen bzw. Milch sowie Leber und Milz, die dem Darm anliegen, separiert und mit dem entkiemten Kopf zur späteren Verwendung aufbewahrt.

Es sei erwähnt, daß sehr trockenes Fischfleisch sich schlecht zum panierten Herausbacken in schwimmendem Fett eignet, bestens jedoch zum Grillen, Dünsten und Braten.

Die wenigen hier angeführten Rezepte sollen Ihnen Anregung sein, Ihre Fantasie beim Zubereiten von Fischen walten zu lassen.

Es gibt nur eine einzige wichtige Regel, und zwar: „Fisch braucht viel Salz".

Auch muß ich wohl erwähnen, daß wir in Österreich unter „Backen" eine Zubereitung verstehen, wie sie zum Pariser- oder Wienerschnitzel führt. Das heißt salzen und in Mehl, gequirltem Ei (Pariserschnitzel) und Semmelbröseln (Wienerschnitzel) wälzen. Danach das schwimmende Herausbacken in Schweine-, Butterschmalz oder erstklassigem Öl.

Das Salzen und Wälzen in Mehl (Müllerinnenart) und anschließende Herausbraten in Butter oder Öl nennen wir „Braten". Ebenso das Garen im Bratrohr.

Wichtig ist zu wissen, daß Sie bei jedem Fisch die Muskelpartien entlang der Mittellinie problemlos trennen können. Die kleinen Zwischenmuskelgräten liegen alle im dicken Muskelpaket oberhalb der Mittellinie, zusätzlich die dicken Dornfortsätze der Rückenflossen. Unterhalb der Mittellinie finden Sie lediglich die großen Rippenbögen und die wenigen Dornfortsätze von Brust- und Bauchflossen. Nur im Schwanzstück gibt es auch unterhalb der Seitenlinie Zwischenmuskelgräten, die meist nicht mehr verzweigt sind.

Einen „Portionsfisch" (meist Forelle oder Schleie) werden Sie also folgendermaßen essen:

Trennen an der Mittellinie.

Abheben der oberen und unteren Muskelpartie.

Nun liegt das Skelett frei. Danach hebt man vom Schwanz her Rückgrat und Kopf ab.

Vergessen Sie nicht, die Wangen unterhalb der Augen ebenfalls zu genießen. Auch die knusprig gebratene Haut sollte man nicht verschmähen.

Eine wichtige Hilfe zur Erleichterung des Essens zwischenmuskelgrätenreicher Fische ist das „Schröpfen". Hierbei wird der Rückenmuskel quer in möglichst geringem Abstand (nur wenige Millimeter) so tief eingeschnitten, daß die Zwischenmuskelgräten durchtrennt werden. Diese Methode ist jedoch nur sinnvoll, wenn der Fisch anschließend gebraten wird, ganz egal, ob dieses Braten nun im Rohr oder in der Pfanne erfolgt. Beim Bratvorgang werden die kurzen Grätenstücke so spröde, daß sie beim anschließenden Verzehren nicht mehr empfunden werden.

Die Fischportionen für einen Hungrigen sollten übrigens 200 bis 250 Gramm betragen. Ein Portionsfisch 250 bis 300 Gramm oder 25–30 dag (Dekagramm).

KOCHREZEPTE

Fischbeuschelsuppe

Von den Innereien Darm, Galle und Schwimmblase entfernen. Nun den Kopf (ohne Kiemen, sie machen die Suppe bitter), Wirbelsäule und Flossen mit Suppengemüse, Zwiebel, Lorbeerblatt, Pfefferkörnern, etwas Thymian, Zitronenschale (unbehandelt) und Essig in Salzwasser kochen. Kurz vor dem Garwerden auch die Innereien mit Milch oder Rogen dazugeben.

Die Fleischstücke vom Kopf ablösen. Fleisch, Gemüse und Innereien hacken oder, noch besser, passieren, in eine lichte Einbrenn (Mehlschwitze) geben und mit dem Fischsud aufgießen.

Die Suppe kann mit Rotwein, Eidotter oder Sauerrahm aufgewertet werden.

Als Beilage: Geröstete Weißbrotwürfel.

Halászlé (Ungarische Fischsuppe)

Einen ca. 1 kg schweren Fisch in Stücke teilen, salzen und in eine feuerfeste Schüssel legen. 2 bis 3 groß geschnittene Zwiebeln mit dem Kopf (ohne Kiemen), Flossen und Rückgrat in ca. 1 Liter Salzwasser kochen.

Inzwischen die Innereien passieren oder fein zerdrücken, mit scharfem Gewürzpaprika mischen und über den vorbereiteten Fisch geben. Die Grundbrühe darüberseihen und den Fisch sehr langsam garen. Nicht rühren, die Fischstücke nur vorsichtig hochheben.

Beim Servieren zerkleinerten Kirschpaprika darüberstreuen. Weißbrot dazu reichen.

Blaugesotten

Zuerst bereitet man einen Sud aus 1 Teil Essig, 2 Teilen Wasser, etwas Wurzelwerk, in Scheiben geschnittene Zwiebeln, Pfefferkörnern und ziemlich viel Salz und läßt diesen langsam kochen. Inzwischen den vorbereiteten Fisch mit etwas Essig beträufeln, einige Minuten liegen lassen und dann in den kochenden Sud legen, der den Fisch vollkommen bedecken muß. Bei mäßiger Hitze ziehen lassen, bis der Fisch gar ist; je nach Größe des Fisches ca. 10 bis 20 Minuten.

Mit Petersilie und Zitronenscheiben garnieren und mit heißer Butter servieren. Als Beilage: Salzkartoffeln und Kopfsalat.

Gesulzt

Den in Portionen geschnittenen Fisch in den Sud aus Salzwasser, Weißwein, Wurzelwerk, Zwiebelringen, Zitronenschale, Pfefferkörnern, Lorbeerblatt, ein wenig Thymian einlegen und garen. Dann den Fisch herausnehmen und kalt stellen. Haut und Gräten entfernen. Den Sud durch einen Filter gießen und mit Gelatine Aspik bereiten. In eine Form etwas Aspik gießen, mit Eischeiben, Essiggurken, Karottenscheiben belegen, die Fischstücke regelmäßig verteilen und die Form mit Aspik auffüllen. Nach dem vollständigen Erkalten und Stocken auf eine Platte stürzen und mit Mayonnaise verzieren.

Als Beilage eignet sich Weißbrot oder Toast.

Gebraten mit Rahmkren

Ca. 25 dag schwere, sauber geputzte Fischstücke werden an der Hautseite ein wenig eingeschnitten, gesalzen, leicht gepfeffert und an der Hautseite bemehlt. Mit der bemehlten Seite nach unten legt man den Fisch in sehr heißes Öl oder anderes Fett, nach Belieben auch Butter, die aber nicht zu heiß gemacht werden darf, brät sie zu schöner goldgelber Farbe, dreht sie um und brät sie etwas langsamer auf der anderen Seite fertig. Beim Anrichten mit Bratfett begießen und gebratene Kartoffeln als Beilage geben.

Rahmkren: Der fein geriebene Kren (Meerrettich) wird mit Sauerrahm (Sahne), Salz und Zitronensaft vermischt, so daß eine cremige Sauce entsteht.

Fränkisch

Ein 1–1½ kg schwerer Karpfen wird der Länge nach gespalten, ausgiebig gesalzen und 10 Minuten liegen gelassen. Inzwischen erhitzt man ca. ³⁄₄ kg Butterschmalz in einer höheren Pfanne, wendet den Fisch in Weizenmehl und läßt erst das größere Stück in die Pfanne gleiten, und zwar Rücken nach unten, damit sich der Fisch etwas wölbt. Nach einigen Minuten wird das zweite Stück eingelegt. Das Nacheinandereinlegen ist notwendig, damit sich das Fett erholt und nicht zu sehr abkühlt. Durch Gabeleinstechen, besonders am Ansatz des Kopfes, überprüfen, ob der Fisch durchgebacken ist. Im allgemeinen ist er fertig, wenn er auf beiden Seiten goldgelb aussieht.

Man reicht dazu Kartoffel- oder grünen Salat.

Serbisch

Den geschuppten Fisch schröpfen und in Portionen teilen, salzen, mit Zitronensaft beträufeln, ziehen lassen, abtrocknen. In Mehl drehen und in reichlich heißem Fett knusprig braten. Auf den angerichteten Fisch ein größeres Stück Knoblauchbutter geben. Noch besser, sehr fein gehackten Knoblauch darüberstreuen und mit dem heißen Bratfett übergießen.

Dazu serviert man Petersilienkartoffeln, grünen oder gemischten Salat.

Parmesanfisch

Den ausgenommenen Fisch schröpfen (in 0,3 cm breitem) Abstand den dicken Rückenmuskel quer einschneiden). In die Einschnitte kommen in Streifen geschnittene Sardellenfilets und Butter. Dann wird der Fisch mit dem Rücken nach oben in die Brat-
pfanne gestellt (am besten auf eine umgedrehte Kaffeetasse oder dgl). Darübergestreut
werden: Semmelbrösel, geriebener Parmesankäse; Zitronensaft darüberträufeln und
zuletzt noch Butterflocken daraufsetzen. Ca. 45 Minuten im Rohr braten.
  Beilage: Salz- oder Petersilienkartoffeln.

Zigeunerfisch

1½ kg Fisch, ¾ kg Kartoffeln, 20 dag Zwiebeln, 20 dag geräucherter Speck, 15 dag Butter, ½ l Sauerrahm, Paprika und Salz.
  Den Fisch in Portionen teilen, salzen und 15 Minuten liegen lassen. In eine feuerfeste
Schüssel gibt man zerlassene Butter und breitet darin in Scheiben geschnittene, ge-
kochte, speckige Kartoffeln aus. Die Fischportionen werden darüber gelegt; dazwischen kommen Zwiebel- und Speckscheiben. Das Ganze wird mit ¼ l Rahm übergos-
sen und so lange in das heiße Rohr gestellt, bis der Fisch durchgebraten ist. Nun mit
dem restlichen Rahm übergießen und nochmals 5–6 Minuten ins heiße Rohr stellen. In
der Bratschüssel servieren, eventuell mit nudelig geschnittenem Paprika bestreuen.
  Beilage: Grüner Salat.

Triestiner Art

Den geschuppten Fisch in Portionen teilen, mit Zitronensaft beträufeln, ziehen lassen,
abtrocknen. Mit Salz und Knoblauch (etwa 1 Zehe pro Portion) einreiben und eine Vier-
telstunde ziehen lassen, in Mehl drehen und in reichlich heißem Fett knusprig braten.
  Dazu serviert man Petersilienkartoffeln und grünen Salat.

Fischlaibchen

aus grätenreichen kleineren Fischen

Fisch schuppen, putzen, in Salzwasser mit etwas Essig und Pfefferkörnern kochen.
Den ausgekühlten Fisch von Rückgrat und Rippen befreien und 1- bis 2mal durch die
Fleischmaschine drehen. Gräten sind danach nicht mehr spürbar. Je kg Fisch 1–2 ein-
geweichte Semmeln dazufaschieren, geröstete Zwiebel, 1–2 Eier, Salz, Pfeffer, Petersilie, eventuell feingeschnittene Champignons und verschiedene Kräuter zur Fisch-
masse geben, gut kneten, zu Laibchen formen, in Brösel drehen und goldgelb aus
heißem Fett herausbacken.
  Schmeckt ausgezeichnet zu grünem Salat oder Kräutermayonnaise.

In Alu- oder Bratfolie

Der vorbereitete Fisch wird gesalzen, mit Zitrone beträufelt und auf ein Stück gefettete
Alufolie gelegt. Mit Streuwürze bestreuen, gehackte Kräuter (Petersilie, Dille, Schnitt-
lauch, Thymian) darauf verteilen und 3 Eßlöffel Weißwein darübergießen.

Den Fisch locker in der Folie verpacken, das Päckchen gut verschließen und mit einer Nadel einige Löcher stechen. Im vorgeheizten Rohr braten und Kartoffeln dazu servieren.

À la Stroganoff

Den Fisch in Portionsstücke teilen, salzen und mit Zitronensaft säuern, einwirken lassen. Vorsichtig abtupfen, in Mehl wälzen und in Butter braten. Die fertigen Stücke herausnehmen und warm stellen. In Bratenfond fein blättrig geschnittene Gewürz- oder Essiggurken rösten, bis sie glasig sind, mit süßem Rahm aufgießen, etwas einkochen lassen, bis die Soße sämig ist, frisches Dillkraut dazugeben und über die Fischstücke gießen.

Dazu Salzkartoffeln reichen.

Gegrillt

Fische bis zu einem Gewicht von $1\frac{1}{2}$ kg können der Länge nach gespalten werden. Größere Fische werden quer in zweifingerdicke Scheiben geschnitten, stark gesalzen und in einem Gefäß einige Stunden liegen gelassen. Ausgezeichnet schmeckt es, wenn man zum Salz noch eine Marinade aus Öl, Zitronensaft, Pfeffer und fein gehackten frischen Gewürzkräutern gibt und damit die Fischstücke dick bestreicht. Der von ihnen nicht aufgezogene Rest der Marinade dient zum Bestreichen der Fischstücke während des Grillens.

Karpfen zerfallen beim Grillen sehr leicht, weshalb auf der Fleischseite eine Alufolie unterlegt werden sollte. Verwenden Sie möglichst zuklappbare „italienische" Grillroste.

Müllerinnenart

Forellen, Schleien und andere Portionsfische.

Fisch salzen und mit Pfeffer und Zitronensaft würzen. Einwirken lassen und leicht abtupfen. Nun wird der Fisch in Mehl gewendet und in Butter auf beiden Seiten goldbraun gebraten. Der fertig gebratene Fisch wird auf einem vorgewärmten Teller heiß gestellt.

Geben Sie pro Portion einen Eßlöffel Butter in eine kleine Pfanne zum Erhitzen, bis sie braun ist. Einen Eßlöffel gehackte Petersilie über den Fisch streuen und die heiße Butter darübergießen. Sofort servieren! Als Beilage eignen sich Petersilienkartoffeln.

Forellen werden nicht geschuppt. Wenn man Schleien schuppen will, legt man sie vorher kurz in kochendes Wasser.

Gebraten mit Kapern

Fisch mit Salz und Pfeffer würzen, 15 Minuten einziehen lassen, abtrocknen und in Mehl wenden. In Butter auf beiden Seiten braten. Kapern und geschälte Zitrone würfelig schneiden und im Bratfond kurz schwingen. Über den angerichteten Fisch gießen und mit Petersilie bestreuen.

Beilage: Salzkartoffeln.

Gebratener Hecht

Ein geschuppter Hecht wird mit Räucherspeck gespickt und mit zerhackten Sardellenfilets und Salz eingerieben. Den Hecht in eine Pfanne legen und im Rohr ca. $\frac{1}{2}$ Stunde braten lassen, dann mit $\frac{1}{4}$ l Sauerrahm (Sahne) aufgießen und abschmecken. Den Fisch mehrmals mit dem Saft aufgießen und noch $\frac{1}{2}$ Stunde weiterbraten lassen.

Beilage: Salzkartoffeln.

Verwendung von Fischresten

Man schneidet 2 Zwiebeln sehr fein, schwitzt sie in Butter weiß, gibt einen Löffel Mehl hinzu (nicht bräunen), gießt nach und nach unter stetem Rühren soviel Rahm (Sahne) darauf, daß eine dicke Sauce entsteht, die man mit Salz und Pfeffer, einem Löffel Kapern und einigen vorbereiteten Sardellen würzt. Dann gibt man den von Haut und Gräten befreiten und in Stückchen zerpflückten Fisch in Muscheln oder feuerfeste Näpfchen, verteilt die Sauce, bestreut mit geriebener Semmel und Parmesankäse und stellt sie 10 bis 15 Minuten ins heiße Rohr.

Man kann die von Gräten befreiten Fischstückchen auch kalt mit Mayonnaise servieren.

Zander-Filet garniert

Filet mit Zitronensaft beträufeln, ein wenig stehen lassen, dann salzen, etwas Pfeffer und Paprika darüberstreuen und beide Seiten in Mehl tauchen. Zu goldgelber Farbe in Butter braten und 10 bis 15 Minuten ins heiße Rohr stellen.

Zitronenwürfel und Kapern in Butter anlaufen lassen, über den fertigen Fisch gießen und mit Spargel und Eischeiben garnieren.

Wels mit Pilzen

Man schneidet den Wels in zwei fingerdicke Scheiben, reibt sie mit Salz ein und beträufelt sie mit Zitronensaft. Eine kleine Zwiebel würfelig schneiden, in Butter andünsten, die Pilze dazugeben und weiterdünsten. Dann werden die Fischscheiben in eine gefettete Auflaufform geschichtet und mit den Pilzen belegt. $\frac{1}{4}$ l Sauerrahm (Sahne) mit etwas Milch, einem Ei und Salz verquirlen und über die eingeschichteten Zutaten gießen. Im Rohr ca. 30 Minuten überbacken und mit Salzkartoffeln servieren.

LITERATUR

AMLACHER E. – Taschenbuch der Fischkrankheiten, Stuttgart 1972

ANTALFI A., TÖLG I. – Graskarpfen, Günzberg 1971

BANK O., KRUSCH A. – So baut man Teiche, Hamburg – Berlin 1978

BAUR W., RAPP J. – Gesunde Fische, Hamburg – Berlin 1988

BOHL M. – Zucht und Produktion von Süßwasserfischen, München – Münster – Hiltrup – Wien – Bern, 1982

HENTSCHEL E., WAGNER G. – Tiernamen und zoologische Fachwörter, Jena 1976, Stuttgart 1984

HOHL D. – Aquarienchemie, Leipzig – Jena – Berlin 1978

HORVATH – Relation between ovulation and water temperature by farmed Cyprinids, Szarvas 1978

KOCH W., BANK O., JENS G. – Fischzucht, Hamburg – Berlin 1976

MÜLLER H. – Fische Europas, Stuttgart 1983

PAYSAN K. – Leben in Teich und Tümpel, Stuttgart 1971

REHBRONN E., RUTKOVSKI F. – Das Räuchern von Fischen, Hamburg – Berlin 1977

RIEDEL D. – Fisch und Fischerei, Stuttgart 1974

SCHÄPERCLAUS W. – Lehrbuch der Teichwirtschaft, Berlin – Hamburg 1967

SCHÄPERCLAUS W. – Fischkrankheiten, Berlin 1979

SCHINDLER O. – Unsere Süßwasserfische, Stuttgart 1975

STEFFENS W. – Der Karpfen, Wittenberg 1975

STREBLE H., KRAUTER D. – Das Leben im Wassertropfen, Stuttgart 1973

TÖLG I., HORVATH L., TAMÁS G. – Fortschritte in der Teichwirtschaft, Hamburg – Berlin 1981

VOLLMANN-SCHIPPER F. – Transport lebender Fische, Hamburg – Berlin 1975

WONDRAK P. – Fischkrankheiten und ihre Behandlung, Stuttgart 1980

WUNDSCH H. – Fischereikunde, Radebeul – Berlin 1960

Zeitschriften

„Der Fischwirt", Zeitschrift für die Binnenfischerei als Beilage von „Fischwaid –
Allgemeine Fischereizeitung", Verlagsgesellschaft AFZ-Fischwaid m.b.H., Pechdeller-
straße 16, München – Jahrgänge 1980–1982.

„Fischer und Teichwirt", Fachzeitschrift für die Binnenfischerei – Herausgeber: Verband Bayrischer Berufsfischer e.V., Nürnberg, Steinstraße 1 – Jahrgänge 1978–1996.

„Mitteilungen" des Verbandes der Teichwirte Steiermarks, Herausgeber: Verband der
Teichwirte Steiermarks, Schulgasse 28, Deutschlandsberg.

„Österreichs Fischerei", Zeitschrift für die gesamte Fischerei. Herausgeber: Bundes-
institut für Gewässerforschung und Fischereiwirtschaft, Scharfling am Mondsee –
Jahrgänge 1965–1996.

„Zeitschrift für die Binnenfischerei der DDR" – VEB Deutscher Landwirtschaftsverlag
Berlin – Jahrgänge 1978–1982.

Aus unserem Programm:

ISBN 3-7020-0751-2

Johannes Hager

EDELKREBSE

Biologie – Zucht – Bewirtschaftung

128 Seiten, zahlreiche Grafiken und Farbabbildungen

In unseren Tagen versucht man, Edelkrebsbestände in natürlichen und künstlichen Gewässern wiederaufzubauen, um die steigende Nachfrage an Besatz- und Speisekrebsen durch gezielte Zucht und Hälterung besser abdecken zu können.

Wer den geheimnisvollen „Ritter unserer Gewässer" – sei es als Fischer, Gewässerbewirtschafter, zukünftiger Züchter oder nur aus Interesse am Unbekannten – näher kennenlernen will, wird von diesem Buch hellauf begeistert sein.

Aus dem Inhalt:

- Die europäischen Süßwasserkrebse
  - Beschreibung der einzelnen Arten
  - Der Körperbau – Biologie
  - Krankheiten und Parasiten – Feinde
- Bewirtschaftung von Krebsbeständen:
  - im Freigewässer und in Teichen
  - Eignung der Gewässer – Fangmethode
- Krebszucht: Besatzkrebse – Speisekrebse
- Rezepte

Bestellen Sie unverbindlich und kostenlos unser Gesamtverzeichnis:
A-8011 Graz, Hofgasse 5, Postfach 438, Telefon (0 316) 82 16 36
Fax (0 316) 83 56 12